인성교육,
방법을 묻다

인간 · 경계 06
인성교육, 방법을 묻다

2021년 8월 25일 초판 인쇄
2021년 8월 31일 초판 발행

엮은이 | 가톨릭대학교 인간학연구소
교정교열 | 정난진
펴낸이 | 이찬규
펴낸곳 | 북코리아
등록번호 | 제03-01240호
주소 | 13209 경기도 성남시 중원구 사기막골로 45번길 14
우림2차 A동 1007호
전화 | 02-704-7840
팩스 | 02-704-7848
이메일 | sunhaksa@korea.com
홈페이지 | www.북코리아.kr
ISBN | 978-89-6324-775-5 (93370)

값 18,000원

* 이 저서는 2019년 대한민국 교육부와 한국연구재단의 지원을 받아 수행된 연구임(NRF-2019S1A5C2A04083120)

인간·경계 06

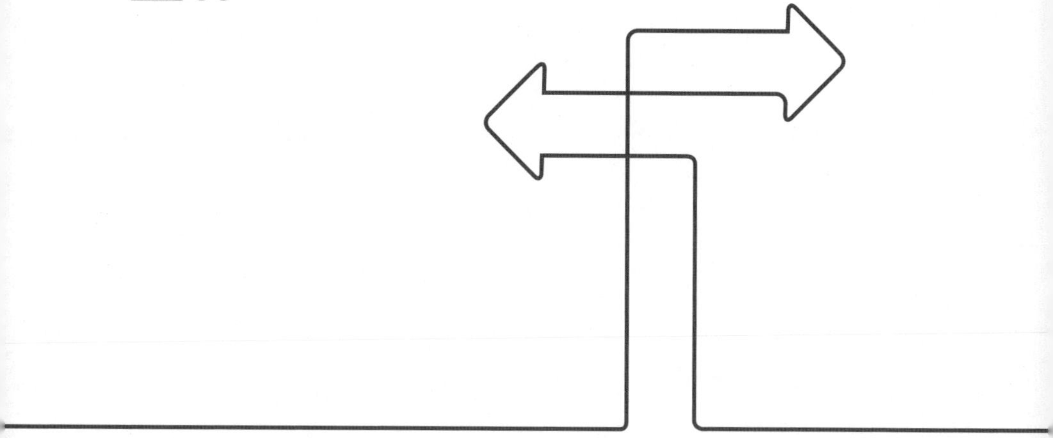

인성 교육, 방법을 묻다

가톨릭대학교 인간학연구소 엮음

북코리아

서문

인성교육은 평생교육이다

대부분의 교육에는 최적의 시기가 존재한다. 언어를 습득하고 법과 질서를 익히며 다양한 지식과 정보가 필요한 시기가 있다. 그래서 초등 · 중등 · 고등교육의 제도화된 교육이 생겨나고, 해당 나이가 되면 정해진 기관에서 교육을 받아야 한다. 그리고 우리는 이러한 교육과정 속에서 한 명의 성숙한 시민으로 성장하게 된다. 어떤 교육을, 어떻게 받아야 하는가에 대한 의견은 분분하더라도 배움의 습득이 가능한 시기에 적절한 교육을 받아야 한다는 점에는 모든 사람이 동의할 것이다.

그런데 인성교육으로 넘어오면 이야기가 사뭇 달라진다. 10여 년이 넘게 대학에서 인성교육을 담당하면서 종종 '대학에서까지 인성교육을 해야 하는가'라는 질문에 당황하곤 하는데, 그런 눈빛을 보내는 사람들은 인성교육은 태어나면서 초등 · 중등교육에서 마무리되는 것으로 생각하고 있는 듯하다.

그렇다면 대학에서의 인성교육은 과연 필요한 것일까? 물론 그렇다. 아니, 그렇다는 대답으로는 부족할 정도로 대학에서 인성교육은 점점 더 중요해지고 있다. 세계경제포럼(WEF)에서 제시하는 미래 시민에게 필요한 역량만 살펴봐도 그렇다. 협업능력, 의사소통능력 등은 개개인이 가지고 있는 인성을 바탕으로 형성되는 것이다. 취업난에 시달리는 청년들에게 기업에서 요구하는 덕목에도 빠지지 않는 것이 인성이다. 인사관계자들이 한결같이 말하는 인재의 요건에 인성이 포함되는 것이다. 그들은 때론 기업에서 필요로 하는 기술과 직무는 입사 후 배울 수 있기에 채용하고자 하는 가장 중요한 것은 좋은 성품이라고까지 말하기도 한다. 지금 우리 사회가 필요로 하는 사람은 좋은 성품, 함께 어울려 작업할 수 있는 능력을 가진 사람, 타인을 배려할 줄 아는 사람, 즉 품격 있는 인성을 갖춘 사람이다.

어느 시기보다 미래인재에게 필요한 역량으로 인성이 꼽히지만, 어느 시기보다 인성교육이 등한시되고 있다. 갖추어야 할 자격과 기술, 직무 등이 많아지면서 오랜 시간 도야(陶冶)해야 하는 인성이 우선순위에서 밀리고 있다. 그러다 보니 지식과 기능의 능력을 통해 인간다운 인간 형성으로 나아가지 못한 채 사회구성원으로 내몰리게 되면서 여러 가지 사회문제가 발생하는 현상이 나타나게 되었다.

인성교육은 평생에 걸쳐 갈고 닦아야 하는 교육이다. 인성교육에는 최적의 시기가 없고, 인성교육이 필요한 시기가 정해져 있지도 않다. 하루하루 살아가는 삶 속에서 어제보다 조금 더 바람직하게 살아갈 수 있는 내면의 힘을 길러가야 한다. 인성은 언제나 미완성 상태에 놓여 있다. 늘 조금씩 나아지기를 희망하며 끊임없이 다듬어나가야 하는 것이다. 그런 의미에서 인성교육은 평생교육이다.

대학 인성교육은 자기 삶의 의미를 찾아가는 실천과정이다

대학 인성교육은 성인 인성교육의 출발점이다. 성인 인성교육이라는 말 자체가 낯설게 느껴질 수 있다. 왜냐하면 인성교육은 어린 시절 형성되고 완성된다고 보는 생각, 가정과 초 · 중등교육에서 이루어지는 교육으로 생각하는 경우가 많기 때문이다. 그런데 인성교육이 단지 사회질서와 규칙을 배우고, 타인에 대한 이해와 배려를 인식하는 수준에 그친다면, 인성은 지식과 정보 상태로만 머물게 된다.

성숙한 세계시민, 교양인으로 성장하기 위해서는 반드시 인성이 자기 삶과 연결되어 행동으로 보여주는 실천적 인성이 되어야 한다. 안다는 것과 행한다는 것은 완전히 다른 의미다. 아는 것에만 머물러 있을 때는 미래인재가 될 수 없다. 아는 것을 바탕으로 실천하고, 더 나아가 내 몸이 기억하는 습(習)으로 이끌어 바람직한 무의식적 행동이 될 수 있도록 훈련해야 한다. 그리고 그 과정에서 자기 삶의 의미를 찾아내고 행복과 만족을 느낄 수 있어야 한다.

대학은 학생들이 정규 교육을 마치고 사회로 나아가는 마지막 관문이다. 대학을 졸업한 학생들은 사회공동체 일원이 되어 자기만족을 느껴야 하고, 사회에 기여할 수 있어야 한다. 그렇기에 대학은 학생들이 사회인으로 살아갈 수 있는 교육을 해야 하고, 언제든지 재교육이 필요할 때 다시 대학에서 교육받을 수 있는 환경을 제공해야 한다. 사회와 기업이 요구하는 인성의 덕목을 갖춘 상태, 앎의 수준이 아니라 실천의 수준까지 올라선 상태로 이끌어주어야 하는 것이 대학 인성교육의 목적이다.

그런 점에서 대학 인성교육은 앎으로서의 인성교육과 실천으로서의 인성교육의 균형을 잡아야 한다. 지금까지 앎으로서의 인성교육은 인문학 교육을 통해 상당 부분 진행되어왔다. 반면 실천으로서의 인성교육은 어떻게 인성교육을 할 것인가 하는 교육방법의 측면에서 진지하게 고민해야 할 사항들이 많다. 이에 대해 같은 생각을 가진 연구진들이 모여 어떻게 학생들이 직면한 현 사회문제, 세계문제에 대해 인지하게 할 것인가, 그리고 이를 각자의 삶 속으로 끌고 들어가 자신의 문제로 여기며 실천해나가게 만들 것인가에 대한 논의를 시작했고, 그 결과 '경계-모듈형 CUK 인성교육과정'을 개발하게 되었다.

인성교육에 모듈형 방법을 적용하다

'인간 · 경계' 총서는 인간에 대한 이해와 존중을 심화하기 위해 가톨릭대학교 인간학연구소의 〈경계-모듈형 CUK 인성교육과정 연구〉 사업단에서 기획한 시리즈다. 《인성교육, 방법을 묻다》(2021)는 인성교육의 수월성을 확보하기 위해 방법론적 측면에서 고찰한 내용을 담아낸 두 번째 책이다. 총서 첫 번째 책인 《인성교육, 경계에 서다》(2020)에서는 경계의 시선에서 인간다움을 살펴보았다. 경계를 바라보는 학문적 의미를 고찰하고, 인성교육에 경계 개념을 적용시켜보았다. 연장선상에 있는 《인성교육, 방법을 묻다》는 어떻게 인성교육을 할 것인가에 대해 연구진이 치열하게 고민한 결과가 담겨 있다.

2020년 이후 교육환경은 의도치 않은 전환기를 맞이했다. 좀처럼 바뀌지 않던 대학교육 환경에 비대면 온라인 교육이 자연스럽게 자리 잡게 되었다. 또한 데이터 분석 기술의 발달로 학습자 맞춤형 교육이 제공되기 시작하면서 보편교육과 함께 개별 맞춤형 교육이 가능하게 되었다.

'경계-모듈형 CUK 인성교육과정'은 구분 짓기, 넘어가기, 넘나들기의 경계에 대한 개념을 모듈형 방법으로 설계하여 교육모형을 구축하고자 하는 목표를 가지고 있다. 모듈형 교육방법은 지식 전달 중심 교육과 프로젝트 중심 교육의 중간 지점에 위치하며, 지식 전달과 자기주도학습이 모두 가능한 형태다. 모듈을 설계하는 주체도 교수자와 학습자가 모두 가능하다. 그런 점에서 CUK 인성교육과정에 최적화된 교육방법이 모듈형이라고 판단했다.

무엇보다 인성교육에 모듈형 방법을 적용하고자 한 것은 모듈형이 실천적 인성교육을 가능하게 할 수 있을 것이라 보았다. 이 책은 총 7장으로 구성되어 있는데, 크게 두 유형으로 나누어볼 수 있다.

1장에서 3장까지는 대학 인성교육의 현황과 이슈, 그리고 실천적 인성교육에 대한 학문적 담론을 살펴보았다. 여기에서는 인성교육이 지향해야 하는 방향을 살펴보고, 키워드를 탐색하였다. 보편적 인성교육과 함께 개별 인간의 삶에 초점을 둘 수 있는 인성교육의 발전 방향을 모색하고, 이론에서 벗어나 구체적인 실천 중심의 인성교육으로 나아가기 위한 기틀을 마련했다.

4장부터 7장까지는 모듈형 교육방법에 대한 이론 고찰, 모듈형 방법을 적용한 인성교육의 사례, 그리고 시범적으로 운영한 CUK 교육과정에 대한 논의까지 담아냈다. 이 장에서는 모듈형 교육을 적용하고 있는 다양한 교과 및 비교과 사례를 통해 CUK 인성교육과정에 적합한 모듈형 방법을 개발하고자 했다. 모듈형 교육이 갖고 있는 효과에 대해 살펴봄으로써 '경계-모듈형 CUK 인성교육과정'의 성과도 조심스럽게 예측해보고자 했다.

‘경계-모듈형 CUK 인성교육과정’이 나아가고자 하는 방향은 인간으로서 품위를 유지할 수 있으며 사회적 책무성을 다하는 진정한 시민으로 존재할 수 있도록 하는 것, 타인과 공동체에 너그러울 수 있는 지적 민감성을 갖도록 사유의 체계를 개방하는 것, 내면을 향한 응시로 자기 고유의 지식을 생산해낼 수 있게 하는 것이다. 궁극적으로는 CUK 인성교육과정이 대학교육을 넘어 지역사회로 확산되어 따뜻한 공동체를 형성하는 데 기여할 수 있기를 바란다.

2021년 8월

이상민, 구본만

CONTENTS

CONTENTS

1부

인성교육의 현주소

1장. 인간에 대한 새로운 이해와 인성교육 방법의 모색 _ 윤인선, 이원봉

2장. 대학 교양 교육과정과 인성교육 _ 차봉준

3장. 실천적 인성교육의 두 원칙 _ 박일태, 백민정

1장

인간에 대한 새로운 이해와 인성교육 방법의 모색

—

윤인선, 이원봉

들어가며: 인성교육과 인간 이해

고대 그리스 이래 인간은 규범적 존재로 인식되어왔다. 자연(physis)에 대립하는 개념인 규범(nomos)은 인간을 다른 자연적 존재와 구별하는 특징으로서 자유로운 선택의지를 가진 존재인 인간에게 선택의 기준을 제공한다. 그런 의미에서 인간에게 자연(본성)은 주어져 있는 것이 아니라 올바른 행위를 통해 실현해야 하는 것으로 인식되었다. 하지만 인간 행위자가 실현해야 할 '목적으로서의 인간'은 이미 주어져 있는 것이어야 하고, 그런 의미에서 인간에게 자연(본성)과 규범, 즉 현실적 존재인 인간과 이상적 존재인 인간은 서로를 규정하고 있다. 따라서 이상적 인간에 대한 이해는 인간이 지켜야 할 규범을 정당화하는 토대가 되며, 시대

와 장소에 따라 이상적 인간에 대한 이해가 달라지면 규범 역시 달라져 왔다.[1)]

고대 사회의 이상적 인간은 '덕(virtus)'을 갖춘 인간이었고, 이러한 덕은 하나만 있는 것이 아니라 용기, 절제, 관대, 정의, 겸손 등 다양했다.[2)] 덕들이 한 인간 안에서 조화를 이루고 있을 때, 그는 '덕스러운' 인간이 되어 모든 사람의 존경을 받고 그들이 행위 할 때 따라야 할 모범이 되었다. 덕은 고대 사회의 공동체적 특성으로 인해 개인의 양심처럼 주관적으로 확인되는 것이 아니라 공동체 안에서 구체적 행위를 통해 표현된다. 이것은 고대 사회가 근대와 달리 인간을 고립된 개인으로 이해하지 않고 공동체적 존재로 이해했다는 것을 의미한다.[3)] 하지만 무엇이 덕스러운 행위인지, 그리고 누가 덕스러운 인간인지 모두 인정할 수 있었던 소규모의 공동체가 존재하지 않으면, 행위 규범인 '덕'은 더 이상 자신의 역할을 할 수 없게 된다.

오늘날 우리 사회가 겪고 있는 규범의 혼란을 불러온 원인 중 하나는 인간이 지켜야 할 규범을 확정하는 규범 공동체가 존재하지 않는다

---

1) 그리스 철학에서 퓌시스(자연)는 노모스(관습, 법)와 대립하여 논의되었다. 노모스는 인위적인 관습이나 약속의 결과이므로 시대와 장소에 따라 바뀔 수 있는 반면, 자연은 인간을 포함한 모든 존재자를 포괄하는 전체로서 '자연적인 것'과 '초자연적인 것'을 포괄하는 개념이다. 강영안, 《자연과 자유 사이》, 문예출판사, 1998, 24쪽 참조.

2) 덕에 해당하는 그리스 말은 아레테(arete)다. 그리스인은 무엇이든 뛰어난 상태를 아레테라고 했으며, 인간뿐 아니라 일반 사물에도 적용했다. 따라서 덕이란 본래 가지고 있는 것을 가장 좋은 상태에 이르게 하고 그것의 기능을 잘 발휘하게 하는 것이라고 할 수 있다. 박종현, 《희랍사상의 이해》, 종로서적, 1990, 43쪽 참조. 아리스토텔레스는 인간의 고유한 기능을 이성의 능동성이라고 보았고, 따라서 그에게 인간의 덕은 정신적인 덕이었다. 아리스토텔레스, 최명관 역, 《니코마코스 윤리학》, 서광사, 1984, 31쪽.

3) 아리스토텔레스에게 유덕한 인간은 언제나 '공동체 안에서의 유덕한 시민'이었다. 덕은 공동체 유지를 위해 필요하고, 국가(폴리스)는 도덕공동체 역할을 해야 한다. 인간은 국가 생활을 통해 비로소 도덕적 완성에 이를 수 있다는 것이다.

는 것이다. 근대 이후의 산업화된 사회는 윤리 규범의 원천을 공유하고 있지 않으며, 그것을 강제할 공동체도 존재하지 않는다. 이제 인간은 더 이상 공동체적 존재가 아니라 독립된 개인으로 이해되며, 인간성의 실현에 필수적이던 '공동체'는 개인들의 이해관심을 교환하는 '사회'로 대체되었고, '윤리'는 '법'으로 대체되었다. 법은 타인의 이해관심과 행위의 자유를 침해하지 않는 한 개인의 모든 행위를 허용한다. 따라서 과거 사회와 달리 윤리 규범은 강제력을 잃고, 다양했던 덕목들은 형식적 '정의'로 통일되었다. 이제 윤리는 내면의 윤리가 되어 개인들은 공동체의 전통적 규범을 따르는 것이 아니라 스스로 양심에 따라 규범을 선택할 수 있게 되었다.[4] 규범이 이상적 인간상을 전제한다는 점에서 오늘날의 시대는 개인이 스스로 자신의 이상적 인간상을 선택할 수 있다. 윤리 규범의 근거를 개인의 결단에 맡긴다는 점에서 근대 이후의 사회는 규범 상대주의와 이에 따른 혼란을 원초적으로 잉태하고 있다.

1990년대 이후 미국 사회에서 강조되기 시작한 '인성교육'은 근대 사회의 자유주의적 윤리교육이 개인의 내적 · 외적 자유 실현에 집중함으로써 인간 형성에 공동체의 역할이 갖는 중요성을 간과했고, 타인의 고통에 무관심한 인간을 만들어냈다는 반성에서 출발한다.[5] 자유주의적 윤리교육이 공리주의나 칸트 윤리학, 자연주의 등 여러 가지 윤리 체

---

4) 근대 윤리학의 양대 산맥이라고 할 수 있는 공리주의와 칸트 윤리학은 그 근본적 윤리 원칙의 차이에도 개인이 자유롭게 그 원칙을 선택을 결단하는 동기를 중시한다는 점에서는 내면의 윤리라고 할 수 있다. 공리주의에서 동기가 갖는 역할에 대한 오해와 해명에 대해서는 Mill,《공리주의》참조.

5) 미국에서 인성교육은 1960년대와 1970년대의 '가치명료화 모형'에 대한 반성에서 출발한다. 가치명료화 모형이란 도덕교육에서 교사의 지시나 판단을 금지하고, 도덕적 의사결정을 가치의 다양성을 전제로 한 개인의 자유로운 선택으로 보는 것이다. 이성호, 〈미국 학교 인성교육의 동향과 시사점〉,《한국교육》41(3), 2014, 35-59쪽, 40쪽 참조.

계가 근거한 원칙들을 제공하기만 하고 학생 스스로 합리적 사고를 통해 행위의 원칙을 선택하도록 독려하는 데 치중한 반면, '인성교육'은 이상적 인간에게 요구되는 다양한 윤리적 덕목들을 제시하고 이런 덕성을 함양할 수 있도록 다양한 실천 경험을 제공하려고 한다. 우리 사회도 경제적으로 성장하고 본격적인 자유주의 사회로 진입한 1990년대 이후 표면화된 개인주의와 극단적 이기주의, 타인에 대한 무관심 등으로 인한 윤리 규범의 상실에 대응하기 위해 '인성교육'이 논의되기 시작했다.[6] 하지만 윤리적 선택에서 개인의 합리적 판단을 강조하는 자유주의 교육을 문제점에 대응하려고 하는 한, 인성교육은 사회에서 인정되는 다양한 '덕목'을 나열하는 데 그쳐 이들 덕목이 충돌할 때 무엇이 우선되어야 하는지 결정할 수 없다는 점, 특정 집단이나 개인의 자유를 침해할 수 있다는 점, 특정 규범이 통용되는 집단이 다르다는 점에서 문화상대주의의 한계를 갖고 있다.

오늘날 인성교육이 갖는 한계는 교육을 통해 실현해야 할 목표인 '인성' 개념 자체를 확립하지 않은 채 현실적으로 필요하다고 생각되는 덕목을 일방적으로 주입하려고 한다는 점에 있다.[7] 예를 들어, 우리나라의 〈인성교육진흥법〉에 나타난 '인성' 개념은 인간의 다양한 특성을 모

6) 현재 강조되고 있는 인성교육 강화 방침은 이미 1995년에 발표된 '세계화 · 정보화 시대를 주도하는 신교육체계 수립을 위한 교육개혁안'에서부터 나타난다. 이 교육개혁안에서는 체계화된 인성교육 실시와 실천 중심의 도덕교육을 같은 수준에서 요구하고 있다. 김원중, 〈인성교육의 회고와 반성〉, 《교육이론과 실천》 24, 2014, 47쪽 참고.

7) '인성'과 '인성교육'에 관한 여러 학자의 다양한 해석과 주장을 정리한 신차균은 동양철학, 심리학, 일상생활에서 쓰이는 인성의 의미를 검토한 후, "모두가 합의할 수 있는 인성교육의 개념을 포착하기가 쉽지 않다"라고 결론 내린다. 그리고 김영인과 조난심의 논의에 따라 인성교육을 "바람직한 품성을 함양시키는 교육" 정도로 정의하면서 인성에 대한 학문적 논의는 인성교육의 의미를 밝히는 데 도움이 되지 않을 것이라고 한다(김원중, 앞의 논문, 48쪽에서 재인용).

두 나열하고 있어 과연 이런 교육이 어떻게 이루어질 수 있을지 의심하지 않을 수 없다. 이런 상황에서 체계적인 인성교육 방법을 모색하기 위해서는 먼저 규범의 원천인 인간의 본성에 대한 이해를 정립해야 한다. 인성교육은 인간에 대한 특정한 이해를 전제하지 않을 수 없고, 규범의 혼란은 인간 이해의 혼란에서 비롯하기 때문이다. 물론 인간의 자연본성을 일의적으로 규정하는 것은 가능하지도 않고, 새로운 인성교육 방법을 제안하는 이 글의 범위를 넘어서는 것이다. 하지만 근대 사회 이후 규범의 근거로 작동하는 인간 이해와 이것을 넘어서려는 움직임을 살펴봄으로써 인성교육을 위한 새로운 인간 이해의 가능성을 모색해볼 수 있을 것이다.

자유주의 윤리와 덕 윤리의 인간 이해

근대의 인간 이해와 자유주의

근대 윤리학의 특징을 "법칙과 행위 중심의 윤리"라고 한 앤스콤(Anscombe)에 따르면, 공리주의와 칸트주의로 대표되는 '행위 중심 윤리'는 행위자의 성품 형성과 표현이 아니라 행위와 법칙의 일치를 요구한다.[8] 공리주의와 칸트 윤리학은 그 내용상의 차이에도 행위가 윤리적으

8) G. E. M. Anscombe, "Modern Moral Philosophy, in Virtue Ethics," in *Virtue Ethics*, Roger Crips & Michael Slote, ed., Oxford University Press, 1997, pp. 26-44 참조. 앤스콤에 따르면,

로 올바르기 위한 보편적 원칙이 있다는 것, 윤리적 평가는 행위자가 누구인지에 상관없이 특정 행위가 이 보편적 원칙에 일치하는지 여부에 달려있다는 것이다. 공리주의는 '최대 다수의 최대 행복'이라는 윤리적 행위 원칙을 제시하며, 칸트 윤리학은 '정언명법'이라는 원칙을 제시한다. 앤스콤은 행위와 원칙의 일치를 추구하는 근대 윤리학의 특성이 초월적 신의 명령을 따르는 것을 윤리적 의무로 제시한 종교적 율법주의의 잔재라고 본다. 더 이상 초월적 신을 전제할 수 없는 세속화된 근대 사회에서 윤리 법칙의 초월성을 담보하는 근거는 행위자의 내부에 있다. 공리주의와 칸트 윤리학이 전제하고 있는 '합리적 행위자'라는 개념은 외부의 초월자를 행위자 내부로 가져왔다고 할 수 있다. 물론 칸트 윤리학이 행위자를 무시하고 행위와 법칙의 일치를 윤리의 기준으로 삼은 행위 중심의 윤리학이라는 비판은 정당하지 않지만,[9] 그럼에도 근대 윤리학이 보편적 행위규범을 제시하고 이 보편적 규범을 발견할 능력을 개별 행위자의 합리성에서 찾았다는 점은 부인할 수 없다.

근대 윤리학에 나타난 법칙주의의 밑바탕에는 근대의 인간 이해를 규정하는 가장 중요한 특징인 '보편적 이성'이 있다. 근대에 이루어진 수학과 자연과학의 눈부신 발전은 자연 세계를 지배하는 보편적 법칙이 있으며, 이 법칙의 보편성은 법칙의 창조자인 절대자조차 바꿀 수 없는 것이라는 신념을 낳았다. 그와 더불어 인간에게는 자연 세계의 보편적

현대의 윤리학은 "윤리에 대한 법칙 개념"을 가진 기독교를 통해 우리에게 전해졌고, 이런 법칙 개념은 입법자로서의 신을 믿지 않는다면 불가능한 개념이다. 따라서 의무구속성이라는 법리적 개념을 초월적 존재, 즉 신을 전제하지 않고 받아들이려는 칸트주의와 공리주의는 그들 윤리학의 근거를 정당화하는 데 실패할 수밖에 없다.

9) 칸트 윤리학을 '행위 중심 윤리'로 비판하는 것은 칸트 윤리학에서 '의무의 동기'가 갖는 역할을 의도적으로 무시하고 있는 것으로 보인다.

법칙을 발견할 능력이 있고, 이 능력으로 인해 인간은 자연 세계에서 특별한 존재가 된다. 또한 자연 세계를 규율하는 보편적 법칙이 있는 것과 마찬가지로 인간 세계를 규율하는 보편적 법칙이 있으며, 자연의 보편적 법칙을 발견하고 이해할 능력인 이성을 통해 인간은 행위의 보편적 원칙도 발견할 수 있다. 자연법칙과 달리 행위의 원칙, 즉 윤리 규범은 단지 발견하고 이해하는 것으로 완성되는 것이 아니라 그 원칙에 따라 행위 할 것을 요구한다. 인간 안의 이성은 행위 원칙을 발견할 뿐 아니라 지킬 능력이다. 이렇게 해서 이성적 존재인 인간은 윤리적 실천에서 외부의 존재를 필요로 하지 않고 스스로 발견한 보편적 원칙에 자신의 행위를 일치시키는 존재, 자기 자신에게 스스로 명령하는 존재, 즉 자율적 존재가 된다.

하지만 자율적 존재라는 근대의 이상적 인간상은 인간 자신을 신의 권위에 근접킴으로써 근대 사회의 자신감을 보여주는 것이지만, 근본적인 한계를 가질 수밖에 없다. 수학이나 자연과학의 경우 자연의 보편적 법칙이나 진리를 확인하고 증명하는 방법을 가지고 있지만, 규범을 대상으로 하는 윤리는 사정이 다르다. 초월적 절대자로부터 나오던 윤리의 명령이 개별적 · 이성적 존재의 내부에서 나오게 되면 윤리적 명령의 정당성 역시 행위자 개인에게서 찾을 수밖에 없다. 개인이 각자의 이성을 통해 발견한 윤리 법칙의 보편적 진리성을 증명할 방법이 없기 때문에 근대 사회는 근본적으로 윤리 규범의 상대주의라는 한계에 봉착하게 된다. 행위자의 신념이 자기 행위에 정당성을 부여하는 궁극적 근거가 되지만, 그 신념을 정당화하는 근거 역시 행위자 자신이라는 순환은 근대가 인간 외부의 초월적 권위를 거부하는 한 피할 수 없다. 윤리에서 합리적이고 자유주의적인 태도는 극단적인 윤리 상대주의를 가져올 수밖에 없다는 비판을 받는다. 덕 윤리의 회복을 주장한 앤스콤 이후 등장한 다양한 형태의 덕 윤리학은 윤리적 행위의 판단에서 감성의 역할과 공동체의 역할을 강조함으로써 근대 윤리학의 이런 한계를 극복하려고 한다.

덕 윤리와 목적론적 인간 이해

매킨타이어는 근대 윤리학을 비판하면서, 이들이 목적론을 상실했다고 한다. 고대와 중세의 전통사회에서 윤리는 '덕'을 갖는 것을 목표로 했다. 선한 행위는 '덕'을 함양하거나 표현하는 행위였고, 선한 인간은 '덕스러운' 사람을 의미했다. 하지만 근대의 윤리는 더 이상 '덕'이 문제가 아니라 법칙에 일치하는 '행위'를 목표로 한다. 전통사회의 덕 윤리가 행위자의 품성을 중시하는 '행위자 중심' 윤리라면, 근대의 윤리는 행위자의 품성이 아니라 법칙에 일치하는 행위 자체를 중시하는 '행위 중심' 윤리다. 행위 중심 윤리는 특정한 행위를 결심하는 순수한 개인이 있다고 생각한다. 무엇이 옳은 행위인지 판단하기 위해서는 자신이 가진 선입견과 자기의 일시적 감정을 무시하고 오로지 합리적으로 생각해야 한다. 매킨타이어는 이런 윤리를 '정의적(emotive)'이라고 부르면서 근대 윤리학이 말하는 윤리적 결단은 아무런 맥락 없이 그때그때의 기분에 따라 이루어지고 정당화된다고 비판한다.[10]

10) 매킨타이어는 "우리가 살고 있는 실제적 세계에서 도덕성의 언어가 거대한 무질서 상태에 처해 있다"라고 하면서, 그 원인을 모든 평가적 판단 그리고 더욱 특수하게 모든 도덕적 판단이 선호의 표현 이외의 아무것도 아니라는 주장인 '정의주의(emotivism)'에 있다고 한다. 정의주의에서 비롯하는 현대의 정의주의적 자아는 사회적 맥락에서 분리되고 자신의 합리적

매킨타이어는 근대 윤리학의 정의주의적 성격은 근대의 인간관이 목적론을 상실한 자유주의적 개인주의 사회이기 때문에 나오는 결과라고 본다. 어떤 한 행위의 선악, 즉 좋고 나쁨은 그 행위가 노리는 목적에 의해 평가되어야 하고, 이 목적은 다시 상위의 목적에 의해 평가되어야 한다. 따라서 인간 개별 행위의 좋고 나쁨은 인간 삶이 추구하는 최종 목적에 의해 평가되어야 하지만, 근대의 자유주의 윤리학은 인간 삶의 최종 목적을 개인에게 맡겼기 때문에 좋고 나쁨의 객관적인 기준을 상실할 수밖에 없다. 인간의 개별 행위가 가진 목적을 이해하기 위해서는 그 개별 행위가 이루어진 시간과 공간을 고려하지 않을 수 없고, 그 행위와 연결된 다른 수많은 행위를 이해해야 한다. 인간을 고립된 개인으로 이해하는 자유주의는 인간의 개별 행위의 목적을 결코 이해할 수 없다. 어떤 한 행위를 이해하기 위해서는 그 행위가 일어난 이야기를 이해해야 하며, 그 이야기와 교차하는 수많은 이야기를 이해해야 한다고 말한다. 따라서 어떤 행위는 절대적으로 선하거나 악할 수 없고, 어떤 이야기에 편입되었는지에 따라 좋고 나쁨이 달라진다.[11] 따라서 누군가에게 상해를 입히는 행위는 누가 언제 어디서 그 행위를 했는지에 따라 어떤 경우에는 비겁한 행위가 되지만 다른 경우에는 용감한 행위가 되고, 범죄자가 일반 시민에게 할 때는 사악하지만 경찰이 테러범에게 할 때는 칭송의 대상이 된다. 그리고 개별 행위와 덕목들은 공동체의 번영이라는 목적에 따라 평가된다. 덕 윤리에서 개인 삶의 목적은 공동체의 번영이라

역사도 결핍된 존재다. 매킨타이어는 정의주의를 계몽주의의 도덕 기획이 실패한 결과라고 한다. 매킨타이어, 이진우 역, 《덕의 상실》, 문예출판사, 1997, 24쪽 이하 참조.

11) 매킨타이어는 인간의 모든 행위는 그 행위가 의도하는 것 혹은 배경(setting) 없이 이해될 수 없다고 한다. 위의 책, 302쪽.

는 목적에 일치해야 하고, 개인이 갖추어야 할 덕목은 이러한 목적을 전제한다.

전통사회가 추구한 다양한 덕목은 서로 조화를 이루어야 하며, 이것은 한순간에 일어나는 개인의 판단으로 달성될 수 없고, 오랜 시간의 훈련을 통해 습관화되어야 한다. 따라서 덕스러운 인간이 되기 위해서는 덕스러운 행위의 반복으로 덕성이 내면화되어 개인의 인성(personality)을 이루어야 한다. 그리고 지속적인 덕스러운 행위의 실천은 공동체 안에서 일어날 수밖에 없고, 개별적 행위의 '덕'은 공동체의 '덕'에 기여하는 것이어야 한다. 개인 삶의 목적은 공동체의 목적을 통해 실현되어야 한다. 덕목의 다양성을 인정하면서 이들 덕목 사이의 갈등을 해소하고 조화시키기 위해서는 목적론적 세계관이 요구된다. 존재의 질서에 따라 각 존재의 본성이 규정되고, 그 본성을 '탁월하게' 실현할 것을 요구하는 목적론적 세계관은 세계의 궁극 목적인 세계의 창조자 혹은 초월적 절대자를 전제하지 않을 수 없다. 물론 현대의 덕 윤리학이 전통사회의 형이상학적 목적론에 근거하기 어렵기 때문에 매킨타이어는 형이상학 없는 목적론을 정당화하기 위해 노력했다. 그의 시도가 성공적이었는지에 상관없이 자유주의 윤리학이 초월적 권위를 인간 내부의 이성으로 가져왔다면, 덕 윤리는 그 권위를 다시 공동체의 역사나 전통으로 되돌리려고 한다는 점은 분명하다.

다양한 경계 상황과 새로운 인간 이해

덕 윤리와 인성교육의 한계

현재 우리 사회에 불고 있는 인성교육 열풍의 이면에는 자유주의적 윤리교육이 가치 상대주의에서 비롯한 가치관의 혼란을 가져왔다는 판단이 있다. 물질만능주의, 개인주의, 이기주의, 생명 경시 현상의 만연이 합리적 사고 위주의 윤리교육의 결과라고 보는 것이다. 따라서 인성교육은 학생이 비판적 사고를 통해 옳은 행위가 무엇인지 판단하는 것보다는 인간이 추구해야 할 덕목을 제시하고, 그 덕목을 실천하여 '인성'을 형성하게 하는 것을 목표로 한다. 이때 함양해야 할 것으로 제시되는 핵심 덕목은 우리 사회가 공유하는 가치들이다. 이들 가치에는 예(禮), 효(孝), 정직, 책임, 존중, 배려, 소통, 협동 등이 포함되는데, 여기에는 자유주의적 가치와 공동체적 가치가 모두 포함되어 있다.[12] 하지만 이들 덕목은 서로 충돌할 수 있다. 예를 들어 정직이나 책임의 덕목은 경우에 따라 효나 배려의 덕목과 직접적으로 충돌할 수 있는데, 이 경우에 어느 덕목을 지켜야 하는지를 결정해야 한다. 전통적인 사회에서는 이렇게 덕목이 충돌하는 경우, 공동체 구성원의 암묵적인 승인에 의해 결정되었다.

12) 〈인성교육진흥법〉은 '인성교육'을 "자신의 내면을 바르고 건전하게 가꾸고 타인 · 공동체 · 자연과 더불어 살아가는 데 필요한 인간다운 성품과 역량을 기르는 것을 목적으로 하는 교육"으로 정의하고, 인성교육의 목표인 핵심 가치로 "예(禮), 효(孝), 정직, 책임, 존중, 배려, 소통, 협동 등의 마음가짐이나 사람됨과 관련되는 핵심적인 가치 또는 덕목"으로 정의한다. https://www.law.go.kr/%EB%B2%95%EB%A0%B9/%EC%9D%B8%EC%84%B1%EA%B5%90%EC%9C%A1%EC%A7%84%ED%9D%A5%EB%B2%95(2021년 6월 20일 접속)

결국 공동체에서 덕스러운 인물이 했을법한 행위가 덕스러운 행위가 되고, 공동체 구성원들은 누가 덕스러운 인물인지 이미 알고 있다.[13] 만약 이렇게 덕목 사이의 갈등을 해소할 방법이 마련되지 않는다면 다양한 덕목을 나열하여 가르치는 것만으로는 인성교육이 이루어질 수 없고, 오히려 학생들을 혼란스럽게 할 것이다.

덕 윤리에 대한 자유주의자들의 비판은 "무엇이 덕인지를 알게 하는 '덕스러운 사람'을 인정하는 소규모 공동체가 오늘날의 산업사회에서 더 이상 가능하지 않다"라는 점을 든다. 공동체의 구성원이 모두 인정하는 권위나 존재론적 질서에 따른 형이상학적 목적론을 전제하지 않는다면 덕목교육을 중심으로 하는 인성교육은 목표를 잃고 방황하지 않을 수 없다. 덕목교육을 통한 인성교육이 다양한 딜레마 상황에서 아무런 대답을 제시하지 못하는 것은 이런 이유 때문이다. 예를 들어, 어느 교사 혹은 부모가 학생 혹은 자녀를 훈육하기 위해 체벌했다면, 이것은 아동학대 범죄인가 아니면 참된 교육인가? 말기 암 환자가 존엄한 죽음을 맞기 위해 '의사 조력 자살'을 선택했다면, 그는 비겁한 사람인가 아니면 용기 있는 사람인가? 사실 이런 딜레마를 해결하기 위해서는 어떤 교사 혹은 어떤 부모가 어떤 학생이나 자녀를 체벌했는지, 자살을 선택한 환자가 어떻게 살아온 어떤 사람인지가 가장 중요하지만, 그것은 보편적 법칙을 사례에 적용하는 교육을 통해서는 이루어질 수 없다. 결국 자유주의 사회에서 이 문제는 윤리의 영역이 아니라 법의 영역에 속하게 되어 외부적인 객관적 조건에 따라 판단될 것이다.

---

13) 이와 관련해서 황경식은 "덕 윤리에 함축된 도덕적 불확정성을 최대한 배제할 수 있는 소규모의 면접적 공동체, 즉 중세의 수도원이나 전통적 마을 공동체와 유사한 어떤 것이라고 생각해볼 수 있다"라고 한다. 《개방사회와 사회윤리》, 철학과 현실사, 1995, 653쪽.

개인의 합리성과 자유를 존중하는 자유주의 윤리에서 윤리교육의 내용은 올바른 윤리법칙을 스스로 발견하도록 독려하는 데 그치고, 어느 하나의 윤리 규칙이나 특정한 윤리 규범을 강요할 수 없다. 학생 스스로 공리주의의 원칙을 따를 것인지, 칸트 윤리학의 인간 존엄성의 원칙을 따를 것인지 결정해야 하며, 이것은 교사의 경우도 마찬가지다. 사형제도, 자발적 안락사, 낙태, 동성결혼 등의 다양한 윤리적 문제를 개인의 판단에 맡기고, 그 최소한을 구성원의 합의, 즉 법률로 규제할 수밖에 없는 이유가 여기에 있다. 만약 인성교육이 대학생에게 특정한 윤리 규범을 일방적으로 주입하려고 한다면, 이는 사상의 자유를 침해하게 될 것이다. 이때 주입되는 덕목은 특정한 집단이 승인하는 규범 혹은 이익일 가능성이 있기 때문이다.

다양한 경계에 놓인 인간

자유주의 사회의 보편적 윤리가 가진 문제의 핵심에는 인간에 대한 보편주의적 이해가 있다. 물론 인간은 합리적 이성을 가진 존재이지만, 합리성이 발현되는 조건은 다양해서 모든 행위자가 동일한 조건에서 동일한 판단을 내릴 수는 없다. 한 개인의 차원에서 인간은 자신의 과거 경험과 그가 속한 문화적 환경과 공동체의 역사, 더 나아가 각자의 신체적 조건 같은 다양한 조건에 영향을 받지 않을 수 없기 때문이다. 따라서 인간을 순수한 합리적 존재로 이해하는 것은 인간 삶의 다양성을 무시하여 구체적인 행동 지침이 될 수 없는 공허한 윤리 규범을 요구하게 되거나, 윤리 규범을 법 규범에 종속하게 된다. 이 점이 근대 윤리학에 대한 덕 윤리 비판의 핵심이며, 인성교육의 필요성이 제기되는 지점이다.

하지만 인간을 단지 그가 처한 조건에 종속된 존재로 이해하는 것은 인성교육이 지향하고 실현해야 할 '좋은' 인성을 부정하게 되어 인성교육의 목표가 사라질 위험이 있다. 따라서 오늘날 우리 사회가 겪고 있는 규범의 혼란을 극복하고 인성교육의 방향을 설정하기 위해서는 새로운 인간 이해가 요구된다. 오늘날 인성교육의 토대가 될 인간 이해는 크게 두 가지 원칙을 가져야 한다. 먼저, 인간은 합리적 소통이 가능한 이성적 존재라는 원칙이 요구된다. 이것은 인간 사이의 소통과 규범이 가능하기 위한 조건이다. 만약 인간을 순전히 경험적 조건에 종속된 것으로 이해한다면, 규범은 일방적으로 강압되는 것이거나 극단적인 상대주의에 빠질 것이고, 인성교육의 가능성도 사라질 것이다. 따라서 인간을 자신이 속한 조건을 비판적으로 성찰할 수 있는 합리적 존재로 이해하는 것은 인성교육이 가능하기 위한 전제조건이다. 두 번째로, 인간은 다양한 경계에 놓여 있는 존재라는 인간 이해다. 인간이 구체적으로 살아가는 세계는 다양한 경계가 만나는 시공간이다. 한 인간은 공간적 경계와 더불어 문화적 경계에 서 있으며, 공동체 역사와 개인 역사의 경계에 서 있다. 예를 들어, 21세기 한국의 대학생으로 존재하는 사람은 한국의 국민이면서 세계시민의 경계에 있고, 출신 지역의 경계, 학력의 경계, 성별의 경계, 종교의 경계에 서 있을 수밖에 없다. 이런 경계를 모두 지우고 그 사람을 이해할 수 없다. 그리고 이런 경계는 다층적이어서 서로 겹치기도 하고 분리되기도 하면서 구체적인 인간을 형성한다.

인간을 합리적 이성을 가진 경계적 존재로 이해할 때, 한 인간이 구체적 삶의 상황에서 복잡하게 얽힌 문제를 해결하고 개인의 삶과 공동체의 삶을 조화할 수 있도록 교육하는 것이 가능해질 것이다. 인성교육은 일방적인 덕목교육이 되어서도 안 되고, 그렇다고 구체적인 삶의 문제를 외면하는 공허한 보편적 원칙을 제시하는 것이 되어서도 안 된다. 인성교육은 각자가 처한 상황에서 다양한 경계를 분별하고, 이 경계를 극복하거나 조화시킬 수 있는 비판적 사고력을 길러주어야 한다. 이러한 인간 이해는 인성교육을 위한 새로운 방법을 요구한다.

근대적 인간 이해에 바탕을 둔 인성교육과 해체

전통적 인성교육의 전개 양상과 한계

우리의 문화 전통 안에서 '인성'과 '교육'은 별도의 사항이 아니었다. 특히 조선 시대 이후 성립된 유교 전통 안에서 글쓰기를 비롯한 교육은 곧 인성 함양을 위한 과정과도 다르지 않았다. 이는 문(文)이 도(道)에 종속되는, 다시 말해 도(道)를 싣는 수레가 아니라 문(文) 자체가 "문장을 통해 진실한 인생, 삶의 참된 가치를 추구하고자 하는, 문장을 짓는 자의 성실성이며 문장의 알찬 내용을 의미한다"[14]라는 유교의 문이재도론과 일맥상통하는 것이라고 할 수 있다. 이는 문이재도론 같은 교육의 지향성뿐만 아니라 구체적인 교육 내용에서도 확인할 수 있다. 조선 시대 교육의 기본서라고 할 수 있는《논어》에도 "덕이 있는 자는 외롭지 않고 반

14) 정요일, 〈문이재도론의 이해〉,《한국한문학연구》6, 1982, 24쪽.

드시 이웃이 있다"[15] 같은 표현처럼 타자와 더불어 살아가는 삶에 대한 가르침이 나타난다. 이는 비록 개인의 인성이 천성에 의존하여 갇혀있고 닫힌 자아이기도 하지만, "가변적인, 즉 다른 존재들과의 관계성을 통해 형성되어가는 인격과 주체"[16]로서의 특성도 동시에 가지고 있음을 의미한다. 이처럼 우리의 문화 전통 안에서 교육은 글쓰기 과정을 통해 실천뿐만 아니라 구체적인 내용에서도 자신을 수양하고 타인과 더불어 살아가는 인성 함양의 측면을 지니고 있었다. 따라서 우리의 문화 전통 맥락 안에서 교육은 곧 인성 함양을 위한 과정과 다르지 않았다.

하지만 사회의 급속한 발달과 기존 유교적 가치관의 붕괴는 이러한 인성교육에 변화를 요구했다. 다시 말해, 경쟁 위주의 입시교육과 성과 중심의 사회 분위기 속에서 교육 안에서 인성 함양의 자리는 사라지기 시작했으며, 이러한 흐름 속에서 2014년에는 〈인성교육진흥법〉이 국회를 통과하게 된다. 비록 이 법안이 인성교육을 의미로 규정하는 세계에서는 전무후무한 법안이지만, 교육과정 속에서 인성 함양을 유지하려는 문화 전통의 맥락에서 가치를 생각해볼 수 있을 것이다.

〈인성교육진흥법〉은 〈대한민국헌법〉에 따라 인간으로서의 존엄과 가치를 보장하고, 〈교육기본법〉에 따라 교육이념을 바탕으로 건전하고 올바른 인성을 갖춘 국민을 육성하여 국가와 사회의 발전에 이바지하기 위한 것으로, 그 법안의 목적은 '인성교육'을 "자신의 내면을 바르고 건전하게 가꾸고 타인, 공동체, 자연과 더불어 살아가는 데 필요한 인간다운 성품과 역량을 기르는 것, 핵심 가치 덕목은 예(禮), 효(孝), 정직, 책임, 배려, 소통, 협동, 핵심역량은 핵심 가치 덕목을 적극적이고 능동적으로

15) "德不孤必有隣"《論語》〈爲政篇〉1장.

16) 박연규, 〈유가적 몸과 관계적 자아〉, 《양명학》28, 2011, 338쪽.

〈표 1〉 KEDI 인성 검사지의 인성교육 10대 덕목

인성덕목(하위요인)	구성내용	문항 수
1. 자기존중	자기존중, 자기효능	7
2. 성실	인내(끈기), 근면성	8
3. 배려 · 소통	타인 이해 및 공감, 친절성, 대인관계 및 의사소통능력	10
4. (사회적) 책임	책임성, 협동심, 규칙이행	6
5. 예의	효도, 공경	7
6. 자기조절	자기통제(감정, 충동, 행동), 신중성	6
7. 정직 · 용기	정직성, 솔직성, 용감성	7
8. 지혜	개방성, 판단 및 의사결정능력, 안목	6
9. 정의	공정, 공평, 인권존중	5
10. 시민성	애국심, 타문화 이해, 세계시민의식	8
합계		70

실천 또는 실행하는 데 필요한 통합된 능력이다"라고 정의한다.[17)]

하지만 이러한 〈인성교육진흥법〉의 맥락에서 개인의 인성은 교육과정에서 평가될 수 있는 사항으로 간주된다. 그리고 〈표 1〉에 나타나 있는 KEDI 인성검사지 기본 구성과 같이 개인의 인성을 검사할 수 있다는 전제를 지닌 인성검사를 수행하기 위해 인성교육 10대 덕목을 선정하고 조사를 진행한다.[18)]

이러한 전통적인 인성교육은 궁극적으로 사회적으로 합의되고 선

17) 김선주, 〈인성교육진흥법 핵심가치덕목에 근거한 대학생용 인성 척도 개발〉, 《교양교육연구》 11(3), 2017, 218쪽.

18) 김영래 외, 〈인성교육을 위한 '핵심 가치덕목'과 '핵심 역량'의 연구 모형에 관한 고찰〉, 《교육의 이론과 실천》 20(2), 2015, 32쪽.

정된 인성 함양에 대한 덕목을 바탕으로 '좋은 인성이란 무엇이다'라는 가치를 사전에 선정해놓고, 그것을 톱다운(top-down) 방식으로 교육해온 경향이 있다. 다시 말해, 전통적인 맥락에서 전개된 인성교육의 경우, 학습자가 학습해야 하는 좋은 인성에 대한 가치를 사전에 선정해놓고 그것에 대해 교육하는 방식으로 전개되었다.

이러한 인성교육은 결국 몇몇 지점에서 비판에 직면하게 된다. 먼저 학습자의 개체성에 대한 간과가 가장 큰 문제로 대두된다. 인성교육의 효과란 지표가 아니라 구체적인 삶의 현장에서 실천되었을 때 의미를 찾을 수 있다. 하지만 핵심 가치를 선정하고 톱다운 방식으로 전개되는 전통적인 인성교육의 경우 학습자들이 처해있는 다양한 삶의 모습뿐만 아니라 개개인의 인성이 실천되는 삶의 모습을 간과할 수 있다.

다음으로 앞서 살펴본 맥락에서 핵심 가치를 선정하고 톱다운 방식으로 전개되는 전통적인 인성교육은 학습자의 참여와 고민의 지점을 축소시킨다. 현대의 다양한 교육은 학습자를 중심으로 구성되는 경향을 보인다. 하지만 사전에 선정된 핵심 가치를 중심으로 톱다운 방식으로 전개되는 인성교육의 경우, 교육의 시작점과 완성 과정에서 학습자는 간과된다. 이때 학습자는 교육 내용을 수동적으로 이해하고 체화시키는 존재로서만 기능하게 된다. 이러한 맥락에서 학습자는 인성교육을 통해 무엇을 왜 배워야 하는가에 대한 참여 동력을 상실한 지극히 수동적인 존재로 전락하게 될 것이다.

대안적 인성교육의 전개 양상과 한계

앞서 살펴보았듯이 전통적인 인성교육은 어떠한 인성을 교육해야 하는지에 대한 뚜렷한 목표를 바탕으로 전개되었고, 여러 지표를 통해 평가했다. 하지만 그 과정에서 학습자는 교육 활동에 참여할 수는 있을지언정 왜 무엇을 교육해야 하는지에 대한 근본적인 질문과 인성교육을 실천하는 자신의 구체적이고 다양한 삶의 양태에서는 다소 배제될 수 있음을 살펴보았다. 이러한 맥락에서 최근에는 학습자의 참여와 경험, 그리고 관심을 중심으로 하는 대안적 인성교육이 구성되고 있다.

이러한 흐름으로 우선 영화나 스토리텔링을 비롯해 학습자가 흥미를 가질 수 있는 매체를 중심으로 구성되는 인성교육이 나타나고 있다. 이러한 대안적 인성교육의 경우 영화 속에 나타나는 다양한 상황을 중심으로 인성교육에서 지향해야 할 가치들에 대해 손쉽게 접근할 수 있도록 하는 장점이 있다.

〈표 2〉는 2021년 2월 출판된 안영희 교수의 《문학과 영화로 인성을 디자인하다》라는 단행본의 목차다. 이 책의 제목에서도 확인할 수 있듯이, 문학과 영화 작품을 통해 인성교육을 구성하기 위한 목적으로 쓰였으며, 그 과정에서 우리에게 잘 알려진 15편의 문학과 영화를 인성교육의 다양한 가치(용서, 책임, 환경, 정의)를 통해 설명하고 있다. 이처럼 학습자에게 친숙한 문학과 영화 같은 매체를 중심으로 구성되는 인성교육은 작품에 나타나는 인물과 상황에 대해 재해석하고 학습자의 삶과 그들이 관계 맺고 있는 상황에 대해 성찰할 수 있게 해준다. 그리고 그 과정에서 구체적인 상황에 대한 몰입과 거리 두기의 상호작용을 바탕으로 학습자

〈표 2〉《문학과 영화로 인성을 디자인하다》 목차

I. **상처 치유와 자존감 회복**
제1장 《서편제》 – 용서와 치유 · 24
제2장 《키친》 – 상처 깁기와 힐링 · 54
제3장 《나미야 잡화점의 기적》 – 자존감 회복과 치유 · 71

II. **팬데믹시대의 바이러스와 공동체 윤리**
제1장 〈감기〉 – 감염병과 봉쇄, 그리고 국가권력 · 96
제2장 〈부산행〉 – 인간의 이기심과 책임 · 108
제3장 〈컨테이젼〉 – 환경파괴와 집단 지성 · 123

III. **성평등과 페미니즘, 그리고 공존**
제1장 《무소의 뿔처럼 혼자서 가라》 – 남성 중심 사회의 여성 이야기 · 136
제2장 《82년생 김지영》 – 평등한 성과 공존의 삶 · 154
제3장 〈델마와 루이스〉 – 가부장적 사회의 반란자들 · 179

IV. **제4차 산업혁명시대의 생명윤리**
제1장 〈A.I.〉 – 사랑을 느끼는 로봇과 로봇 윤리 · 190
제2장 〈네버 렛 미 고〉 – 인간복제와 생명윤리 · 205
제3장 〈바이센테니얼 맨〉 – 인간과의 공존을 갈망하는 로봇 · 222

V. **사회공동체의 시민의식과 정의**
제1장 《우리들의 일그러진 영웅》 – 독재자의 탄생과 시민의식 · 232
제2장 〈기생충〉 – 신자유주의시대, 기생하는 자들의 슬픈 삶 · 249
제3장 〈디 벨레〉 – 전체주의와 민주주의, 그리고 정의 · 269

의 인성에 긍정적인 변화를 유도할 수 있게 한다.[19] 다시 말해, 학습자에게 친숙한 매체인 문학과 영화가 보여주는 구체적인 상황에 활용하여 학습자가 참여할 폭을 넓혀주는 모습을 보여준다.

이처럼 전통적인 톱다운 형식의 인성교육에 대한 대안으로 나타나는 모습들은 주로 학습자의 구체적인 상황과 경험을 매개로 삶을 성찰

19) 박선희 외, 〈영화기반 인성교육에 관한 사례연구〉, 《한국교양교육학회 2016년도 춘계전술 학술대회 자료집》, 2016, 120-123쪽.

해볼 가능성을 제시하는 방향으로 구성된다. 그 대표적인 사례로 '봉사활동'과 '성찰활동'이 강화되는 양상을 들 수 있다.

먼저 대안적 인성교육으로서 '봉사활동'이 부각되는 모습에 대해 생각해보자. 이미 많은 대학에는 다양한 봉사활동 단체가 존재하며, 어느 순간부터 봉사활동이 하나의 스펙이 되는 시대를 살아가고 있다. 하지만 봉사활동은 학습자에게 수동적인 학습을 강요하는 형태에서 벗어나 머리, 가슴, 손을 함께 능동적으로 움직이면서 인지적으로 알고 있는 사실을 행동하고 성찰하며 체화시키는 영역으로 확장시키는 과정이다.[20] 이 과정에서 학습자는 단순히 배려, 약자에 대한 관심 같은 인성교육의 가치를 톱다운 방식으로 학습하는 것이 아니라 자신의 눈으로 목격한 구체적인 상황 속에서 특정한 행동을 실천하는 과정을 통해 체화하게 된다. 그리고 이 과정에서 학습자는 자신이 실천한 봉사활동에 대해 성찰하며, 배려나 약자에 대한 관심 같은 인성교육의 가치에 대한 이론적인 항목은 모를지라도 자신의 행동이 지닌 의미와 가치에 대해 스스로 고민해볼 수 있게 된다.

다음으로 '성찰활동' 중심의 인성교육 역시 전통적인 인성교육에 대한 대안으로 자주 제시된다. 성찰활동 중심의 교육은 인성교육에 학습자의 구체적인 삶과 존재를 적극적으로 개입시키는 것을 목적으로 한다. 다시 말해, 인성교육의 핵심 가치를 학습하더라도 그것을 개념으로 접근하는 것이 아니라 다른 학습자의 삶과 연결시켜 구성하는 것이다. 이러한 모습은 궁극적으로 학습자마다 개개인이 필요로 하는 인성교육의 가치가 다를 수 있으며, 학습자의 상황에 맞게 구성되어야 한다는 점을 전

---

20) 조강모, 〈인성교육을 위한 봉사활동 수업모형의 탐색〉, 《초등교육연구》 15(2), 2001, 18쪽.

제로 한다. 이러한 대안적 구성은 학습자가 몇몇 인성교육의 가치 개념을 학습한 후 자기 삶에 대한 관찰과 기록을 바탕으로 자신의 개념으로 재구성하는 과정을 통해 전개된다. 이러한 과정은 위의 사례를 통해 생각해볼 수 있다.[21)]

필자는 '성찰활동' 중심의 인성교육을 전개하기 위해 강의를 통해 인성교육에 관한 개념을 바탕으로 자신의 삶에 대해 고민하고 성찰할 시간을 제공하기 위해 노력해보았다. 이를 위해 일상에 대한 3주 이상의 기록과 관찰, 수업시간에 학습한 내용을 중심으로 의미화와 성찰 과정을 과제로 제시했다. 이 과정에서 3번 원칙의 맥락에서 가능하면 많은 학생을 면담하고, 과제의 방향성과 삶을 고민해볼 수 있는 개념에 대해 함께 이야기를 나누어보았다.

〈그림 1〉은 2019년도 1학기 가톨릭대학교 인성교육 교과목 중 하나인 영성에 함께했던 한 학생의 과제 일부다. 강의를 통해 영성이 지니고 있는 몇 가지 원리와 의미를 학습하는 것뿐만 아니라 일상에 대한 관찰과 그것의 의미를 재구성하는 과정으로 과제를 진행했다. 이 과정에서 수업시간에 공부한 '초월'이나 '생명' 같은 개념을 일상에서 고민해보고, '삶의 찬미'라는 제목으로 자기 삶에 대한 짧은 에세이를 작성해보았다. 이 과정을 통해 이 학생은 어쩌면 의무로 들어야 하는 '영성'이라는 교과목에서 자신의 삶에 대한 성찰을 통해 톱다운 방식이 아닌 스스로 삶에 대한 고민과 성찰을 통해 어떻게 살아가야 할지를 고민하는 인성교육을 실천했을지도 모른다.

---

21) 이 장에 소개된 사례는 필자가 2019년도에 진행한 수업 사례로, 관련된 내용은 아래에 수록되었다. 가톨릭대학교 교수학습개발원, 《2019 가르침과 배움의 지혜》, 가톨릭대학교, 2020, 11-16쪽.

10

#소중한사람 #수다떨기
#회복 #위로 #경청 #진솔함

4.18 불쾌한 일이 있었다. 별로 좋아하지 않는 사람에게 무언가를 들켜버려서 멘탈이 박살난 와중에 자꾸 잡생각들이 들어서 힘들었다. 남자친구랑 있는데 집중이 안되고 너무 도망치고 싶어서 선이를 만났다. 영선이가 집가던 길에 당연히 기다려준다고 했고 동네 편의점에서 맥주 하나 사서 같이 마셨다. 한시간 정도 얘기했는데 일주일동안 가장 편안한 시간이었다. 나는 원래 멘탈이 튼튼한 사람이었는데 왜 이렇게 개복치가 된거지?! 나를 제일 많이 이해해주고 공감해주는, 내가 제일 힘들 때 함께 해준 친구여서 더 의지가 된다. 너무 좋고 고마워서 깨진 멘탈이 조금씩 회복되고 있다. 근데 확실히 휴학의 때가 왔다.... 뭘 해도 너무 지치고 괴롭다. 그래도 주변 사람들 붙잡고 겨우 겨우 하루씩 견딘다

내가 힘겨워 할 때 바로 달려와줄 친구가 있다는 것은 참으로 감사하다. 그 친구가 어떠한 해답을 주는 것도 아니며 문제를 해결해주는 것도 아니지만 답답한 이 감정을 털어놓고, 들어주는 것만으로 한결 괜찮아진다. 어쩌면 털어놓는 것 자체가 해답일 수도 **있다. 믿는 사람에게** 나의 진솔한 마음을 드러낼 수 있다는 것, 나의 이야기를 귀담아 들어줄 사람이 있다는 것. **정말 소중하고 중요한 것이다.**

생명 : 나는 누구를 통해 행복한가

#경험공유 #소중한_사람들 #챙겨주는_마음 #우연함 #위로 #응원 #풍경

누군가에게 힘을 얻고 위로를 받은 순간들이 참 많았다. 친구와 이야기 나누는 일상적인 순간들이 비일상적이었던 나의 고통들을 없애 주었고 일상의 소중함을 회복하도록 했다. 우연한 순간에 예상치 못한 응원과 챙겨주는 마음들이 내가 버틸 수 있는 버팀목이 되어주었다.

나에게 소중한 사람들은 나와 함께한 시간들이 있고, 나는 그 시간들을 그리워하며 행복한 기억으로 남긴다. 많은 일들을 함께한 그들과 관계를 맺고 살아가며 생동감을 느낀다. 챙겨주는 마음들에 너무나 감사함과 동시에 나도 그러한 존재가 되고자 노력하게 된다. 고통스럽고 아픈 기억도 기억하고 싶다. 그것을 이겨내는 과정이 또 다른 생명이 되기 때문일까. 혼자서는 절대 이겨낼 수 없지만 그 과정을 함께 해주는 사람들의 소중함을 느낄 수 있기에, 또한 그 고통스러운 순간도 나를 이루는 요소이기에 난 그 순간들도 기억하고 싶다.

일상은 때로는 지루하다. 또한 함께하는 일상에서 나는 지워질 때가 많다. 하지만 우연함으로 일상에 생기를 불어넣어주고, 나를 그려주는 주변의 사람들이 있기에 나는 행복하게 살아가는 것 같다.

초월

#자연 #휴식
#쉬어가기
#닮아가는_모습
#사색 #사람들
#일탈 #여행 #소비
#충동적_선택 #혼자
#여행 #풍경
#마지막 #일상
#나를_위한_시간
#뮤지컬 #여행 #음악

생명

#파람 #경험공유 #추억
#소중한_사람들 #우연
#나눔 #친절
#챙겨주는_마음
#우연함 #위로 #응원
#갈등 #불행
#기대기 #알바
#사람 #친절
#선물 #풍경
#존중 #수다떨기
#회복 #경청 #진솔함

삶의 찬미

살면서 우울했던 적이 별로 없다. 나의 우울함이 그리 오래가지 않을 것도 알고 있었다. 하지만 그 순간들은 정말 힘들었으며 살아가는 것이 힘겨웠다. 하지만 그 순간들을 견뎌내는 과정들이 지나고 보면 너무나 소중하게 남는다. 우울할 때 나는, 예전의 행복한 내 모습을 계속 떠올리게 되고 주변에 있는 사람들에게 감사함을 느끼며 의지하게 된다. 썩 나쁘지만은 않다. 이 기간을 통해 주변 사람들의 소중함을 다시 한 번 깨닫게 됐고 타인의 감정을 다시 한번 생각해보게 되었다.

고통과 회복, 함께하는 순간들의 연속이 내가 살아있음을 느끼게 한다. 특히 위로가 담긴 메시지들을 받을 때마다 살아있지 않았더라면 느끼지 못했을 고마움과 행복이라는 생각이 들었다. 올리버와 클레어가 사랑하는 것이 생각보다 쉽지 않다는 것을, 고통스럽다는 것을 알고도, '그럼에도 불구하고' 사랑을 이어나갔던 것처럼. 앞으로 나의 삶도 매번 행복하지는 않을 것이며 괴로운 순간들이 존재할 것이다. 그러나 그 순간마다 함께했던 손길들을 생각하며 나는 다시 이겨낼 수 있음을 안다. 그 믿음에 힘입어 살아가는 삶은 행복할 것이라 기대해본다.

〈그림 1〉 학생 과제물

이처럼 전통적 인성교육의 한계를 극복하기 위해 시도된 다양한 대안적 인성교육은 공통적으로 '학습자 중심'이라는 특징을 지니고 있다. 다시 말해, 인성교육의 핵심으로 학습자의 관심과 삶을 놓고, 그것을 활용해 인성교육의 핵심적인 가치를 스스로 고민하도록 이끌었다. 하지만 이러한 인성교육에서 우리는 다음과 같은 질문을 던져볼 수 있다.

- *학습자들에게 필요한 인성교육의 가치는 동일한 것일까?*
- *대안적 인성교육에서 학습자의 구체적인 참여와 삶에 주목했다면, 이것을 좀 더 효과적으로 구성할 수는 없을까? 다시 말해, 좀 더 학습자의 다양성과 구체성에 주목할 수 있는 인성교육은 불가능한 것일까?*

새로운 인성교육 모델의 방향성: 경계-모듈형 인성교육의 가능성

지금까지 전통적 방식의 인성교육과 그것에 대한 한계를 넘어서기 위한 대안적인 방식의 인성교육의 양상에 대해 살펴보았다. 완벽한 교육이라는 것이 불가능하듯이 인성교육 역시 완벽하게 전개될 수는 없을 것이다. 하지만 변화하는 흐름을 살펴본다면, 어떻게 구성되어야 하는지에 대한 몇몇 키워드는 확인할 수 있다. 앞선 논의를 바탕으로 인성교육에서 새로운 모델을 제시할 경우 "각기 다른 학습자의 구체적인 삶에 초점을 두는 인성교육", "이론에서 벗어나 구체적인 실천과 성찰 중심의 인성교육"으로 정리해볼 수 있을 것이다.

그동안 좀 더 효과적인 인성교육을 구성하기 위해 다양한 노력을 기울였지만, 내용적인 면에서 "보편적 인간 이해를 바탕으로 한 인문교양"이 주를 이루고 있었으며, 형식적인 면에서는 이미 정해진 커리큘럼에 따라 "강의실에서 진행되는 이론 강의 중심 교육"이었다는 한계가 존재한다. 따라서 이러한 모습을 뛰어넘어 이 장에서 제시한 새로운 인성교육 모델을 구성하기 위해서는 단일한 커리큘럼이나 단일한 방식의 교육이 아닌, 내용적인 면에서는 학습자의 다양한 경계를 고려하고 형식적인 면에서는 교육 방법과 내용을 모듈화하는 방식에 대해 고민하는 '경계-모듈형 인성교육'을 제안할 수 있다. 다시 말해, 지금까지 전개된 인성교육의 한계를 극복하고, 대학생들의 구체적 경험을 고려하여 인성 교과 내용을 구성하며, 그들을 단일한 하나의 틀로 바라보기보다 다양한 실존적 맥락에서 대학생들의 삶에 접근하는 경계-모듈형 인성교육 프로그램이 필요할 것이다.

참고문헌

가톨릭대학교 교수학습개발원, 《2019 가르침과 배움의 지혜》, 가톨릭대학교, 2020.

강영안, 《자연과 자유 사이》, 문예출판사, 1998.

김선주, 〈인성교육 진흥법 핵심가치덕목에 근거한 대학생용 인성 척도 개발〉, 《교양교육연구》 11(3), 2017.

김영래 외, 〈인성교육을 위한 '핵심 가치덕목'과 '핵심 역량'의 연구 모형에 관한 고찰〉, 《교육의 이론과 실천》 20(2), 2015.

김원중, 〈인성교육의 회고와 반성〉, 《교육이론과 실천》 24, 2014.

매킨타이어, 이진우 역, 《덕의 상실》, 문예출판사, 1997.

박선희 외, 〈영화기반 인성교육에 관한 사례연구〉, 《한국교양교육학회 2016년도 춘계전술학술대회 자료집》, 2016.

박연규, 〈유가적 몸과 관계적 자아〉, 《양명학》 28, 2011.

아리스토텔레스, 최명관 역, 《니코마코스 윤리학》, 서광사, 1984.

안영희, 《문학과 영화로 인성을 디자인하다》, 계명대학교 출판부, 2021.

이성호, 〈미국 학교 인성교육의 동향과 시사점〉, 《한국교육》 41(3), 2014.

정요일, 〈문이재도론의 이해〉, 《한국한문학연구》 6, 1982.

조강모, 〈인성교육을 위한 봉사활동 수업모형의 탐색〉, 《초등교육연구》 15(2), 2001.

G. E. M. Anscombe, "Modern Moral Philosophy, in Virtue Ethics," in *Virtue Ethics*, Roger Crips & Michael Slote, ed., Oxford University Press, 1997.

2장
대학 교양 교육과정과 인성교육[1)]

—

차봉준

대학 인성교육, 그 첫걸음

대학교육에서 인성교육의 필요성이 강력히 요구되기 시작한 것은 그리 오래된 일이 아니다. 2015년 1월 20일 전체 22개 조항으로 제정된 〈인성교육진흥법〉이 6개월의 경과 과정을 거친 후 그해 7월 21일부터 본격적인 시행에 들어가면서 국내 대학들도 저마다의 방식으로 인성교육에 관심을 기울이기 시작했다. 이 법안의 기본 취지는 개인의 정서, 심리적 영역에 해당하는 인성함양에 대해서도 국가가 일정 부분 책임을

1) 이 글은 필자가 발표한 〈대학 인성교육의 방향 설정과 활성화를 위한 시론〉(《대동철학》 제72집, 2015. 9)과 〈대학생 세계시민교육과 환경담론〉(《문학과 환경》 제19권 2호, 2020. 6)의 내용을 바탕으로 재구성 보완했음을 밝혀둔다.

져야 한다는 의지의 표명으로 이해된다. 이 법의 제1조에 "〈대한민국헌법〉에 따른 인간으로서의 존엄과 가치를 보장하고 〈교육기본법〉에 따른 교육이념을 바탕으로 건전하고 올바른 인성(人性)을 갖춘 국민을 육성하여 국가사회의 발전에 이바지함"을 목적으로 법안이 제정되었음을 명확히 드러내고 있는 데서 그 의도를 충분히 짐작할 수 있다.

한편, 국내 초 · 중등 교육에는 전통적인 교육 단계에서부터 학습자의 인성을 함양하기 위한 교육과정 구성이 교육의 기초 덕목으로서 중요하게 자리매김하고 있었다. 단적인 사례로 중등 교육과정에서는 '도덕', 혹은 '윤리'라는 정규 교과를 통해 체계적으로 인성교육을 실시하고 있다. 그럼에도 근래에 이르러 인성교육의 필요성에 대한 사회적 공론화가 더욱 뜨거워졌고, 급기야 이에 대한 법적 근거를 마련하는 상황에까지 이르게 된 것은 최근의 사회적 분위기와 무관치 않아 보인다. 즉, 학벌 위주의 사회 풍조와 경쟁적 입시 환경에 따라 황폐해진 학생들의 심성을 회복해나가야 한다는 절박함, 그리고 더불어 사는 사회와 EQ, 공감능력을 갖춘 인재 양성의 필요성[2] 등으로 인해 인성교육에 대한 사회적 요구는 더욱 힘을 얻어가고 있다.

이와 같은 인성교육의 필요성에 대한 사회적 요구의 증대는 고등교육을 담당해온 대학의 교육과정에도 그 역할을 요구하기 시작했고, 현재 국내 대학의 교양 교육과정과 각종 비교과 프로그램 운영 사례에서 인성교육의 성과가 하나씩 나타나기 시작했다. 단적인 예로 교육부 주관으로 진행된 ACE 사업 평가에서 '인성함양 프로그램'에 대한 대학의 운영 실적을 평가의 주요 항목으로 설정했고, 아울러 인성함양 교육과정 운영

2) 강보라 · 이사라, 〈대학 인성교육, 그 방향성에 대하여: 국내 외 대학 인성교육 프로그램 현황을 중심으로〉, 《여성연구논총》 28, 2013, 70쪽.

의 성과를 확산 · 공유하는 추진계획을 요구한 데서 이를 확인할 수 있다. 물론 대학교육에서 인성교육 비중이 높아지는 원인에는 2013년 이후 눈에 띄게 늘어난 기업의 인재 수요 트렌드 변화와도 관련이 있다. 예를 들면, 현대자동차그룹이 선보인 '더 에이치(The H)'라는 채용방식은 기존의 스펙 위주 채용에서 탈피하여 개인의 인성을 평가의 주요 항목으로 삼으려 한 참신한 시도였다. 이 방식에 따르면 길거리 캐스팅을 통해 선발된 100명을 대상으로 10명씩 조를 편성한 후 현대자동차 직원들과 월 1회 간담회, 등산, 여행, 봉사활동을 진행한다. 그리고 이 과정에서 대상 학생들의 가치관이나 행동 특성 등을 면밀히 점검함으로써 인성에 초점을 둔 평가를 도입하겠다는 의도였다. 이 시도는 "한국 사회는 스펙을 위해 특이한 경험도 일부러 만드는 등 입사를 위한 노력이 왜곡된 상태다. 인성이 가장 중요한 인재 선발의 기준이 돼야 한다는 취지 아래 이번 프로그램을 도입했다"[3]라는 회사 측 발표에서도 드러나듯이 왜곡된 인재 평가 방식에서 탈피하여 인성을 중요한 평가의 잣대로 삼는 계기를 마련했다는 점에서 나름의 의미를 찾을 수 있을 것이다. 이러한 인성 기반의 인재 채용은 비단 현대자동차그룹의 사례에만 국한된 것이 아니다. 현대자동차그룹이 관심을 불러일으킨 2013년 한 해 자료만 살펴보아도 여타의 기업들이 개인의 역량과 인성에 기반을 둔 인재 채용방식을 경쟁적으로 쏟아냈고, 이러한 시류를 반영한 듯 인성 기반의 기업 인재 수요를 다룬 언론 보도도 집중적으로 쏟아진 것을 확인할 수 있다.[4]

---

3) "길거리 캐스팅 · 1박 2일 오디션… '스펙보다 인성 · 능력 중요'", 《한겨레신문》, 2013년 7월 1일자.

4) 고요한, 〈기업의 인성기반 인재 수요에 대응하는 대학교양교육의 적절성 분석〉, 《2013년 추계학술대회 자료집》, 2013, 188-191쪽.

그러나 이와 같은 사회적 여건의 변화에만 기대서는 "왜 대학이 인성교육을 담당해야 하는가!"라는 비판적 물음에 대해 근본적인 답변을 제시하기가 부족하다. 특히, 대학의 인성교육 강화에 대해 부정적으로 바라보는 측에서는 인성교육이란 통상적으로 가정교육 내에서, 혹은 초·중등 교육과정에서 다루어질 한 단계 낮은 수준의 교육이라고 인식하고 있기 때문이다. 이들은 대학교육 이전의 교육과정을 통해서는 지식교육과 인성교육의 기초를 쌓아가고, 대학에 와서는 전문교육과 직업 준비교육 같은 좀 더 심화된 형태의 교육이 제공되어야 한다는 생각에 지배적으로 사로잡혀 있다. 따라서 성인이 된 대학생에게 인성교육의 책무를 부과한다거나, 혹은 인성함양 관련 프로그램에 참여토록 강제하는 것을 격에 어울리지 않게 생각하는 대학사회의 풍토가 여전히 우세한 것이 사실이다.[5] 하지만 한국 사회가 처한 현실을 있는 그대로 받아들일 때, 그리고 교육이 지닌 본래적 책무를 염두에 둘 때 대학에서의 인성교육은 상황적으로든 근본적으로든 필연적일 수밖에 없다. 상황적 논리는 앞서 제시한 중등 교육과정 단계에서의 인성교육의 부족, 기업 환경의 변화, 한국 사회에 만연한 비정상적 풍토 등을 통해 충분히 수긍되는 부분이다. 이에 더하여 근본적 차원에서 교육의 본래적 책무를 생각한다면 "교육은 본디 인성을 함양하는 과업"[6]이라는 말의 의미를 되새겨보아야 한다. 즉 바람직한 인간 교육을 정의적·신체적·인지적 능력의 균형 잡힌 상태를 지향하는 것이라고 볼 때, 이러한 교육은 곧 인성교육을 의미함이기 때문이다. 물론 이러한 필요성이 있음에도 궁극의 인성교육이 대학교육에서 완성된다고 장담할 수는 없다. 여전히 대학의 교육만을 통해

5) 손승남, 〈대학 인성교육의 교수학적 고찰〉, 《교양교육연구》 8(2), 2014, 14-15쪽.

6) 위의 글, 12쪽.

단기적으로 도달할 수 없는 인성의 덕목도 존재할 것이기 때문이다. 이는 인성교육이 제도권 교육만을 통해 가능한 것이 아니라 가족, 학교, 사회 전 분야에 걸쳐 장기적으로, 그리고 협력적으로 이루어져야 함을 의미하는 것이며, 이런 맥락에서 〈인성교육진흥법〉의 제정은 그 나름의 정당성과 타당성을 인정받게 된다.

인성교육의 개념과 덕목 설정

인성과 인성교육의 개념

국립국어원 표준국어대사전의 사전적 정의에 따르면 '인성(人性)'은 "① 사람의 성품, ② 각 개인이 가지는 사고와 태도 및 행동 특성"이라는 뜻으로 풀이되고 있다. 여기서 다시 '성품(性品)'이라는 용어에 대해 그 의미를 파고 들어가면 "사람의 성질이나 됨됨이"로 풀이되고 있다.[7] 따라서 이를 종합하여 인성의 개념을 구체화하면 사람의 성질이나 됨됨이, 혹은 한 개인이 가진 사고와 태도 및 행동 특성을 아울러 일컫는 단어로 이해된다. 그러나 이러한 사전적 정의와는 별개로 학문적 배경의 상이함에 따라 인성에 대한 의미 규정은 매우 다양할 뿐 아니라 '인품, 인격, 성품, 성격, 기질, 인간성, 인간본성' 등과 같이 인성과 유사한 의미로 사

7) 국립국어원 표준국어대사전, https://stdict.korean.go.kr/search/searchResult.do.

용하는 단어들도 매우 다양하다.[8] 이러한 현상은 인성을 뜻하는 영어 표현들에도 동일하게 나타나는데, 'human nature', 'character', 'personality' 등 나름의 기준에 따라 학자마다 각기 달리 사용하는 것이 사실이다. 다만, 일반적으로 'human nature'가 인간의 본성을 의미하는 경우에 사용된다면, 'character'는 개인의 품성을, 'personality'는 개인의 고유한 성격을 의미할 때 주로 사용된다. 따라서 '사람의 성질이나 됨됨이'와 같이 개인적 차원의 품성이나 성격을 의미하는 경우에는 'character' 혹은 'personality' 정도로 사용한다면 별 무리가 없을 것으로 여겨진다.

한편 인성의 개념은 유교적 전통에서도 찾아볼 수 있는데, 《중용(中庸)》에 나오는 "天命之謂性 率性之謂道 修道之謂教(천명지위성 솔성지위도 수도지위교)"가 그것이다. 이 말에 따르면 하늘이 명한 것이 '성(性)'이고 이러한 '性'을 따르는 것이 '도(道)'다. 따라서 性을 하늘이 정한 뜻이라 본다면 이를 사람이 거스르는 것은 불가능한 일이며, 그렇기 때문에 주어진 바의 性을 따름으로써 道에 이를 수 있게 된다. 그런데 여기서 주목할 점은 '修道之謂教'의 논리다. 즉 道를 닦는 것을 이르러 '교(教)'라고 할 때, 기본적으로 인성은 교육을 통해 길러진다는 속성을 지닌다. 이러한 속성에 따라 류청산과 진홍섭은 "성악설에 따르면 선하게 교육되어져야 할 것이며, 성선설에 따르면 악에 물들지 않게 하여야 할 것이고, 선천설에 따르면 길러야 할 것이며, 후천설에 따르면 형성되어야 할 것"[9]이라며 인성을 수양론(修養論)적 관점에서 접근하고 있다. 이처럼 인

8) 일반적으로 교육학 분야에서는 인성, 정신분석학 분야에서는 인격, 그리고 심리학 분야에서는 성격을 통용하고 있는 점만 보더라도 '인성'이라는 용어의 개념과 범주를 획일적으로 규정하기가 쉽지 않음을 알 수 있다(류청산 · 진홍섭, 〈인성교육을 위한 인성덕목의 요인분석〉, 《교육논총》 26(1), 2006, 143쪽).

9) 위의 글, 143쪽.

성이 교육을 통해 길러질 수 있는 성질의 것이라고 본다면, 인성교육은 타고난 성품의 발견에 머물 것이 아니라 타고난 성품을 기르고, 형성하고, 고양하는 단계로 나아가야 할 것이다.

진홍섭은 교육에 대해 "지적으로 세련되고 능력 있는 인간이 되도록 가르치고[敎], 도덕적으로 사회생활을 영위할 수 있도록 기르는 일[育]"[10]로 정의하고 있다. 여기서 '가르치다'와 '기르다'의 두 가지 행위가 이른바 교육의 본질에 해당하며, 특히 '기르는 일'이 인성교육의 핵심적 가치에 연결된다. 이는 인성이 교육을 통해 길러질 수 있다는 전제를 바탕으로 성립된 개념으로서 오늘날 초 · 중등교육에서부터 대학교육에 이르기까지 인성교육을 교과과정에 반영하는 까닭이 이러한 특성에 근거한 것임을 분명히 할 필요가 있다.

인성교육의 주요 덕목

훔볼트(W. v. Humboldt)는 '도야론(Bildungstheorie)'에서 '인간의 조화로운 발달'을 이루는 것을 '도야'로 개념화하고 있다. 이는 인간 형성, 인격도야, 혹은 품성도야와 같이 교육을 통해 인성이 함양될 수 있음을 전제로 한 개념 규정이다. 아울러 이러한 인성함양을 위한 교육은 정의적 능력, 신체적 능력, 인지적 능력 등의 조화로운 발달을 통해 이루어질 수 있으므로 이를 위해 힘써야 함을 역설하고 있다.[11] 그러나 오늘날의 한국 교육은 오랜 기간 주지주의(主知主義)에 극단적으로 치우친 탓에 본래의 방

10) 위의 글, 140쪽.

11) 손승남, 앞의 글, 12-13쪽.

향을 상실하고 말았다. 그 결과 인간성의 조화로운 발달을 추구하는 교육의 인성적 측면이 심각하게 훼손되는 현실 앞에서 인지적 능력에만 초점을 맞춘 파행적 교육 현실에서 벗어나야 할 필요성이 누누이 제기되고 있다. 특히 예체능 교육을 통한 신체적 · 심미적 능력의 향상을 비롯하여 각급 교육 단위마다 개인의 덕성 및 사회적 시민성의 조화를 추구함으로써 정의적 능력을 신장하기 위한 다양한 교육과정과 프로그램들이 시도되고 있는 것이 이에 대한 방증이다. 그리고 이를 대학교육에도 도입할 필요성이 점점 힘을 얻어가고 있다.

이 지점에서 대학의 인성교육이 추구해야 할 주요 덕목이 정의적 능력을 함양하는 부분에 맞추어져야 함이 명료해진다. 이미 오래전부터 우리 교육은 인지적 능력 분야에 특화되어 발달했고, 신체적 · 심미적 능력을 신장하기 위한 교육은 초 · 중등 과정의 예체능 교육을 통해 다양하게 시도되고 있다. 이를 고려할 때 대학교육에서 집중적으로 감당해야 할 인성교육의 덕목이 정의적 측면에 초점을 맞추어야 한다는 것이다.

〈표 1〉에서 확인할 수 있듯이 서구의 학자들이 제시하고 있는 인성의 주요 덕목들도 정의적 능력을 중심에 두고 인지적 능력이 보조적으로 뒷받침하고 있는 양상을 보여준다. 이를테면 소크라테스의 '정의, 용기, 절제' 등이 정의적 부분에 해당한다면, '지혜'는 인지적 능력을 가리키는 덕목이다. 그리고 아리스토텔레스가 제시하고 있는 인성 덕목들도 소크라테스의 정의적 요소를 포함한 바탕에 '관후, 긍지, 공손, 친절, 겸양' 등의 정의적 요소를 확대 제시하고 있다. 이 외에도 여타의 학자들이 제시하고 있는 인성 덕목의 대부분이 정의적 능력의 극대화에 중점을 두고 있다는 특성을 간파할 수 있다. 따라서 인성교육을 통해 정의적 · 신체적 · 인지적 능력의 조화로운 발달이 추구되어야겠지만, 그중

〈표 1〉 해외 학자들이 제시한 인성 덕목들[11]

학자	인성 덕목
소크라테스	정의, 지혜, 용기, 절제
아리스토텔레스	정의, 용기, 절제, 관후, 긍지, 건전한 야망, 진실, 재치, 친절, 겸양, 의분
피터스	특수한 덕: 시간 지키기, 청결, 단정, 정직, 검소, 예절 등 행동의 동기가 되는 덕: 연민 등 인위적인 덕: 정의, 관용, 사려분별 등 수준 높은 덕: 용기, 통합성, 인내 등
아킨	신뢰, 존중, 책임감, 정의감, 보살핌, 시민의식
레밍	자기통제, 건강, 친절, 스포츠맨십, 자신감, 의무, 신뢰, 장인정신, 협동
칸트	진실, 복종, 사교성, 인내, 참된 용기, 동정심, 배우는 자세, 목표 추구 자세, 자기존엄성, 절제, 소박, 청결, 품위, 거짓말 안 하기, 자기통제, 아량과 자비, 침착성, 정직, 예절, 온화함, 고결한 자세, 겸손, 절도
듀이	공동체적 삶의 원리와 협동, 관용, 진실, 참여, 존경, 갈등 해결 능력, 독창성, 일관성, 지속성, 용기, 근면
프랑케나	1차의 덕: 정직, 성실 같은 인격적 특성 등 2차의 덕: 양심, 통합성, 도덕적 민감성 등
베넷	공정성, 친절, 정직, 인내, 책임감, 애국심, 존경, 용기, 자기도야, 연민, 책임감, 우정, 일, 용기, 충성심, 믿음 등
리코나	존중, 책임감, 양심, 자존감, 겸손, 감정이입, 선에 대한 사랑, 자기통제

에서도 정의적 능력의 함양에 좀 더 관심을 기울일 필요성이 제기된다. 마찬가지로, 인성교육의 주요 덕목에 대한 국내 학자들의 관점 또한 크게 다르지 않음을 알 수 있다. 박효정은 '정직, 타인 배려, 공공질서 의식, 경로효친, 생명존중, 환경보호 의식, 성윤리, 정의, 평등의식, 사회연

12) 표에 제시한 인성 덕목의 대표적 사례는 다음 두 연구자의 선행연구에서 일부 발췌한 것임을 밝혀둔다. 박미화, 〈초등학교 인성교육에 대한 덕목별 현황 분석〉, 이화여자대학교 대학원 석사학위논문, 1998, 36쪽; 박효정, 〈한국 사회의 도덕성 측정을 위한 도덕성 개념 및 덕목요소 추출〉, 《교과교육연구》 4, 2000, 13쪽.

대 의식' 등을 중요한 인성 덕목으로 제시[13]하고 있으며, 조연순의 경우도 '준법정신, 봉사정신, 애국심, 환경보호 의식, 예의범절, 효, 배려, 정직, 자신감, 자기통제' 등을 민주시민 의식, 타인 존중 의식, 자기 존중 의식의 세 가지 차원에서 제시[14]함으로써 인성교육의 정의적 측면을 부각하고 있다.

이러한 인성교육의 기조는 〈인성교육진흥법〉에도 그대로 이어지고 있다. 이 법령의 제2조 2항에 따르면, 인성교육의 핵심 가치와 덕목을 정의하면서 "인성교육의 목표가 되는 것으로 예(禮), 효(孝), 정직, 책임, 존중, 배려, 소통, 협동 등의 마음가짐이나 사람됨과 관련되는 핵심적인 가치 또는 덕목"을 일컫는 것으로 규정하고 있는데, 이는 기존의 인성 덕목들이 여전히 중요하게 계승되고 있는 것으로 볼 수 있다. 다만 이러한 인성 덕목들에 대한 체계적 이해를 바탕으로 교육과정 및 프로그램에 적용하기 위해서는 다음과 같은 세부 분류에 따른 접근이 필요하다.

> *인성은 개인의 총체적 경향성을 띠는 것이며, 이것은 크게 자신[我]의 영역과 자신을 제외[非我]한 영역, 즉 개인과 타인의 영역에서 자신의 발견을 통하여 자기를 조절 · 통제하고, 자신을 존중하며, 타인을 배려할 줄 아는 올바른 인간의 형성에 관심을 두고 있다고 볼 수 있다. (중략) 첫째, 인성에서 자기의 영역은 자기의 꿈을 선정하고 실현해나가는 데 있어서 요구되는 성품을 말한다. (중략) 둘째, 인성에서의 타인 영역은 각 개인이 타인과의 관계를 형성해나가는 데 있어 조화*

13) 박효정, 위의 글, 13쪽.

14) 조연순 · 김아영 · 임현식 · 신동주 · 조아미 · 김인전, 〈정의교육과 인성교육 구현을 위한 기초연구 1〉, 《교육과학연구》 28, 1998, 147쪽.

롭고 화목하게 유지시키는 데 필요한 성품이라 할 수 있다. (중략) *셋째, 인성에서 자기 · 타인 영역은 위의 두 가지 영역에 포함되지 않거나 두 가지 모두 포함되는 경우를 말한다.*[15)]

진홍섭은 인성교육을 자기영역, 타인영역, 자기-타인영역으로 구분하여 제시하면서 이들 영역의 조화로운 추구를 통해 인성교육이 이루어져야 한다고 주장[16)]하고 있다. 또한, 류청산과 진홍섭 역시 국내외 학자들의 인성 덕목에 대한 다양한 논의를 조사하고 분류하는 과정에서 이 덕목들을 위의 세 가지 영역으로 재분류하여 제시[17)]했다. 따라서 앞으로 각급 교육과정에서 전개할 인성교육은 물론이고, 특히 대학에서의 인성교육도 〈인성교육진흥법〉에서 제시하고 있는 인성 덕목에 대한 정의를 바탕으로 앞서 열거한 인성 덕목들을 포괄적으로 반영하는 과정에서 논의들이 이루어져야 할 것이다.

대학 인성교육과 세계시민교육의 상관성

인성교육과 세계시민교육은 서로 긴밀히 연결되어 있다. 앞서 언급한 것처럼 대한민국 교육부는 2015년 1월 〈인성교육진흥법〉을 공표하

15) 강보라 외, 앞의 글, 71-72쪽.

16) 진홍섭, 〈인성교육을 위한 인성덕목의 이론적 고찰〉, 《홀리스틱교육연구》 6(2), 2002, 186-189쪽.

17) 류청산 외, 앞의 글, 152쪽.

면서 초 · 중등 교육과정뿐 아니라 고등교육인 대학의 교육과정에도 인성교육의 실현을 요구하기 시작했다. 또한, 유네스코도 2015년 세계교육포럼을 통해 세계시민교육의 필요성을 발표(2015년 5월 19~22일)한 후 대학생을 대상으로 한 세계시민교육 정책들을 펼쳐나가기 시작했다. 따라서 고등교육과정에도 인성함양과 세계시민성 고양을 위한 정책에 주안점이 맞추어지고 있는 현실에 주목할 필요성이 높아졌다. 이를 위해서는 이 둘의 개념에 대한 명확한 이해가 선행되어야 할 것이며, 실제 각급 교육과정에 인성함양을 목적으로 삼은 세계시민교육이 어떻게 개발 · 운영되고 있는지에 대한 현황 파악이 필요하다.

앞에서도 살펴본 것처럼 인성교육을 간단히 정의하기는 쉽지 않지만, 인간에 대한 이해를 바탕으로 인간의 마음 바탕이나 됨됨이 등의 성품을 함양하는 교육[18] 정도로 정의할 수 있을 것이다. 다시 말해, 인성교육이란 인간 개인의 학습 능력을 키우는 교육이라기보다는 도덕적 · 윤리적 가치를 배움으로써 사회의 일원으로 건강하게 성장하기 위한 교육으로 이해함이 마땅하다. 이를 목적으로 대한민국은 1995년 교육개혁안에서 인성교육에 대한 논의를 시작했고, 2009년에는 '창의 · 인성교육'의 강조를 통해, 그리고 박근혜 정부에서는 주요 국정과제의 하나로 '학교교육 정상화'를 내세우며 2015년 〈인성교육진흥법〉을 제정하기에 이른다. 이와 같은 일련의 흐름 속에서 각 대학은 교육부가 추진한 '대학특성화 사업'을 통해 교과과정과 비교과과정 운영에 인성교육을 반영하기 시작했다. 현재 서울여자대학교의 바롬인성교육, 한국교원대학교의 사도교육 프로그램을 비롯하여 경희대학교 후마니타스칼리지, 대구가톨

---

18) 유홍준, 〈대학 교양교육에서 인성교육의 중요성〉, 《두루내》 12, 2014, 3-4쪽.

릭대학교 기초교양교육원, 성균관대학교 인성교육센터, 숭실대학교 교양교육연구소 등이 운영하는 다양한 대학 인성교육 프로그램이 선도적 모델로 주목받고 있다.[19]

한편, 대학의 바람직한 인성교육과 세계시민성 함양을 위해서는 학습자 스스로 요구하는 인성교육의 덕목과 방법론을 확인할 필요가 있다. 이에 따르면, 대학생 스스로 가장 중요하게 함양해야 한다고 생각하는 인성교육의 덕목에는 도덕성(23.7%), 자신감(16.4%), 리더십(13.8%), 배려(12.5), 책임감(9.2%) 등의 순서로 그 중요도가 나타났다. 그리고 인성교육의 방법에 대한 선호도에서는 체험식(42.8%)을 가장 선호하는 것으로 드러났고, 시청각교육(22.4%), 강의식(21.1%) 등이 다음 순위로 나타나고 있다.[20]

2014년 스위스 제네바에서 '21세기를 위한 인성교육'을 주제로 개최한 국제학술대회에서도 21세기 인성교육은 자신과 타자의 상호 공존을 위해 그 기초가 되는 태도와 행동을 개발하는 것임을 강조하고 있다.[21] 이 주제는 2012년 무렵 각종 국제 콘퍼런스의 중요 의제로 부각되었고, 특히 2014년 무스카트에서 개최된 글로벌 EFA 회의(Global Education for All Meeting)에서 주요 의제로 다루어졌다. 그리고 이듬해 유네스코, 유니세프, 유엔개발계획, 유엔난민기구, 유엔여성기구, 세계은행 공동주최로 인천에서 개최된 세계교육포럼에서 세계시민교육이 본격적으로 출

---

19) 이기용 · 조용태, 〈대학생의 인성교육 방향 설정을 위한 요구조사〉, 《인성교육연구》 1(2), 2016, 2쪽.

20) 위의 글, 15쪽.

21) Center for Curriculum Design, The Geneva Declaration-Character Education for the 21st Century, 2014; 민춘기, 〈대학생 인성과 시민성 함양을 위한 글로컬 프로그램의 방향〉, 《교양교육연구》 10(3), 2016, 453-454쪽.

발했다. 이상의 조사와 논의들은 앞으로 대학생 대상 인성함양 교육의 목표설정과 교수법 개발에 충실히 반영되어야 할 것이다.

인성교육과 세계시민교육의 상관성 속에서 대학생 인성교육의 방향성을 설정하기 위해 세계시민교육의 유래와 개념 등의 특성 전반에 대한 이해가 전제되어야 한다. 세계시민교육은 옥스팜(Oxfam)이나 유네스코 아태교육원(Asia-Pacific Center of Education for International Understanding under the Auspices of UNESCO), 그리고 인도 뉴델리에 위치한 유네스코 마하트마 간디 평화지속발전교육원(UNESCO Mahatma Gandhi Institute of Education for Peace ans Sustainable Development) 등의 활동에서 유래했다. 이와 같은 세계시민교육에 대해 더욱 명확하게 이해하기 위해서는 '시민성'에 대한 개념적 이해가 선행될 필요가 있다. 한경구는 시민성을 "민주주의 사회의 구성원으로서 소양을 갖추고, 민주정치과정에 참여할 수 있는 지식과 기능의 총체를 의미하며, 사회와 개인의 상호작용을 통해 형성된다"[22]라고 정의한다.

한편, 인류는 개인, 집단, 국가 같은 공간적인 단위를 가진 정치적 공동체의 구성원들이 서로에게 주어진 권리와 의무를 형성하는 과정에서 시민성을 형성해왔다. 이런 점에서 시민성에서 가장 중요한 요소의 하나는 공간과 장소다.[23] 시민성은 로컬 시민성에서 국가 시민성으로, 그리고 세계시민성으로 발전해왔다. 역사적으로 볼 때, 서구사회의 시민성은 도시국가에서 국민국가로 발전했다. 고대 그리스와 로마의 시민성

22) 한경구 · 김종훈 · 이규영 · 조대훈, 《SDGs 시대의 세계시민교육 추진 방안》, APCEIU, 2015, 27쪽.

23) 조철기, 〈글로컬 시대의 시민성과 지리교육의 방향〉, 《한국지역지리학회지》 21(3), 2015, 618-630쪽.

이 도시국가의 예다. 그러나 로마제국의 붕괴 이후 도시국가에서의 시민성은 사라지고 봉건적 종교 질서가 지배하는 세상이 되면서 시민성 개념이 약화했으나, 근대가 시작되면서 부활하여 민족국가 단위로 편성되었다. 이러한 시민성이 오늘날까지 내려오고 있는 정치와 권력의 기본 형식이다. 그러나 현대 기술사회로 전이되면서 탈국가적 시민성이 등장했다. 국가를 넘어서 초국적이고 이중적인 시민성, 디아스포라와 코스모폴리탄 시민성이 새롭게 등장하게 된 것이다.[24] 이러한 탈국가적 시민성이 형성되는 과정은 단순하지 않다. 대부분의 시민성은 출생을 통해 획득하게 되지만, 현대 사회에서는 과거와 달리 국가를 넘어서 이동하는 사람들이 많아지게 되었다. 이주자와 난민, 세계화 현상은 탈국가적 시민성을 형성하는 중요한 원인이다. 탈국가적 시민성은 국제사회가 직면하고 있는 다양한 이슈를 해결하기 위한 비정부기구의 활동 등을 통해 확대되고 있다. 이처럼 시민성은 한 국가에 국한되지 않고 초국가적, 글로벌, 혹은 코스모폴리탄적인 시민성으로 확대되었다.[25]

세계시민성에 대해서는 크게 두 가지 관점이 있다. 첫 번째는 합리성에 기초한 의무론적인 관점으로 칸트나 하버마스 등의 학자들이 이에 해당한다. 이는 초기 세계시민성 개념이 도입될 때부터 받아들여진 것으로 인간의 본질적인 존재 자체의 타당성과 옳고 그름의 방향성을 지향하고 있으며, 세계공동체라는 본질적인 규준에 따라 세계시민성을 당위적인 것이라고 여긴다. 이것은 합리론에 근거한 의무론적인 관점, 즉 인권, 평등, 자유, 평화의 개념들과 연결되어 있다. 그러나 이러한 합리론에 근거한 세계시민성은 그 실제적 실천과 현실적 적용의 차원에서 한계를

24) 위의 글, 619-620쪽.

25) 위의 글, 620-621쪽.

보이기도 한다.[26] 이러한 한계 때문에 나오게 된 관점이 우연성에 기초한 역사주의적 관점이다. 이는 명백한 기준과 그것을 위한 지향점, 즉 절대적 가치를 제시하는 것이 아니라 시대적 상황에 따라 우연적으로 서로 합의한 내용을 바탕으로 만들어진 세계시민성으로 로티(Rorty)가 대표적으로 주장하고 있다. 로티는 직면한 이슈들에 대해 추상적 · 당위적 · 보편적 차원에서 접근하는 것이 아니라 우연적인 상황에 대처하기 위해 실천적 연대와 공감을 강조했다.[27] 이와 같이 인류는 세계시민성을 통해 자신이 직면한 세계를 올바로 바라볼 수 있으며, 나와 타자, 그리고 세계와의 관계를 이해하면서 실천적인 삶으로 나아갈 수 있는 계기를 만들 수 있게 될 것이다.

한편, 세계시민교육에 대한 이해는 한국 유네스코 아시아태평양 국제이해교육원에서 제시하고 있는 각종 교육자료와 프로그램에서 그 단초를 찾을 수 있다.

세계시민교육은 교육이 어떻게 하면 더 정의로우며, 평화롭고, 관용적인 동시에 포용적이며, 안전하고 지속 가능한 세계를 건설하는 데 필요한 지식과 역량, 가치와 태도를 계발할 수 있는지를 요약한 패러다임이다. 이는 전 지구적 이슈들을 사회 · 정치 · 문화 · 경제 및 환경적 관점에서 이해하고 해결하는 데 있어서 교육이 중요하다는 것을 강조했다는 점에서 발상의 전환이라고 할 수 있다. 또한 지식과 인지적 역량의 발달을 넘어 국제 협력 및 사회 변화를 촉진하는 가치관

26) 이윤주, 〈세계시민성 함양과 세계시민교육의 실천방안〉, 《사회과학연구》 27(1), 2016, 231-232쪽.

27) 위의 글, 233-234쪽.

및 역량, 태도를 기르는 데 교육이 중요한 역할을 한다는 것을 인정하는 것이다.[28]

이러한 교육을 성취하기 위해 유네스코가 제시하는 학습영역은 인지적 영역, 사회 · 정서적 영역, 행동적 영역의 세 영역으로 구분된다. 인지적 영역은 지식의 습득을, 사회 · 정서적 영역은 소통 능력을, 행동적 영역은 변혁적인 삶에 초점을 맞추고 있다. 이를 바탕으로 세계시민교육의 방향은 단순한 지식 습득에 머무는 것이 아니라 소통을 통한 인류애를 함양하고, 변혁적인 삶을 살아가는 인재를 키워내는 교육을 지향하게 된다.[29] 또한, 세계시민교육은 '학습자중심(student-oriented)', '변혁(transformative)', '과정/문제해결중심(process-oriented, problem-solving-oriented)', '참여/실천지향(civic engagement)', '평생교육(continuing education)', '실천교육(action-oriented)'의 여섯 가지를 교육 방법으로 제시한다. 즉, 학습자는 국지적인 문제뿐 아니라 세계적인 문제에 모두 관심을 기울이고, 더 좋은 미래를 만들기 위해 변혁적인 세계관 형성을 추구하며, 사회 불평등을 해소하고 개인과 집단의 삶의 질을 높이는 교육 방법을 추구한다. 이는 단순한 지식 습득이 아니라 학습자 스스로 창의적으로 문제점을 해결해나가면서 학교의 울타리를 넘어서 평생교육과 실천을 통한 시민성 교육을 실행하는 것이다.[30]

결론적으로, 세계시민교육에서 강조하고 있는 핵심역량을 간략

28) 유네스코 아시아태평양 국제이해교육원 편, 《세계시민교육 정책 개발을 위한 가이드》, APCEIU, 2017, 15쪽.

29) 위의 책, 24쪽.

30) 한경구 외, 앞의 책, 39-41쪽.

히 정리해보면, 첫째는 "다중적 정체성에 대한 이해와 개인의 인종 · 문화 · 종교 · 계급 등의 차이점을 초월하는 공동의 '집단 정체성'에 기초한 태도"를 목표로 한다. 둘째는 "보편적인 핵심 가치(평화, 인권, 다양성 등) 및 글로벌 이슈와 경향에 대한 깊은 이해", 셋째는 "비판적 · 창의적 · 혁신적 사고, 문제해결 및 의사결정에 필요한 인지적 기능들", 넷째는 "감정이입, 상이한 관점들에 대한 열린 태도", 다섯째는 "공감 또는 갈등 해결에 기여하는 사회적 기술과 의사소통 능력 그리고 다양한 언어 · 문화 · 관점을 가진 사람들과 소통하는 능력 같은 비인지적 기능들", 그리고 마지막 여섯째는 "적극적인 행동과 실천에 참여하는 행동 능력"이다.[31] 이처럼 세계시민교육은 단순히 인간의 덕을 함양하는 차원을 넘어서서 세계를 변혁하기 위한 교육의 장을 넓히는 과정으로 이해되어야 한다. 또한, 전 지구가 직면한 다양한 문제와 소통하면서 그 지평을 넓혀가는 방향으로 나아가야 한다. 따라서 앞으로의 대학생 인성교육은 바로 이러한 세계시민교육을 포함한 방향으로 구조화되어야 할 것이다.

대학생 세계시민교육의 한 사례: 환경담론 교육을 중심으로

이 장에서는 유네스코 아시아태평양 국제이해교육원이 중심이 되어 추진하고 있는 세계시민교육 프로그램을 대상으로 일부 국내 대학들

31) 위의 책, 41-42쪽.

이 인성함양을 목적으로 진행하고 있는 세계시민교육 현황을 간략히 살펴보려 한다. 또한, 세계시민교육의 핵심역량을 달성하기 위한 교육정책 구현과 시대적 요구에 부응하기 위한 한 방편으로 국내 대학들이 보편적으로 시도해볼 수 있는 세계시민교육의 모형으로서 환경 담론에 바탕을 둔 인성함양 교육과정 모듈을 제시한다.

국내 대학 세계시민교육의 현황

세계시민교육의 대표적 중심기관이라고 할 수 있는 유네스코 아태교육원에서 시행한 '2018년 세계시민교육 대학 강좌개설 지원사업'에 참여한 국내 8개 대학의 세계시민교육 강좌개설 및 운영 사례를 분석한 결과, 주제별로 세계시민교육의 의미와 쟁점(1~2주차)이 가장 많은 빈도를 차지하고 있고, 적정기술 같은 지속가능발전목표와 교육이 그 뒤를 잇고 있다. 또한, 비차별 및 비편견, 정의를 포함한 문화 다양성과 탈국가시대의 세계화에 대한 강의주제가 많은 부분을 차지하고 있었으며, 기본권, 시민권, 노동권 등을 포함한 인권 관련 주제들도 다수를 이루고 있었다. 그리고 자연재해를 포함한 기후변화 주제에 대해서도 3개 대학이 교육과정을 구성하고 있었다.

한편, 교육 프로그램 운영에서는 다수의 대학이 세계시민 관련 영화감상(귀향), 세계시민 교육 현장 탐방(APCEIU: 유네스코 아시아태평양 국제이해교육원, 강화도 현장학습, 인천 연수 다문화가족센터, 아시아문화체험관) 체험활동 등을 운영하고 있다. 그 외 대학별 전공 특성에서 요구되는 시민교육 관련 주제는 민족주의, 난민, 이민정책 및 타국가의 역사적 환경 이해, 글로벌 가

〈표 2〉 국내 대학 세계시민교육 학습주제 유형

강의 내용	대학	공주대	서울교대	서울대	숙명여대	인천대	전남대	진주교대	한동대	빈도수
	전공	윤리교육과	교양학부	자유전공학부	글로벌 서비스학부	행정학과	교양학부	도덕교육학과	글로벌 리더십학부	
	강좌명	글로벌 시티즌십과 세계시민교육	세계시민으로 지구적 상상하기	세계시민과 애국시민 그리고 민족주의	글로벌 시민교육과 지속성장목표	글로벌 정책이슈의 세계시민적 논의	세계시민의 상호소통	다문화사회윤리 세계시민교육	세계시민 교육의 역할	
세계시민교육 쟁점		V			V	V	V	V	V	6
지속가능발전목표와 교육		V			V	V	V	V	V	6
적정기술					V					1
문화다양성(공존, 반편견)			V			V	V	V		4
세계화(지구적 세계관)		V	V	V						3
기후변화 이슈(자연재해)						V	V		V	3
노동인권과 기본권		V								1
인권(교육, 헌법, 국내법)			V	V		V			V	3
미국 시민권					V					1
국제기구(NGO, 굿네이버스)		V			V				V	1
세계시민문화 소양과 유네스코		V				V				2
평화: 전쟁과 안보		V		V					V	3
평화와 통일			V	V				V	V	4

<표 3> 국내 대학 세계시민교육 강좌 운영방식

유형		운영방식	해당 대학
옴니버스		주차별 강의주제에 따른 개별(외부 전문가) 강연	숙명여대
팀티칭	I	주차별 강의주제에 따른 개별(내부 전문가) 강연	서울교대
	II	주차별 강의주제에 따른 개별(전임교수+외부 전문가) 강연	인천대
	III	주차별 강의주제에 따른 개별(전임교수+내 · 외부 전문가) 강연	전남대 진주교대
	IV (융합팀티칭)	주차별 강의주제에 따른 팀별(내부+외부 전문가) 강연	공주대
	V (팀프로젝트 해결형)	프로젝트 디자인 및 해결을 전담하는 외부 전문가를 중심으로 한 강의 진행, 프로젝트 주제 관련 전임교수와 외부 전문가 강연	한동대
주제탐구 세미나		토론(문화다양성, 인권, 평화 등) 및 동영상 제작과제 해결을 통한 세계시민교육	서울대

치투자, 도시재생, 4차 산업혁명과 관련된 빅데이터, 창의융합, 컴퓨팅 사고 등도 일부 반영하고 있었다. 구체적으로, 대학별 특성에 맞춰 개설된 세계시민교육 강좌 개요, 강의 세부 내용을 주제별로 분석한 결과는 <표 2>와 같다.

또한, 국내 대학들이 운영하고 있는 세계시민교육의 강의방식은 크게 전문가 강연으로 구성된 옴니버스 유형, 다양한 형식의 팀티칭, 그리고 주제탐구형 세미나 등으로 구분된다. 세부 내용은 <표 3>과 같다.

국내 대학이 운영 중인 세계시민교육 강좌는 대부분 다양한 주제를 융합적으로 다루는 교과목의 특성을 반영하여 해당 주제의 전문가가 진행하는 특강(강연)이 중심을 이루고 있으며, 전임교수 한 명이 코디네이터로서 강좌를 운영하는 방식을 취하고 있다. 즉, 강의 운영 담당 강사는 주차별 주제 분야의 전문가와 함께 전담교수가 15주차 전체를 책임지는 강좌(공주대학교)에서부터 옴니버스식 강좌로 15주차 모두를 전담교수 없이 주차별로 전문가가 강의를 운영하는 방식(숙명여자대학교), 그리고 외부 전문가 없이 교내 전공교수만으로 강의를 운영하는 방식(서울교대, 전남대)

〈표 4〉 국내 대학 세계시민교육 강좌 외부 전문가 활용 사례

성명	소속 및 직책	주제
이**	유네스코 아태교육원 국제협력실장	APCEIU 및 UNESCO 소개
전**	유네스코 한국위원회 문화팀장	유네스코와 지속가능발전
한**	외교부 특임대사	평화, 지속 가능한 발전, 인간 존엄성을 위한 세계시민교육
조**	외교부 대사	국제기구
홍**	외교부 대사	중동지역과 공공외교
유**	대구광역시청 국제관계대사	국제사회와 협력: 공공외교
홍**	전 네팔대사	다자외교
채**	외교통일위원회 수석전문위원(더불어민주당)	국제개발협력
이**	정의당 대표	이민정책
최**	김 · 장 법률사무소 고문	글로벌 시티즌의 문화소양과 유네스코
서**	국가평생교육진흥원 실장	글로벌 시티즌십 함양
박**	세종국제고등학교 교사	세계시민의 평화: 전쟁과 안보
전**	굿네이버스	세상의 빛
박**	기아대책	NGO 활동 및 비전
장**	KOICA	ODA와 세계시민교육
조**	파주다문화센터	다문화사회에서의 세계시민
이**	인천국제개발협력센터	인권과 정의
심**	서울대 아시아개발연구소 연구원	지속 가능한 발전 관련 프로젝트
윤**	서울대 교수	적정기술
조**	영화감독	영화 〈귀향〉, 위안부, 죽음
김**	영화감독	〈영광의 깃발〉 토론 및 동영상 제작

등에 이르기까지 매우 다양한 운영방식을 채택하고 있다. 또한, 주차별 주제 분야의 전문가는 교내 전공교수로 구성한 대학에서부터 외부 전문가를 활용하는 대학까지 해당 대학의 특성과 여건에 따라 매우 자유롭게 운영되고 있음을 확인할 수 있다. 특히 사범대학에서는 예비교사들을 위한 강좌 특성에 따라 현장교사들의 활용도가 높게 나타났다. 주제별 외부 전문가의 구성은 〈표 4〉와 같다.

끝으로, 강의방식과 과제물 및 강의평가 방식을 분석한 결과는 다음과 같다. 강의방식은 (영어)강의, 질의응답, 토론, 특강(초청 강의), 팀티칭, (그룹)프로젝트, 현장답사(견학 및 체험), 사례분석, 영상 제작 실습 등 매우 다양한 방식으로 구성되어 있었다. 그리고 과제물 및 평가방식으로는 Pass 또는 Fail(과제물 50%, 수업 참석 20%, 출석 30%)로 운영하는 방식과 '상대평가 1'(과제 25%, 수업활동 25%, 지필평가 25%, 출석 25%), '상대평가 2'(개별과제 40%, 조별과제 40%, 수업 참여 20%) 등으로 구분할 수 있었다. 또한, 과제평가를 위한 내용으로는 지속가능발전목표 관련 팀 프로젝트가 가장 많았으며, 그 외 UCC 제작 및 발표, 세계시민교육 관련 행사 참여보고서 제출 등이 일반적인 유형임을 확인할 수 있다.

환경담론을 활용한 대학생 인성함양 교육 모듈

국내 대학의 인성함양을 목적으로 한 세계시민교육은 시민성 함양을 위한 다양한 주제 아래 각 대학의 특성에 맞추어 진행되고 있음을 확인할 수 있었다. 또한, 강좌 운영도 전문가 초청 특강에서부터 교내 · 외 교수진으로 구성된 팀티칭에 이르기까지 선정된 강의주제와 교육목표에 따라 다양한 양상을 띠고 있다. 이에 필자는 또 하나의 세계시민교육 모델을 제안하고자 한다. 그리고 이 교육과정 내에 전 지구적 문제로 부각되고 있는 환경문제에 대한 성찰과 이에 대한 담론 과정을 구성함으로써 기존 교육모델과는 차별성을 지닌 교육과정을 제안함에 초점을 맞추어보았다.

이 교육과정의 핵심 과제는 '나, 그리고 타인과의 평화', '세계와의 평화', 그리고 '자연과의 평화'라는 세 가지 틀에서 접근했다. 첫째, '나, 그리고 타인과의 평화'는 자살, 안락사, 낙태, 우울, 사랑, 우정 등을 중심으로 어떠한 상호 존중과 배려가 필요한지에 대한 진지한 탐색이 진행될 것이다. 물질주의가 만연하고 개인화가 점점 심화되고 있는 풍조 속에서 오직 재화 획득과 사회적 성공만을 삶의 최우선 가치로 삼고 살아가는 현대인에게 타인에 대한 배려, 타인을 향한 나눔, 그리고 타자와의 공감과 소통을 지향하는 삶이 가져올 미덕과 가치를 일깨우는 교육은 그 자체로 충분히 교육적 의미를 지닌다. 따라서 타인과의 나눔, 타인에 대한 봉사의 실천이 인간관계에서 초래되는 갈등을 해결함에 순기능적 요소를 지닐 뿐 아니라 공동체의 조화로운 유지를 위해서도 필수적 덕목임을 일깨우고, 이를 가족 공동체에서 출발하여 사회, 세계 공동체로 확대 실천하기 위한 팀 활동을 위주로 프로그램을 운영하도록 구성했다.

둘째, '세계와의 평화'는 난민, 다문화, 국가, 전쟁 등을 키워드로 국제 사회에서의 다양한 쟁점에 대한 세계시민으로서의 가치관 정립에 초점을 두었다. 특히 폭력이 난무하는 시대적 상황 속에서 세계시민으로서의 개개인은 평화에 대한 정확한 개념적 이해가 선행되어야 할 것이다. 이를테면 우리가 일반적으로 생각하는 직접적 또는 물리적 폭력이 없는 상태를 '소극적 평화'라고 규정한다면, '적극적 평화'란 갈등의 원인을 제거하고 평화문화가 뿌리 내려 간접적 또는 구조적 · 문화적 폭력까지 없는 상태를 의미한다는 것을 분명히 인식할 필요가 있기 때문이다.

셋째, '자연과의 평화'는 전 지구적 문제로 부상한 생태계의 혼란과 환경의 급속한 파괴에 대한 성찰에 초점을 맞추었다. 이 역시 지나친 경쟁과 약육강식을 정당화한 현대 사회가 초래한 병리적 현상들을 치유하기 위한 인성교육의 필연적 귀결이다. 더불어 살아감의 가치를 망각한 채 절제되지 않은 포식으로 타자와의 관계성을 단절한 결과는 비인간화와 반생태적 현실로 나타나기 시작한 지 이미 오래다. 이를 극복하기 위해 평등의 가치를 회복함과 동시에 인간을 둘러싼 주변 환경과의 공생적 질서 회복이 절실히 필요하게 되었음을 미래 세대에게 교육할 필요가 있다.

▎강의 모듈

앞서 언급한 것처럼 본 교과목은 '평화'를 핵심어로 삼아 선정한 세 가지 주제를 발굴했고, 이를 각각 세 가지 모듈로 구성하여 유기적 연결 속에서 진행할 수 있는 교육과정으로 편성했다. 이와 같은 '주제별 모듈 구성'방식은 모듈의 추가 개발 및 조합이 유연하여 향후 다양한 강좌개설이 수월하다는 점, 그리고 학습자의 요구에 따라 강좌의 변경 및 확대 등이 자유롭다는 장점을 지닌다. 또한 강좌의 성격, 교수자의 특성, 학습자의 관심과 수준, 설강 여건 등에 따라 자율적으로 조정 · 변경 · 선택 · 삽입이 가능하여 전공과목이나 다른 교양 강좌에서도 자유롭게 활용할 수 있는 이점을 갖고 있다.[32] 본 교과목에서 제시하는 세 가지 모듈은

32) 최선경, 〈글로컬 시민역량 함양을 위한 세계시민교육 방안〉, 《교양교육연구》 12(4), 2018, 147쪽.

〈표 5〉와 같다.

〈표 5〉 세계시민교육 교육과정의 모듈 구성

모듈 1	모듈 2	모듈 3
나, 그리고 타인과의 평화	세계와의 평화	자연과의 평화
‘모듈 1’은 물질주의가 만연하고 개인화가 심화되고 있는 현상 속에서 오직 재화의 획득과 사회적 성공만을 삶의 최우선 가치로 삼고 살아가는 현대인의 자아에 대한 발견, 타인에 대한 배려, 타인을 향한 나눔, 그리고 타자와의 공감과 소통을 지향하는 삶이 가져올 미덕과 가치를 일깨우는 것을 목표로 삼는다. 이를 위해 현대 사회의 심각한 문제인 자살, 안락사, 낙태, 우울, 사랑, 우정 등에 대해 다각적으로 접근하면서 나와 타인과의 평화를 모색하고자 한다.	‘모듈 2’는 난민 이슈에 대해 이해함으로써 세계시민으로서 평화를 만드는 일에 어떻게 다가갈 수 있는지에 대해 생각하고 행동하는 것을 목표로 한다. 이를 위해 수업을 통해 난민 문제에 대한 전반적인 이해, 현재 난민활동가(혹은 난민)와의 만남을 통한 문제의 발견, 한국 사회의 난민 차별(혐오) 현상에 대한 이해와 대안 모색 등의 과정을 살피고자 한다. 이를 통해 나와 세계가 상생과 화해, 평화의 길을 가는 방안을 모색하고 그 실천 방안을 찾아가고자 한다.	‘모듈 3’은 지구 공동체로서의 세계시민이 우리를 둘러싸고 있는 자연 환경과의 조화로운 가치 추구, 더 나아가 타자와의 공생적 가치를 지향함으로써 지속 가능한 미래 공동체의 세계시민 양성을 목표로 한다. 이를 위해 전 지구적인 환경파괴의 실상을 구체적으로 조사하고, 이를 해결하기 위한 개인적, 국가적, 그리고 세계 공동체의 노력과 나아갈 방향에 대해 고찰해보고자 한다. 또한 환경문제에 대한 국제사회의 갈등과 이를 조정 · 극복할 대안을 모색하고자 한다.

강의개요 및 주차별 강의 구성

첫째, 교과 목표와 학습 목표 설정은 아래와 같다.

교과 목표	인권, 난민, 환경을 포함하는 평화의 주제에 대해 강의자의 전공내에서 설명할 뿐만 아니라 수강자들에게 각 전문 분야 안에서 세계시민의식의 실천능력(글로벌 소통, 감성적 공감, 그리고 융합적 정신)을 학습하게 하여 이론적 학습에 그치지 않고, 다양한 학제적 강의 및 실습을 통해 실천적 능력을 함양하는 데 교과 목표를 둔다.

학습 목표	• 개인과 연결된 타인(성: 남녀, 사랑: 이성애, 동성애, 결혼: 다문화)과 관계된 주제를 활용해 다문화사회를 바라보는 보편적인 시각을 확보하기 위해 인권사상의 보편적 성격을 이해한다. • 개인과 연결된 사회(난민)와 관계된 주제를 활용해 평화의 의미를 이해한다. • 개인과 연결된 세계(환경)와 관계된 주제를 활용해 생태적 사유의 의미에 따른 세계평화의 의미를 이해한다.

둘째, 수업 운영은 학습자의 개인적 차원의 세계시민 역량 증진을 위해 학습자 중심의 PBL 교수-학습을 적용한다.

수업 운영 방법	• 강의: 교수자가 세계시민 이슈 도입 및 사례 소개를 활용한 이론 강의 • PBL(Problem Based Learning): 수강생들은 제공된 문제를 해결하기 위해 조별로 실생활 문제를 직접 발견하고, 정의하고, 문제해결 방안을 마련한 후 문제를 해결한다. • 개인 창의성과 집단 창의성 개발: 집단별 감성 소통 기회를 제공하고, 적극적인 상호 교류를 촉진한다.

셋째, 과제와 평가방식은 구성주의적 관점의 PBL 수업 운영방식에 적합한 과제 및 평가 방법을 선정했다. 즉 수행평가 중심의 평가(팀별 프로젝트 현장체험 수행 산출물)와 산출물의 다양성(전시, 구두 발표, 포스터, 공연, UCC, 보고서, 시제품, 작품 등), 그리고 평가의 이원화(무임승차를 막고 창의성 발현을 위한 공정한 보상시스템 구축)에 주안점을 두었으며, 팀별 프로젝트 결과에 대한 조별 평가와 프로젝트 과정에 대한 개별 평가, 조별 활동보고서(계획, 결과보고서)와 개별 활동보고서(성찰일지) 양식 제공, 동료평가 체계를 통한 팀 프로젝트 역할별 차등 점수를 적용한다.

과제	• 지식 및 기술(토론) • 성찰일지(개별) • Project Presentation

평가 방법	• 지식 및 기술: 과제물에 대한 포트폴리오 평가 - project 1: 토론 1 활동지(조별토론, 소토론, 반론) - project 2: 토론 2 활동지(조별토론, 소토론, 반론) - project 3: 토론 3 활동지(조별토론, 소토론, 반론) • 성찰일지(개별) • Project Presentation: 실제 문제해결 활동과정에 대한 발표(조별) • 동료평가 • 팀별평가 • 태도: 출석 5%(지각: -.5 감점, 결석: -1점 감점), 수업준비 태도: 5%

넷째, 이상의 강의 개요를 반영한 표준 강의계획서는 다음과 같다.

주차	구분	주제	세부 내용
1	도입	평화란 무엇인가?	전체 논제 1~3모듈에 대한 오리엔테이션
2	모듈 1	"나 그리고 타인과 평화하기" 이슈들: 우정, 사랑, 자살, 안락사, 낙태, 분노, 우울, 조울증, 데이트폭력	논제 1에 대한 이론 강의
3			논제 1에 대한 토론
4			논제 1의 법적 근거: 행복추구권/명예훼손
5			논제 1에 대한 정리
6	모듈 2	"세계와 평화하기" 이슈들: 난민, 민족과 국가, 전쟁	논제 2에 대한 이론 강의
7			논제 2에 대한 토론
8			논제 2의 법적 근거: 난민법/다문화가족지원법
9			논제 2에 대한 정리
10	모듈 3	"자연과 평화하기" 이슈들: 환경, 생태, 개발 (위험책임)	논제 3에 대한 이론 강의
11			논제 3에 대한 토론
12			논제 3의 법적 근거: 환경보호법 등
13			논제 3에 대한 정리
14	정리	외부활동	세계시민교육 관련 현장 탐방 및 실습
15		평가	기말시험, 발표

나가며

대학에서의 인성교육 필요성이 강하게 주장되고 있는 현실에서 대학 인성교육의 방향 설정 및 활성화를 위한 논의에 단초를 제공해보려는 소박한 시도에서 이 글을 시작했다. 인성교육이란 모름지기 초·중등 교과과정에서 다루는 것이 마땅하다고 생각하는 것이 일반적이다. 그러나 학벌 위주의 사회 풍조와 입시 위주의 경쟁적 교육이 초·중등 교육과정에서의 인성교육을 황폐하게 만들어가고 있고, 이로 인한 인간성 회복의 절실함에 기인하여 대학교육에서의 인성교육 필요성이 더욱 강렬하게 제기되고 있다. 이에 더하여 다수의 기업이 인재를 채용하는 방식에서 지원자의 인성에 비중을 두기 시작함으로써 대학교육은 이를 외면할 수 없는 상황이 된 것도 사실이다. 그러나 더 근본적인 차원에서 교육의 본래적 목적이 인성을 함양하는 과업이라는 요소를 간과해서는 안 된다. 이런 까닭에 대학교육에서 인성함양을 위한 교육과정의 구성과 운영은 나름의 정당성을 부여받는다.

이 글은 최근 대학교육에서 인성교육이 왜 필요한지에 대한 성찰을 시작으로 인성 및 인성교육의 의미를 재론하고, 아울러 인성교육의 주요 덕목에 대해 개괄적으로 살펴봄으로써 대학 인성교육의 방향 설정에 대한 단초를 제시해보고자 했다. 또한, 고대로부터 현재에 이르기까지 계속해서 비중 있게 다루어진 인성 덕목들 가운데 대학생 대상의 세계시민교육에 바람직한 덕목들을 세계시민성의 관점에서 개관해보았다. 이를 통해 향후 국내 대학들의 인성함양 교육 방향에 세계시민의식 함양이 어떻게 구성되어야 할지에 대한 실마리가 되었기를 기대해본다. 즉, 지금까지 초·중등 교육과정에서 다루어진 인성교육이 인간으로서의 기본 품성에 기초한 것이었다면, 대학에서 필요한 인성교육은 좀 더 철학적 인식에 기반을 둔 인성을 다루어야 마땅하고, 또한 현대 사회가 요구하는 인재상에 부합하는 인성을 깊이 있게 함양하는 것이 바람직할 것이라는 측면에서 주의를 기울일 필요성을 제기한다.

참고문헌

강보라 · 이사라, 〈대학 인성 교육, 그 방향성에 대하여: 국내 외 대학 인성 교육 프로그램 현황을 중심으로〉, 《여성연구논총》 28, 2013, 69-102쪽.

고요한, 〈기업의 인성기반 인재 수요에 대응하는 대학교양교육의 적절성 분석〉, 《2013년 추계학술대회 자료집》, 한국교양교육학회, 2013, 188-191쪽.

류청산 · 진흥섭, 〈인성교육을 위한 인성덕목의 요인분석〉, 《교육논총》 26(1), 2006, 139-166쪽.

민춘기, 〈대학생 인성과 시민성 함양을 위한 글로컬 프로그램의 방향〉, 《교양교육연구》 10(3), 2016, 447-486쪽.

박미화, 〈초등학교 인성교육에 대한 덕목별 현황 분석〉, 이화여자대학교 석사학위논문, 1998.

박효정, 〈한국 사회의 도덕성 측정을 위한 도덕성 개념 및 덕목요소 추출〉, 《교과교육연구》 4, 2000.

손승남, 〈대학 인성교육의 교수학적 고찰〉, 《교양교육연구》 8(2), 2014, 322-330쪽.

유네스코 아시아태평양 국제이해교육원, 《세계시민교육 교수학습 길라잡이》, APCEIU, 2015.

______, 《세계시민교육 정책 개발을 위한 가이드》, APCEIU, 2017.

유홍준, 〈대학 교양교육에서 인성교육의 중요성〉, 《두루내》 12, 2014, 3-4쪽.

이기용 · 조용태, 〈대학생의 인성교육 방향 설정을 위한 요구조사 분석〉, 《인성교육연구》 1(2), 2016, 1-18쪽.

이윤주, 〈세계시민성 함양과 세계시민교육의 실천방안〉, 《사회과학연구》 27(1), 2016, 225-245쪽.

조연순 · 김아영 · 임현식 · 신동주 · 조아미 · 김인전, 〈정의교육과 인성교육 구현을 위한 기초연구 1〉, 《교육과학연구》 28, 1998, 131-152쪽.

조철기, 〈글로컬 시대의 시민성과 지리교육의 방향〉, 《한국지역지리학회지》 21(3), 2015, 618-630쪽.

진흥섭, 〈인성교육을 위한 인성덕목의 이론적 고찰〉, 《홀리스틱교육연구》 6(2), 2002, 171-191쪽.

최선경, 〈글로컬 시민역량 함양을 위한 세계시민교육 방안〉, 《교양교육연구》 12(4), 2018, 139-159쪽.

한경구 · 김종훈 · 이규영 · 조대훈, 《SDGs 시대의 세계시민교육 추진 방안》, APCEIU, 2015.

국립국어원 표준국어대사전, https://stdict.korean.go.kr/search/searchResult.do.

"길거리 캐스팅 · 1박 2일 오디션… '스펙보다 인성 · 능력 중요'", 《한겨레신문》, 2013년 7월 1일자.

〈인성교육진흥법〉 제1조, 법률 제13004호, 국가법령정보센터.

Center for Curriculum Design, The Geneva Declaration – Character Education for the 21st Century, 2014.

3장
실천적 인성교육의 두 원칙

—

박일태, 백민정

인성교육 방법으로서의 '실천'

1995년에 발표된 '5.31 교육개혁방안'[1]은 인성교육을 '실천' 측면에서 강조하고 있다. 인성은 지식을 통해 채워지는 것이 아니라 실천을 통해 습득되는 것이기에 당시 어렵지 않게 사회적 합의를 이끌어냈고, 큰 틀에서 지금까지 인성교육의 가이드라인으로 기능하고 있다. 특히 입시 위주의 교육과 학교폭력 문제를 감당해야 하는 현 상황에서 실천적 인성교육은 문제해결의 대안으로 간주되기도 한다. 그런데 조금 냉정하게 살펴보자. 체계적인 인성교육을 표방하며 시행된 실천적 인성교

1) 교육개혁위원회, 《세계화, 정보화 시대를 주도하는 신교육체제 수립을 위한 교육개혁 방안》, 제2차 대통령보고서, 1995.

육은 중등학교 현장에서 대개 '자원봉사 활동시간'으로 관리되는 경우가 많다. 지하철역이나 공공장소에서 '자원봉사'라는 글이 새겨진 조끼를 입고 서 있는 어린 학생들이 늘어난 이유가 이것이다. 대학 역시 상황은 크게 다르지 않다. 봉사 관련 과목을 필수과목으로 지정한 학교들이 많고, 대학생들은 평일 저녁이나 주말시간 또는 방학을 쪼개어 봉사시간을 채우고 있다. 그런데 이 시간은 대학생들이 학비와 생활비를 벌기 위해 아르바이트를 하는 시간이다. 그렇다 보니 대학생들에 따라서는 봉사활동을 무임금노동 정도로 생각하며 시간을 아까워하는 경우도 있다. 물론 이러한 부정적인 모습만 있지는 않을 것이다. 그러나 오늘날 인성교육은 전반적으로 정책 중심으로 시행되고 있고, 그에 따라 어쩔 수 없이 '관리'와 '평가'의 대상이 되고 말았다. 그렇다면 실천 위주의 인성교육이 잘못된 것일까? 효과가 없으니 하루 빨리 실천을 포기하고 다른 방법을 찾아야 할까?

윤리나 도덕의 어원으로 자주 사용되는 아리스토텔레스의 '에토스(éthos)'는 원래 '습관'과 관련된 말이었다. 그는 인간의 '탁월성(areté)'을 두 종류로 나누어 설명하며 '지적인 탁월성'과 구분되는 '도덕적 탁월성'을 언급한다.[2] 이 과정에서 '도덕적 탁월성'이 '습관의 결과'로 규정되면서 도덕과 습관의 밀접한 관계는 지금까지도 자명한 것으로 간주되고 있다.[3] 인성, 즉 인간다움[4]과 실천의 관계 역시 이와 크게 다르지 않다.

---

2) 아리스토텔레스, 강상진 · 김재홍 · 이창우 역, 《니코마코스 윤리학》, 도서출판 길, 2018, 51-53쪽.

3) 아리스토텔레스가 말하는 '에토스'의 의미는 '소통'의 관점에서 보완될 수 있다(손윤락, 〈아리스토텔레스에 있어서 '소통하는 시민' 개념〉, 《서양고대사연구》 52, 2018, 21-24쪽).

4) 인성교육 분야에서 '인성' 개념에 대한 연구로는 다음을 참조하라. 김민수, 〈'인성교육' 담론에서 '인성' 개념의 근거〉, 《교양교육연구》 8, 2014, 169-206쪽.

그 누구도 인성이 지식을 통해 채워질 수 있는 것으로 생각하지 않는다. 인성과 관련된 지식을 측정하고, 단지 많은 지식을 가졌다고 해서 그 사람에게 "당신은 인성이 좋은 분이군요"라고 말하는 사람은 없을 것이다. 두말할 나위 없이 인성은 실천을 통해 구현되고, 다시 실천을 통해서만 함양할 수 있다. 따라서 '실천 위주의 인성교육'이라는 방향은 유지되어야 한다. 다만 이러한 실천적 인성교육이 어떤 경우에도 '봉사시간'을 채우는 것으로 변질되지 않도록 원칙적인 제한을 할 필요가 있을 것 같다. 실천적 인성교육을 심화할 필요가 있다는 것이다. 우선 '실천적 인성교육의 의미'를 재고할 필요가 있으며, 그 내용이 마땅하다면 현실적인 어려움이 있더라도 인성교육 현장에 과감하게 적용할 필요가 있다.

인성에서 실천이 중요한 이유는 물론 실천을 통해 인성이 길러질 수 있기 때문일 것이다. 그런데 이를 위해서는 적어도 두 가지 전제조건이 필요해 보인다. 우선 교육의 주체가 자신의 일상 속에서 인성을 이해하고 실천할 수 있도록 인성교육을 일상화할 필요가 있다. 그것은 아마도 내 주변의 가장 가까운 사람들과의 관계 속에서 인성을 이해하고 실천하는 방식이 되어야 할 것이다. 인성은 조금 더 가까이에서 관찰하고 직접적인 변화를 느끼는 방식으로 내 삶 속에서 일어나는 나의 사건이 되어야 한다. 또한 인성이 '인간다움'을 뜻하는 한 인성교육은 인간에 대한 심층적인 이해가 전제되어야 한다. 다시 말해 인성교육의 주체가 인성을 자기정체성의 토대로 이해할 수 있어야 한다. 인성은 선택의 문제가 아니라 인간으로서의 정체성을 유지하기 위한 기본적인 토대임을 이해할 수 있어야 한다. 타인은 내가 필요한 경우 만나는 사람이 아니라 내 삶을 가능하게 하는 존재이며, 나에 대한 책임과 타인에 대한 책임이 서로 다른 두 가지가 아님을 가장 깊은 차원에서 확립해야 한다. 이렇게

'인성 중심의 자아정체성'이 '나의 일상 속에서 지속적으로 구현'되도록 하는 것이 인성교육의 원칙이 되어야 하고, 필요하다면 이러한 원칙 아래 인성교육 방법론을 원점에서 수정해야 한다. 철학적인 논의를 통해 실천적 인성교육의 이러한 두 원칙을 조금 더 자세하게 살펴보자.

조선 후기 실학자 다산 정약용은 인성을 삶 속에서 이해했다. 유학자이기에 인성의 함양을 공부에서 찾았지만, 이러한 공부의 근간은 언제나 구체적인 삶이었다. 그는 특히 '효제(孝弟)'를 강조한다. 효제란 부모에 대한 효성과 형제에 대한 우애를 뜻하는 말로 다산이 생각한 인성의 핵심 개념이다. 이는 물론 자신의 부모와 형제에 대한 애틋한 마음만을 뜻하지 않는다. 그는 효제보다 '인(仁)'을 강조한 주자학 전통과 대결하고 있는 것이며, 인성이 '내 주변에서 일어나는 구체적인 실천을 통해 마음 밖에서 완성할 수 있는 덕목'이라는 점을 역설하고 있다. 실제 그의 삶 역시 이러한 효제의 의미를 더해주고 있다. 특히 유배생활 동안 그가 깨닫고 기록한 효제의 의미로부터 우리는 자신의 삶 속으로 완전히 녹아든 다산의 인성과 인성교육 방법론을 감지할 수 있다.

다산이 보여준 실천적 인성, 즉 효제는 그에 맞는 어떤 자아정체성을 전제하고 있다. 독서와 지적인 탐구가 아닌 사람들과의 실천적 교류가 인성함양의 기초라고 주장하는 한에서 그는 타인을 나로부터 구분하지 않고, 오히려 자아정체성의 토대로 간주하고 있다. 그렇다면 나의 밖에 있는 타인이 어떻게 자아정체성의 토대로 기능할 수 있는 것일까? 현상학자 장 폴 사르트르는 '실존' 개념을 통해 이 문제에 집중하고 있다. 그는 '나'가 근본적으로 '너'와 함께 구성되어 있는지를 확인하기 위해 인간에 대한 모든 규정과 도덕적인 가치들을 '판단중지'한다. 사르트르는 삶의 이유까지 판단을 보류한 상태에서 '나'의 의미를 재구성한다. 모든 본질을 상실한 실존적 인간은 자신의 인성을 확보하기 위해 타인을 향해 자신을 '기투(Projet)'한다. 이러한 기투가 나의 인성을 확인하고 확보하는 유일한 기회가 되고, 그렇게 형성된 나의 정체성 안에서 이제 타인은 내 앞에 있든 없든 내 삶의 일부가 된다. 다시 말해, 타인을 존중하고 배려하는 인성은 내가 인간으로서 살아가기 위해 피할 수 없는 삶의 방식이 된다.

나산과 사르트르의 인성이해는 오늘날 인성교육과 관련해 유의미한 관점들을 제공할 수 있다. '또 하나의 인성교육 방법론'을 제공할 수 있다는 뜻이 아니라 인성교육 방법론을 원점에서 다시 점검할 이유를 제공한다는 점에서 그렇다. 두 철학자로부터 우리는 실천적 인성교육의 두 원칙을 읽어낼 수 있고, 이러한 원칙 아래 더욱 순수하고 과감한 인성교육 방법을 찾아갈 필요가 있다. 평가와 관리의 수월성에 앞서 진심이 담긴 인성교육 방법론이 자유롭게 시도되어야 한다. 우선 정약용의 삶을 가까이에서 뒤따라가 보자. 그리고 사르트르의 호소력 짙은 강연 속으로도 들어가 보자.

정약용의 인성 수양론: 다산을 통해 본 유교 지식인의 삶과 인성 공부

패기만만한 젊은 관료

다산(茶山) 정약용(丁若鏞)은 조선 시대의 가장 저명한 인물 가운데 한 명이다. 이 사람만큼 방대한 분량의 학문적 성과를 남긴 학자도 드물다. 더구나 호학 군주였던 정조의 극적인 사망, 연이어 발생한 천주교 금령과 박해, 역사의 급격한 반전 드라마에 연루된 다산의 삶이 그의 학문과 사상을 더욱 드라마틱하게 만들었다. 정조 사망 이후 1801년부터 시작된 18년의 유배 기간 중 다산은 육경사서(六經四書)에 대한 철학적 저술과 일표이서(一表二書: 經世遺表 · 牧民心書 · 欽欽新書)의 정치사회적 작품 등 500여 권에 이르는 방대한 저작을 남겼다. 고독과 고뇌로 점철된 개인의 비극적 삶이 학문과 사상의 물줄기를 바꾸는 역사적 순간이었다.

정약용은 1762년 6월 16일, 현재 남양주 팔당 호수 기슭 마재[馬峴]에서 부친 정재원(丁載遠)과 모친 해남윤씨 사이의 막내아들로 태어났다. 부친의 임지인 전라도 화순, 경상도 예천과 진주 등지로 따라다니며 유년 시절 경전과 역사서를 배웠고 과거시험을 준비했다. 1776년 15세 때 홍화보(洪和輔)의 딸과 혼례를 올렸고, 같은 해 부친이 호조 좌랑으로 서울 벼슬길에 올라 명례방(명동)에 집을 구하자 다산의 서울 출입도 잦아졌다.

이 당시 서울 생활이 중요한 것은 학문적 교류의 폭이 넓어지면서 다산의 사유 형성에 중요한 영향을 미친 성호학파 선배들을 만날 수 있었기 때문이다. 누님의 남편인 이승훈(李承薰: 1756~1801), 큰형님의 처남인 이벽(李檗: 1754~1785) 등과 친밀하게 지냈고, 성호 이익의 종손으로 성호 학풍을 계승한 이가환(李家煥: 1742~1801)과도 자주 만났다. 특히 이벽과의 만남은 다산이 서양 학문과 종교에 눈뜨는 결정적 계기가 되었다. 1784년 4월 정약전 · 정약용 형제는 이벽으로부터 처음 서학(西學)과 천주교에 관한 이야기를 들었다. 이들 형제가 이벽에게서 천지창조와 영혼불멸, 사후세계 등 놀라운 소식을 듣고 황홀해하던 모습이 다산의 〈선중씨묘지명(先仲氏墓誌銘)〉에 생생히 실려 있다. 이들 형제는 서울로 돌아온 후 수표교 근방에 살던 이벽을 다시 찾아가 서양 신부 마테오 리치의 《천주실의(天主實義)》와 판토하의 《칠극(七克)》을 빌려 읽었고, 그 후 열정적으로 서학에 빠져들었다. 이벽과 이승훈을 비롯해 외국 동향에 밝았던 선배들의 지적 감수성은 다산의 사유에 결정적 단서를 제공했다.

다산의 사유와 관련해 빼놓을 수 없는 또 다른 인물은 18세기 조선의 대표적 군주인 정조다. 다산은 1783년 22세 때 세자책봉을 경축하는 과거시험 소과 1차에서 '經義[경전해석]' 분야에 합격했고, 2차 시험에도 합격해서 생원 자격으로 태학[성균관]에 입학했다. 이때 다산은 처음으로 창경궁 선정전에서 정조를 만났다. 1784년 여름 정조가 태학생에게 《중용》 70조목에 관한 책문(策問)을 내리자 다산은 수표교에 살던 이벽을 찾아가 답안을 함께 작성했는데, 이것이 바로 다산의 《중용강의(中庸講義)》 초고였다. 답안을 살펴본 정조가 극찬하자 며칠 뒤 도승지 김상집(金尙集)이 정약용의 사촌 처남인 승지 홍인호(洪仁浩)에게 이렇게 말했다 한다. "정약용은 누구이며 그의 학문은 어떠한가? 오늘 경연(經筵) 때 임금께서 하문(下問)하시길 '성균관 유생들의 조목에 대한 답변이 대개 허황되고 거칠었으나 오직 약용의 대답만이 특이했으니 그는 반드시 식견 있는 선비일 것이다'라고 하셨다."[5] 과거 소과에 합격하고도 다산은 대과에 급제하지 못했다. 다산이 최종시험에 합격한 것은 1789년이었다. 다산은 28세에 첫 벼슬을 시작했고, 같은 해 규장각 관리로도 선발되었다.

1789년부터 1800년까지 12년간 지속된 다산의 관료 생활은 패기만만한 젊은 사대부의 앞날이 탄탄대로를 걷는 것처럼 보이게 했다. 정조의 총애 속에서 다산은 예문관검열(藝文館檢閱)·사간원정언(司諫院正言)·사헌부지평(司憲府持平)·홍문관수찬(弘文館修撰)·경기암행어사(京畿暗行御史)·사간원사간(司諫院司諫)·동부승지(同副承旨)·곡산부사(谷山府使)·병조참지(兵曹參知)·형조참의(刑曹參議) 등을 역임했다. 1789년 정조가 아버지 사도세자의 무덤을 수원 현릉원으로 이장했을 때 다산은 한강의 배다리[舟橋]를 설계했고, 1792년 정조의 어명에 따라 수원 화성 축성을 위한 설계와 공사에도 참여했다. 또한 그는 예수회 신부 테렌즈의《기기도설》을 참조하여 무거운 물체를 들어 올리는 기중기의 원리를 해명한〈기중가도설(起重架圖說)〉을 작성했다. 30대 초반까지 정약용의 삶은 촉망받는 젊은 소장 학자, 가까이서 왕의 총애를 받는 전도유망한 관료의 모습으로 화려하게 펼쳐졌다.

유배가 가져온 삶의 변화와 각성

1794년 12월 지하에서 비밀리에 신앙운동을 전개한 조선천주교

5) 《中庸講義補》1:1(《與猶堂全書》經集《中庸講義補》卷一, 一面) 後數日, 都承旨金尙集謂承旨洪仁浩曰, 丁鏞爲誰, 其文學何如. 今日筵諭曰, 泮儒條對, 率皆荒蕪, 獨鏞所對特異, 其必有識之士也.

회는 중국교회에 중국인 신부 주문모를 입국시켜줄 것을 요청했다. 이 사실은 곧 발각되었고, 조사와 심문 과정에서 이승훈 등 초기 세례자들과 교류했던 이가환 · 정약전 · 정약용 형제까지 여론의 공격 대상이 되었다. 유생들의 거센 반발 때문에 정조는 이가환을 충주목사로, 정약용을 금정찰방으로 좌천시켰고, 이승훈을 예산으로 유배 보냈다. 다산은 1795년 겨울 다시 서울로 올라와 규장각에서 교정보는 일을 맡았고, 1797년에는 동부승지 직책을 받았다. 그러나 이벽 · 이승훈과 긴밀히 교제한 다산에 대한 세간의 비난은 수그러들지 않았다. 게다가 1799년 정월 다산의 정치적 후견인이자 남인의 영수였던 재상 채제공이 세상을 떠났다. 다산은 더 이상 벼슬살이를 온전히 할 수 없음을 깨닫고 1800년 낙향하기로 결심한다. 그는 이것이 정조와의 마지막 만남이라는 것을 전혀 생각하지 못했다. 같은 해 6월 종기를 심하게 앓던 정조마저 며칠 만에 급서하자 관료로서 다산의 사회생활은 완전히 종지부를 찍었다. 1801년 노론벽파의 대대적 공격이 시작되었고, 수많은 신자와 남인시파 지식인이 화를 당했다. 다산도 신유교난 발발 직후 경상도 장기로 유배되었다. 이송 도중 다산은 선영이 있던 충북 하담에 들러 부모님 무덤에 하직 인사를 드렸다. 어머니 윤씨 소생 3형제가 모두 화를 당해 한 아들(정약종)은 죽고 두 아들(정약전 · 정약용)은 유배 가는 처지가 되었기에 다산의 비통한 심정은 헤아리기 어려웠을 것이다.

"아버님, 아시는지요. 어머님, 아시는지요. 가문이 갑자기 무너지고 죽은 자식 산 자식 모두 이 모양이 되었습니다. 남은 목숨 보존한들 크게 공을 이루기는 이미 어려워졌습니다. 자식 낳아 우리 부모님 기뻐하시며 부지런히 어루만져 길러주셨지요. 하늘 같은 은혜 갚아야

마땅하겠으나 풀을 베듯 이처럼 제거당할 줄을 어찌 알았겠습니까. 세상 사람에게 다시는 자식 낳은 것을 축하한다고 말하지 못하게 되었습니다[荷潭別].”[6]

부모 선영에서 통곡한 다산은 정신없이 달려온 20년 세월을 자성했다. 다산은 장기에 도착한 후 고향 큰형님 정약현의 수오재(守吾齋) 기문(記文)을 지으며 자신의 사십 평생을 이렇게 회고한다.

“나는 자신을 잘못 간직하다 잃어버린 사람이다. 어렸을 때는 과거 급제가 좋아 보여 과거시험 공부에 빠져 지낸 것이 10여 년이었다. 마침내 처지가 바뀌어 조정에 나와 검은 사모 쓰고 비단 도포를 입고 미친 듯이 대낮에 큰길을 활보하며 다녔는데, 이렇게 12년을 흘려보냈다. 처지가 바뀌어 한강을 건너고 조령(鳥嶺)을 넘어 친척과 선영을 버리고 곧바로 아득한 바닷가 대나무 숲에 와서야 멈추게 되었구나![守吾齋記]”[7]

과거 공부에 매달린 10년, 관직에 나아가 세상에 이름을 떨친 12년 세월. 다산은 이런 과거의 영화로운 시간이 모두 자신을 잃어버린 세월이었다는 것을 격절하게 토로했다.

---

6) 《茶山詩文集》第四卷, 詩, ‘荷潭別’. 父兮知不知, 母兮知不知. 家門欻傾覆, 死生今如斯. 殘喘雖得保, 人質嗟已虧. 兒生父母悅, 育鞠勤携持. 謂當報天顯, 豈意招芟夷. 幾令世間人, 不復賀生兒.

7) 《茶山詩文集》第十三卷, 記, ‘守吾齋記’. 吾謾藏而失吾者也. 幼眇時見科名之可悅也, 往而浸淫者十年. 遂轉而之朝行, 忽爲之戴烏帽穿錦袍, 猖狂馳于白晝大道之上, 如是者十二年. 又轉而涉漢水踰鳥嶺, 離親戚棄墳墓, 直趨乎溟海之濱叢篁之中而止焉.

하지만 그의 비극은 여기서 그치지 않았다. 같은 해 9월 황사영 백서사건이 또 터졌다. 황사영은 정약용의 큰형님 정약현의 사위로 다산에게는 조카사위가 되는 인물이다. 이 사건으로 다산은 장기에서 다시 체포되어 서울 의금부에 투옥되었고, 공격의 선봉에 선 홍락안은 "천 명을 죽여도 정약용 한 사람을 죽이지 못하면 아무도 죽이지 못한 것과 같다"라고 강력하게 처형을 주장했다. 하지만 정약전 · 정약용 형제가 황사영과 내통한 물증을 찾아내지 못했다. 결국 둘째 형 정약전은 나주 흑산도로, 다산은 강진으로 유배되는 판결이 내려졌다. 다산이 강진에 도착한 것은 1801년 11월 말. 머물 만한 처소가 없어서 다산은 동문 밖 주막집 노파에게 신세 지며 뒷골방에서 첫 겨울을 났다. '동천여사(東泉旅舍)'라 이름 붙인 곳에서 4년을 보낸 뒤 보은산방으로, 그리고 제자 이청의 집으로 거처를 옮겼고, 유배 8년째 되던 해 다산 귤동(橘洞) 지역에 있던 외가 친척 윤단의 산정에 자리를 잡았다. 이곳이 바로 유배 생활 후반기를 보낸 유명한 다산초당이다. 강진에서 고달픈 유배 생활을 시작할 때 첫 해를 넘기며 다산은 자식에게 다음과 같은 서신을 보낸다.

"내가 어려서는 나아갈 방향을 알지 못했으며 15세가 되어서야 서울에 올라가 유학(遊學)했으나 방황하기만 했을 뿐 터득한 것이 없었다. 20세에 비로소 과거(科擧) 공부에 전심했는데, 태학(太學)에 들어간 뒤로는 또 변려문(騈儷文)에 골몰했다. 뒤이어 규장각(奎章閣)에 예속된 후로는 하찮은 문장학에 머리를 썩인 지 10년 가까이 되었으며, 그 후에 교서관(校書館)의 일에 분주했다. 곡산(谷山)에 부임해서는 백성 다스리는 일에 온 정력을 기울였다. (중략) 서울과 지방 각지로 분주히 돌아다니다가 지난봄 화를 당했으니, 거의 하루도 제대로 독서

에 전념할 수 없었다. 그러므로 나의 시문(詩文)은 은하수의 물로 씻어 내도 끝내 과문(科文)의 기미를 벗어날 수 없고 그중에 잘된 것이라고 해도 관각체(館閣體)의 기미를 벗어날 수 없다. 그런데 내 수염과 머리는 이미 백발이 희끗희끗해지고 정력도 이미 쇠했으니 이 어찌 운명이 아니겠는가!"[8)]

정약용이 두 아들에게 자신의 공부 내력을 밝힌 것은 그의 나이 만 40세 때 일이다. 국가고시인 과거를 준비하느라 초년을 다 바치고 공무원이 되어 정부에 소속된 후에는 자잘한 정무에 시달렸고, 지방관에 부임해서는 또 다른 행정업무에 힘을 쏟느라 유배 직전까지 한시도 제대로 공부한 날이 없었다는 것이다. 방외의 존재로 추락한 이후 공부에 전념했는데, 그 당시까지 여전히 과거시험 문체 혹은 관각체의 문투, 오늘로 치면 연구재단 보고서와 학술 논문 글쓰기 습관에 빠진 자신이 보였다. 오래된 공부 관행에서 벗어나지 못함을 한탄하는 다산의 모습에서 스스로 한계를 넘어서려는 인간적 고뇌와 분투가 엿보인다. 유배지에서 본격적으로 개진된 삶에 대한 자각과 반성, 공부와 독서, 글쓰기 태도에 대한 엄정한 평가는 궁벽한 처지에 놓인 그에게 유일한 삶의 의미요 구원이 되었다. 폐족의 후예가 되어 변변히 과거조차 치를 수 없게 된 자식의 앞날을 우려하며 다산은 과거가 아닌 경전(經傳)의 본의에 힘쓸 것을 당부한다. 오히려 폐족의 후예만이 삶의 영화와 곤궁을 모두 알기에

---

8) 《茶山詩文集》第二十一卷, 書, '寄二兒[壬戌]'. 幼時不識向方, 年十五, 始游京師, 顧放浪無所得. 弱冠始專心科學, 旣入太學, 又汨沒於駢儷之文. 轉隷閣課, 埋頭於雕蟲篆刻之工, 殆將十年, 其後又悤悤於校書之役. 至谷山, 又專精收民...奔走京鄉, 以至前春之禍, 蓋不獲一日能專志讀書. 故所爲詩若文, 用百斛銀河洗滌, 終不免有場屋氣, 其善者又不免有館閣氣. 而吾鬚髮已種種, 精氣已衰歇矣, 豈非命耶.

비로소 인생 공부에 전념할 수 있다는 점을 자식들에게 거듭 당부했다.[9] 자식에게 전한 당부의 말은 사실 다산이 본인에게 전한 삶의 교훈이자 다짐이었을 것이다. 해배 후 고향에 돌아와 묘지명을 지으며 다산은 강진 시절의 의미를 이렇게 회고한다.

> *"강진으로 유배되었을 때 나는 어렸을 적 학문에 뜻을 두었지만, 20년 동안 세속에 빠져 다시는 선왕(先王)의 대도(大道)가 있는 줄 알지 못했는데, 지금에야 여가를 얻었다고 생각하며 기쁜 마음으로 축하했다. 육경사서를 가져다가 깊이 탐구했고, 한나라 · 위나라 이래 명청 시대까지 모든 유학자의 학설 중 경전에 도움이 될 만한 것을 널리 수집하고 두루 고증하여 오류를 확정하고 취사선택하면서 일가(一家)의 학설을 이루었다."[10]*

20여 년의 고뇌를 뒤로하며 다산은 자신만의 고유한 학문체계를 완성했다는, 조용하지만 당당한 지식인의 포부를 피력했다.

유학자 정약용이 생각한 인성 공부의 요점

공부는 조선 시대 유학자라면 누구도 간과할 수 없는 중요한 삶의

9) 《茶山詩文集》第二十一卷, 書, '寄二兒', 第二書 참조.

10) 《茶山詩文集》〈自撰墓誌銘〉16:12. 鏞旣謫海上, 念幼年志學, 二十年沈淪世路, 不復知先王大道, 今得暇矣, 遂欣然自慶. 取六經四書, 沈潛究索, 凡漢魏以來, 下逮明淸, 其儒說之有補經典者, 廣蒐博考, 以定訛謬, 著其取舍, 用備一家之言.

과제이자 목표였다. 사대부(士大夫)는 학자이면서 동시에 관료였는데, 벼슬을 얻으면 세상에 나가 백성을 다스리고 왕을 보필하는 정치적 업무를 맡았고, 벼슬을 그만두면 낙향하거나 초야로 돌아와 자신의 덕성을 닦고 학문을 연마하는 학자(學者: 배우는 자)로서의 삶을 살았다. 당시 사대부의 한 사람으로 활동한 다산에게 배움 혹은 공부란 무엇을 의미했을까? 유학자로서 다산은 지속적인 독서(讀書)와 덕행(德行)의 병진(竝進)이 필요하다고 보았다. 여기서 독서란 대표적인 유교 경전들을 읽고 이해하는 것을 의미한다. 그런데 독서 행위는 학문(學問), 즉 묻고 배우는 행위에 뜻을 둘 때만 의미가 있다는 것을 분명히 했다.[11] 다산에게 모든 배움의 근본은 결국 '효제(孝弟)'라는 점을 생각해볼 필요가 있다. 효제란 부모에 대한 효성과 형제간에 공경하는 우애의 감정을 일컫는 한자어 표현이다. 유학자로서 다산은 효제 혹은 효제자(孝弟慈) 덕목을 그의 인성론의 핵심 근간이라고 생각했다. 생활에서 효제를 실천하는 것이 무르익으면 나머지 독서와 학문의 연마는 오히려 부차적인 것이라고 간주했다. 그렇다면 다산은 왜 이토록 효제를 모든 공부의 바탕으로 이해한 것일까? 그가 보기에 다양한 사회적 관계를 원활히 수행하기 위해서는 개인의 인성을 함양하는 자기 공부[修身]가 먼저 필요한데, 이러한 인성 공부의 핵심을 다산은 효제의 실천에서 찾았다. 세상에서 가장 가까운 부모형제에게 어떤 행동을 하는지 살펴보면 그 사람이 밖에서 타인에게 앞으로 어떤 행동을 할지 충분히 예측할 수 있다고 보았기 때문이다.[12]

---

11) 《茶山詩文集》第二十一卷, 書, '寄二兒[壬戌]'. 讀書必須先立根基. 根基謂何. 非志于學, 不能讀書. 志學必須先立根基. 根基謂何. 曰惟孝弟是已. 先須力行孝弟, 以立根基, 則學問自然浹洽. 學問旣浹洽, 則讀書不須別講層節耳.

12) 《茶山詩文集》第十八卷, 家誡, 示學淵家誡. 修身以孝友爲本, 於是有不盡分, 雖復學識高明, 文詞彪炳, 便是土牆施績耳. 我修旣嚴, 其取友自然端正. 同氣相求, 不必加勉也. 老夫閱世久,

이처럼 효제를 인성 공부의 가장 중요한 토대 혹은 바탕으로 간주한 다산의 관점은 전통적인 주자학적 입장에서 볼 때 독특한 성격을 가졌다. 주희(朱熹)의 《논어집주(論語集註)》에서는 효제가 유학의 최고가치인 인(仁)을 실현하는 여러 방법 가운데 하나에 불과하다고 보았다.[13] 주자학은 유학적 효제 관념이 갖는 강고한 토대를 해체하면서 가족 중심의 유교 윤리를 좀 더 보편적인 세계관으로 대체하기 위해 효제가 아닌 '인의예지(仁義禮智)' 혹은 '이(理)'와 '태극(太極)'이라는 철학적 개념과 원리를 내세웠다. 그러나 교조화된 조선의 주자학을 비판하면서 유학의 가치를 새롭게 조명하려고 한 다산 같은 사상가들은 추상적인 이기(理氣) 개념 대신 효제의 덕목을 복원하는 것이 윤리적 인성교육에 효과적이라고 판단했다. 이것은 실존적 삶에서 긴요하게 요구되는 가치가 무엇인지 자문한 결과이기도 하다. 이제 독서와 배움의 근간으로 효제를 강조한 다산은 효도와 공경의 마음이 가족 구성원 간의 인륜관계에서 실천을 통해 익혀야 하는 덕목임을 강조한다.

道란 사람이 따라가야 하는 길이다. 仁이란 두 사람의 관계다. 부모

且備嘗艱險, 周知人情. 凡薄於天倫者, 不可近不可信, 雖忠厚勤敏, 盡誠事我, 切不可近, 畢竟背恩忘義, 朝溫暮冷. 蓋天下之深恩厚義, 未有加於父母兄弟, 彼且輕借之如彼, 矧於朋友哉. 此易知之理也. 汝等切須記取, 凡不孝子不可近, 凡兄弟不深愛者不可近. 觀人先察內行, 若見其不是處, 卽宜回光反照, 怕我亦有是病, 便當猛下功夫. 昔我先人, 與南居韓公特相友善, 孝子也. 亦粵我王考, 與沙谷尹正字公特相友善, 孝子也. 用保厥世, 不失令名, 及余之身, 取友不端, 礪鏃淬鋒者, 多出疇昔之親交, 吾是以悟之.

13) 《論語集註》〈學而〉, '有子曰, 其爲人也孝弟.' 程子曰, 孝弟, 順德也, 故不好犯上, 豈復有逆理亂常之事. 德有本, 本立則其道充大. 孝弟行於家, 而後仁愛及於物, 所謂親親而仁民也. 故爲仁以孝弟爲本. 或問, 孝弟爲仁之本, 此是由孝弟可以至仁否? 曰, 非也. 謂行仁自孝弟始, 孝弟是仁之一事. 謂之行仁之本則可, 謂是仁之本則不可. 蓋仁是性也, 孝弟是用也, 性中只有箇仁義禮智四者而已, 曷嘗有孝弟來. 然仁主於愛, 愛莫大於愛親, 故曰孝弟也者, 其爲仁之本與!

> 를 효로써 섬기는 것이 仁이니 아버지와 자식은 두 사람이다. 형을 공경으로써 섬기는 것이 仁이니 형과 동생은 두 사람이다. 군주를 충성으로써 섬기는 것이 仁이니 군주와 신하는 두 사람이다. 목민관이 자애로움으로써 백성을 다스리는 것이 仁이니 목민관과 백성은 두 사람이다. 부부와 친구도 두 사람의 관계에서 道를 실천하면 모두 仁이다. 바로 孝弟가 그 근본이다.[14]

> 사람이 세상을 살아감에 온갖 착함과 악함이 모두 사람과 사람이 서로 만나는 데서 일어난다. 사람과 사람이 만나 그 본분을 다하는 것, 이것을 仁이라고 한다. 仁이란 두 사람이다. 부모를 효도로 섬기는 것을 仁이라고 하는데, 자식과 아버지는 두 사람이다. 형을 공손함으로 섬기는 것을 仁이라고 하는데, 아우와 형은 두 사람이다. 자식을 자애로써 기르는 것을 仁이라고 하는데, 부모와 자식도 두 사람이다. 임금과 신하도 두 사람이며, 부부도 두 사람이며, 어른과 아이도 두 사람이고, 백성과 목민관도 두 사람이다. 어버이를 사랑하는 것부터 백성을 사랑하는 것까지 仁 아닌 것이 없다.[15]

한자어 개념 인(仁)을 파자하면 두 사람이 마주하는 모습임을 알 수 있다. 부모와 자식, 부부, 형과 동생의 관계에서 인간이 따라야 할 길, 즉

---

14) 《論語古今註》卷一, 學而, '有子曰其爲人也孝弟.' 道者, 人所由行也. 仁者, 二人相與也. 事親孝爲仁, 父與子二人也. 事兄悌爲仁, 兄與弟二人也. 事君忠爲仁, 君與臣二人也. 牧民慈爲仁, 牧與民二人也. 以至夫婦朋友, 凡二人之間, 盡其道者, 皆仁也. 然孝弟爲之根.

15) 《大學公議》卷一, 〔舊本大學〕'君子有絜矩之道也.' 議曰, 人生斯世, 其萬善萬惡, 皆起於人與人之相接. 人與人之相接而盡其本分, 斯謂之仁. 仁者二人也, 事父孝曰仁, 子與父二人也. 事兄悌曰仁, 弟與兄二人也. 育子慈曰仁, 父與子二人也. 君臣二人也, 夫婦二人也, 長幼二人也, 民牧二人也. 仁親仁民, 莫非仁也.

도(道)를 실천하면 이 두 사람의 관계에서 인이라는 덕목이 이루어지는 데 그 핵심이 바로 효제라고 본 것이다. 나아가 다산은 모든 사회적 관계에서 유교적 덕목을 실현하기 위해서는 가장 가까운 가족 간의 관계에서부터 효제를 실천하는 것이 첩경이라고 보았다. 다산의 여러 문헌을 검토하면 기존의 전통적인 주자학과 달리 그가 효제의 가치를 유학의 최고 이념으로 간주하고, 인(仁) 그 자체로 승격시켜 이해했던 것을 분명히 엿볼 수 있다.[16] 그런데 효제와 인의 존재론적 · 철학적 위상을 동등하게 이해한 다산의 관점은 다른 측면에서 보면 주자학의 입장보다 더 보수적인 인상을 주기도 한다. 주자학은 유학의 효제 관념에 대한 비판적 성찰의 가능성을 제공한 반면, 다산의 경우는 유학의 원리적이고 복고적인 전망을 제안한 것처럼 보이기 때문이다. 그러나 이런 표면적인 인상을 넘어 다산의 의도를 좀 더 신중하게 고려하면, 이 쟁점에서 다산이 강조한 것은 "효제라는 것도 덕(德)을 이룬 명칭이니 그것은 외부에서 이루어진다(孝弟亦修德之名, 其成在外)"라는 점임을 알 수 있다. 다산은 효제가 우리 마음 안에 주어진 선천적 본성이 아니라 구체적 실천을 통해 마음 밖에서 완성할 수 있는 덕목이라는 점을 강조했다. 이것은 다산이 자신의 고유한 인의예지론(仁義禮智論)을 설파한 뒤의 일이다. 그에 따르면 인의예지 사덕(四德)은 마음 안에 본성으로 주어진 것이 아니고 성의(誠

16) 《論語古今註》卷一, 學而, '有子曰其爲人也孝弟.' [質疑] 孟子曰仁義禮智根於心, 仁義禮智, 譬則花實, 惟其根本在心也. 惻隱差惡之心發於內, 而仁義成於外. 辭讓是非之心發於內, 而禮智成於外. 今之儒者, 認之爲仁義禮智四顆, 在人腹中, 如五臟然, 而四端皆從此出, 此則誤矣. 然孝弟亦修德之名, 其成在外, 又豈有孝弟二顆在人腹中, 如肝肺然哉? 程子云人性中曷嘗有孝弟來, 其意亦謂孝弟成於外而已, 非謂人性之中, 無可孝可弟之理也. 蕭山欲一反其說, 堅以孝弟作裏面物, 其說又偏矣. 孝弟亦仁, 仁亦孝弟. 但仁是總名, 事君牧民恤孤哀鰥, 無所不包. 孝弟是專稱, 惟事親敬兄, 乃爲其實. 故有子謂諸仁之中, 孝弟爲之本, 而程子謂行仁自孝弟始, 未嘗不通. 但程子曰孝弟謂之行仁之本則可, 謂是仁之本則不可, 此與有子語不合. 仁與爲仁, 不必猛下分別也.

意)·정심(正心)으로 공부함으로써 사후에 완성할 수 있는 덕목이다(惻隱差惡之心發於內, 而仁義成於外). 바로 이 관점에서 다산은 효제가 인의 근본이며, 두 가지 모두 구체적인 실천을 통해 완성할 수 있는 덕목이라는 점을 역설했다.

> *마음에 있는 이치[理]가 어찌 仁이 될 수 있겠는가. 덕(德)도 그러하니 마음을 곧게 해서 실행한 바를 일러 덕이라고 말한다. 그래서 《대학》에서는 효제자를 명덕으로 삼고 《논어》에서는 나라를 사양하는 것으로 지극한 덕[至德]으로 삼았다. 실행하여 이미 드러난 뒤에야 덕이라고 일컬을 수 있으니 심체(心體)의 담박하고 허명한 것에 어찌 덕이 있을 수 있겠는가. 마음에는 본래 덕(德)이라는 것이 없으니 하물며 인(仁)에 대해서야 말해 무엇하랴.*[17]

> *측은지심(惻隱之心)과 수오지심(羞惡之心)은 안에서 발동하고 인의(仁義)는 밖에서 이루어진다. 사양지심(辭讓之心)과 시비지심(是非之心)도 안에서 발동하고 예지(禮智)는 밖에서 이루어진다. 지금 배우는 자들은 인의예지 네 가지가 마치 사람 배 속에 다섯 장기가 있는 것처럼 있고 사단(四端)이 모두 이로부터 나온다고 생각하는데 이것은 잘못되었다. 효제(孝弟)도 공부를 해서 이룰 수 있는 덕(德)의 명칭이니 그 또한 밖에서 이루어지는 것이다. 어찌 사람 배 속에 간이나 폐가 있는*

17) 《孟子要義》〈告子〉第六, '仁人心也, 義人路也'章. 在心之理, 安得爲仁乎. 唯德亦然, 直心所行, 斯謂之德. 故大學以孝弟慈爲明德, 論語以讓國爲至德. 實行旣著, 乃稱爲德. 心體之湛然虛明者, 安有德乎. 心本無德, 況於仁乎.

것처럼 효제라는 두 가지의 것이 존재할 수 있겠는가?[18]

유학자로서 다산이 강조한 경전에 대한 철저한 독서와 이해도 결국 근본적인 인성의 함양, 즉 효제의 덕성을 연마하는 것을 목표로 삼았다. 고대 유교 경전들을 탐독하고 그 역사적 · 실존적 의미를 이해하는 지적 작업도 유학자들에게는 다산의 용어를 빌려 말하면 '행사(行事)', 즉 윤리적 실천의 상황에서 구체적인 경전의 의미들을 새롭게 적용하기 위함이었다. 인의예지 사덕이 인간 마음에 선천적으로 내재된 것이 아니라 구체적인 인륜관계에서 효제를 실천함으로써 사후적으로 완성하는 덕목이라는 점을 강조한 것도 다산이 유명한 유교 경전《맹자》를 재해석함으로써 나온 것이다. 그리고 '인의예지'라는 유교적 덕목 역시 부모자식 간의 효제를 매개로 구현된다고 강조한 점도 유교 경전에 대한 그의 독특한 해석을 통해 제안되었다. 나아가 다산은 인성 공부는 단순히 심리적 이해나 마음속 다짐을 통해서가 아니라 구체적인 행동, 즉 실천적 행위를 통해서만 실현 가능하다는 점을 이렇게 강조한다. 그는 오늘날 유행하는 학문은 흔히 마음에서만 진행되지만 옛날 학문, 즉 참된 고학(古學)은 항상 '행사(行事)[실천의 구체적 현장을 가리키는 다산의 고유한 표현]'에서 일을 통해 완성된다고 보았음을 대비시킨다.

옛날 학문[古學]에서는 행사(行事)에 힘을 써 행사(行事)를 통해 마음을 다스렸는데, 지금 학문은 마음을 기르는 데 힘을 써 마음을 기르

---

18) 《論語古今註》卷一, 學而, '有子曰其爲人也孝弟.' 惻隱差惡之心發於內, 而仁義成於外. 辭讓是非之心發於內, 而禮智成於外. 今之儒者, 認之爲仁義禮智四顆, 在人腹中, 如五臟然, 而四端皆從此出, 此則誤矣. 然孝弟亦修德之名, 其成在外, 又豈有孝弟二顆在人腹中, 如肝肺然哉?

다가 일을 폐지하는 지경에 이르렀다. 혼자 자기 자신만 선하게 하려는 것은 오늘날의 학문도 잘하지만, 세상을 아울러 구제하고자 하는 것은 옛날 학문이라야 가능하다.[19]

묵좌(默坐)하여 내면을 되돌아볼 때도 반드시 자신과 타인이 관계하는 경우를 통해 일일이 점검해야만 성실[誠]하고 바르게[正] 할 수 있는 바탕이 생긴다. 감정이 드러나기 전의 상태만 되돌아보는 것이 장차 어디에 도움이 되겠는가? (중략) 선배들이 심학(心學)을 연구하기 시작했을 때 대부분 마음의 병을 얻었다고 했으니 이것은 그들 스스로 한 말이다.[20]

홀로 선하게 살려면 어떤 공부를 해도 상관없으나 타인과 더불어 살고 세상을 구제하려면 반드시 공맹(孔孟)의 배움, 즉 유학을 공부해야 한다고 생각한 다산은 주자학이 불교적 심학(心學)에 빠져서 배우는 사람들 개인의 마음속 공부에만 치중한 점을 비판한다. 그는 주자학의 마음공부가 올바른 인성 수양법이 될 수 없다고 보았다. 다산은 주자학이 인간 마음의 본체를 명경지수(明鏡止水), 즉 깨끗한 거울과 맑은 물처럼 여겨 어떤 사유작용도 없고 경계하고 두려워하는 마음 작용도 없는 공허한 물건으로 만들었다고 비판한다.[21] 이런 추상적 공부에만 치중했기 때문

19) 《孟子要義》2:27. 古學用力在行事, 而以行事爲治心, 今學用力在養心, 而以養心至廢事故也. 欲獨善其身者, 今學亦好, 欲兼濟天下者, 古學乃可.

20) 《大學公議》1:13. 默坐反觀, 亦必取我與人相接之際, 一一點檢, 乃有依據, 可誠可正. 反觀其未發前氣象, 將何補矣? (…) 先輩治心學初年, 多得心疾, 此先輩之所自言也.

21) 《中庸講義補》1:9. 明鏡止水之說, 起於佛家, 謂心體之虛明靜寂, 如水鏡也. 然此須無思無慮, 不戒不懼, 一毫不動而後有此光景. (…) 若一以虛明靜寂爲主, 一念纔萌, 不問善惡, 屬之已發, 謂非水鏡之本體, 則是坐禪而已.

에 당시 유교 지식인들이 산속의 은둔자들처럼 고고한 행세만 할 뿐 '행사(윤리적 실천)'에서 세상을 구제하는 책무를 맡지 않으려 한다고 우려하기도 했다.[22] 다산은 현실에서 벌어지는 구체적인 사업들과 책무를 통해 가족 · 이웃 · 백성과의 관계에서 자기 마음을 적용하며 단련하는 구체적인 노력이야말로 우리가 인성을 연마하고 공부할 수 있는 참된 토대라고 이해했다. 다산은 치열한 독서와 지적 탐구 역시 동일한 윤리적 실천을 목표로 하며 개인의 인성 공부를 돕고 지켜줄 수 있는 보완적 기능이라고 보았다. 유학자로서 다산이 독서와 배움의 근본을 효제라는 윤리적 덕목의 실천 과정으로 이해한 것도 바로 이런 맥락에서였다.

장 폴 사르트르의 실존적 인성

실존의 제1원칙

1945년 10월에 이루어진 프랑스의 대표적 실존주의 철학자 장 폴 사르트르의 대중강연 "실존주의는 휴머니즘이다"는 우선 '실존'개념에 대한 당대의 오해들로부터 시작한다. 가장 일반적인 오해는 '실존이 사

22) 《孟子要義》2:27. 今之謂學者, 淸平之世, 遯入山林, 山巾野服, 默坐靜存, 君召不赴, 民困不救. 其注官而任職也, 授之以軍旅 · 賓客 · 財賦 · 訟獄之任, 則大臣彈之以非禮, 言官擊之以慢賢, 惟經筵侍講之職, 指爲當窠. 朝廷待之以道士, 都民望之爲異人, 位至卿相, 猶稱山林. 苟究其故, 蓋其學術, 大與古異. 古學用力在行事, 而以行事爲治心, 今學用力在養心, 而以養心至廢事故也. 欲獨善其身者, 今學亦好, 欲兼濟天下者, 古學乃可. 此又不可以不知也.

람들로 하여금 절망과 허무 속에 빠지게 한다'라는 것이었다.[23] 인간에 대한 모든 본질 규정을 부정하기에 삶의 의미나 가치에 대해서도 둔감하게 하고, 결국은 자신의 부정적이거나 무의미한, 때로는 '비열하거나 수상하거나 메스꺼운' 면에 직면하게 한다는 것이다.[24] 이러한 상태에서 주변 사람들에게 관심을 갖기는 어려울 것이다. 따라서 실존개념은 타인과 사회에 대한 존중과 배려 역시 설명하기 어렵다고 생각하는 사람들이 많았다. 사르트르의 실존주의에 대해 배경지식이 있는 사람들은 그가 후설의 현상학에 영향을 받았다고 생각하고, 후설의 현상학이 다시 데카르트의 의식철학과 연결된다는 점에 착안해 실존은 결국 '나는 생각한다'라는 유아론적인 발상에 기인한 것이라고 평가하기도 했다. 그런데 흥미로운 것은 사르트르가 이러한 오해들을 누구보다 잘 이해하고 있었다는 점이다. "실존주의는 휴머니즘이다"라는 이 강연의 제목은 결국 이러한 오해에 대한 그의 대답인 셈이다.

사르트르가 강조하는 바는 실존은 '삶'을 위한 개념이며, 더욱이 '인간의 주체적인 측면'을 강조하기 위한 개념이라는 점이다. 따라서 실존은 사람들의 오해와 달리 오히려 연대를 위한 적극적인 태도를 지향한다고 변호한다. 그리고 이를 분명히 하기 위해 실존주의의 제1원칙을 제시한다. 이것이 바로 "실존은 본질에 앞선다"라는 유명한 명제다. 사실 이 원칙은 당시 실존에 대한 오해를 야기한 말이기도 하고, 사르트르 자신이 실존의 이해를 위해 선택한 말이기도 하다. 사르트르는 가장 오해의 소지가 많은 문장을 선택해 그 의미를 바로잡는 방식으로 이 강연을 진행한다.

---

23) 장 폴 사르트르, 박정태 역, 《실존주의는 휴머니즘이다》, 이학사, 2019, 23쪽.

24) 위의 책, 24쪽.

사르트르가 실존의 제1원칙을 설명하는 방식 역시 흥미롭다. 그는 '종이 자르는 칼'을 생각해보라고 한다.[25] 이 칼은 특정한 용도로 만들어진 물건이다. 이 물건의 생산에 앞서 누군가가 이 물건의 용도를 생각하고 그 용도에 가장 적합한 모양으로 만들었을 것이다. 그에 맞는 재료와 제작법이 사용되었을 것이고, 이렇게 만들어진 물건이 실제로 최초의 제작 의도에 맞는 것이기에 시장에서 팔리고 누군가 그 물건을 샀을 것이다. 사르트르는 이로부터 "종이 자르는 칼의 경우 그 본질이 그 실존에 앞선다"라고 설명한다. 정해진 용도('본질')에 따라 만들어진 것이기 때문에 종이 자르는 칼이 있는('실존') 이유는 모두 그 용도 때문이라는 것이다. 그런데 인간은 그렇지 않다.

다소 오해의 소지가 있지만, 사르트르는 인간의 실존을 우선 다음과 같이 설명한다. "인간은 세계 속에 실존하고, 이후에 본질이 정의된다."[26] 이 말은 "인간은 원래 정해진 본질이 없다"라는 뜻으로 들린다. 실존에 대한 오해는 바로 여기에서 시작한다. 우리는 인간이 인성을 가지고 있거나 보편적으로 어떤 인성을 갖추어야 한다고 생각한다. 이성이나 선한 마음 또는 경우에 따라 성스러움을 그러한 인성에 포함하기도 한다. 그런데 사르트르는 지금 그 모든 가능성을 거부하고 있다. 그에 따르면 모든 종류의 인성은 '이후에 만들어진 것'일 뿐이다. 그리고 이렇게 만들어진 인성도 사실 사르트르에게는 큰 의미가 없다. 왜냐하면 인성 형성의 보편적인 기준이 없기에 인성의 가치를 논할 수도 없기 때문이다. 만일 사실이 이와 같다면 실존에 대한 오해는 일면 정당한 것처럼 보인다. 인간이 어떤 본질에 앞서 그저 존재할 뿐이라면, 삶의 의미에 대해

25) 위의 책, 32-33쪽.

26) 위의 책, 33쪽.

우리는 아무 말도 할 수 없기 때문이다. 그렇다면 '실존주의가 어떻게 휴머니즘'이 될 수 있는 것일까? 사르트르는 실존의 제1원칙을 다시 한번 풀어서 설명한다.

> *"인간은 이처럼 실존 이후에 인간 스스로가 구상하는 무엇이기 때문에, 또 인간은 실존을 향한 이 같은 도약 이후에 인간 스스로 원하는 무엇이기 때문에 결국 인간은 스스로 만들어가는 것과 다른 무엇이 아닙니다. 이것이 바로 실존주의의 제1원칙입니다."*[27]

사르트르가 강조하는 실존의 의미에 더욱 집중할 필요가 있다. 우선 "인간은 이처럼 실존 이후에 인간 스스로 구상하는 무엇"이라고 표현되어 있지만, 이는 그러한 구상을 하지 않는 어떤 순수한 실존상태가 있다는 것을 뜻하지 않는다. 만일 그러한 단계가 있다면, 사르트르는 인간이 자신을 구상하지 않은 단계에서 자신을 구상하는 과정에 대해서도 설명했어야 할 것이다. 따라서 실존이란 그 자체로 '언제나 이미' 자신을 구상하는 인간의 존재방식으로 이해할 필요가 있다. "결국 인간은 인간 스스로 만들어가는 것과 다른 무엇이 아닙니다"라는 구절이 이 점을 밝히고 있다. 같은 내용을 사르트르는 다음과 같이 표현하기도 한다. "인간은 우선 주체적으로 자기 삶을 살아가는 하나의 기투인 것입니다. 이 기투 이전에는 아무것도 없습니다."[28] 이러한 실존개념에 따르면 인간은 언제나 이미 주체적으로 자신의 삶을 만들어가는 존재가 된다. 이를 통해 실존에 대한 통상적인 오해, 즉 실존은 절망과 허무의 삶을 주장할 뿐

27) 위의 책.

28) 위의 책, 34쪽.

이라는 오해는 해소될 수 있지만, 또 다른 오해에 노출될 수 있다. 인간이 실존이며, 실존이 곧 '스스로 자기 삶을 부단히 만들어가는 것'이라면, 우리는 일상 속에서 많은 일에 관심을 가지고 참여해야 한다는 뜻으로 들릴 수 있기 때문이다. 사르트르 자신이 삶 속에서 보여준 다양한 사회참여와 실천을 떠올린다면, 이러한 생각도 일리는 있어 보인다. 하지만 그가 말하는 실존은 '존재론적인 의미'를 갖는다는 점에 주목할 필요가 있다.

> *"나는 정당에 가입하기를 원할 수 있고, 책을 쓰기를 원할 수 있으며, 결혼하기를 원할 수 있습니다. 그런데 이 모든 원함은 사람들이 보통 '의지'라고 부르는 것보다 훨씬 더 근원적이고 훨씬 더 자발적인 그 어떤 선택을 드러내 보여주고 있을 뿐입니다."*[29]

사르트르는 실존개념을 통해 인간은 끊임없이 자신의 삶을 만들어가는 존재라고 말하지만, 이는 단지 일상적인 차원에서 이루어지는 행동만을 뜻하지 않는다. 그 자신의 표현에 의하면, 실존이란 사실 "훨씬 더 근원적이고 자발적인 그 어떤 선택"을 뜻한다. 그렇다면 실존이란 의식적인 행동에 앞서는 인간의 존재론적인 구조로 이해될 필요가 있다. 그런데 여기에서 한 가지 의문이 제기된다. 사르트르는 왜 이렇게 존재론적인 실존개념으로까지 심화하려는 것일까? 실존이 존재론적인 구조라면 이는 현상의 배후에 있는 형이상학적인 논의처럼 들리고, 결국 형이상학적인 본질을 거부하는 자신의 실존개념과도 충돌하는 것이 아닌가?

---

29) 위의 책.

실존적 책임

이 강연의 제목 "실존주의는 휴머니즘이다"에 다시 주목해보자. 사르트르가 실존개념에 부여하고자 하는 가장 중요한 의미는 '휴머니즘'이다. 앞서 살펴본 '자기 기획투사'라는 실존의 주체적 특징 역시 사실은 휴머니즘적 특징을 설명하기 위한 과정에서 비로소 의미를 가질 뿐이다. 따라서 그에게는 실존개념의 주체적인 측면을 강조하는 것보다 그 개념을 휴머니즘과 연결하는 것이 더 중요한 문제가 된다. 이러한 문제의식은 실존을 근원적으로 '책임을 지는 존재'로 해석하는 방향으로 나아간다. 사르트르가 다소 형이상학적인 오해를 감수하면서 실존을 존재론적으로 규정하고자 한 것 역시 바로 이렇게 실존을 책임과 연결하기 위해서다. 그 내용을 조금 더 자세히 살펴보자.

사르트르가 휴머니즘을 이해하는 방식은 '인간에 대한 책임'이다.

> *"하지만 이처럼 정말로 실존이 본질에 앞선다면, 인간은 자신이 지금 어떤 것인가에 대해 책임이 있습니다. 이리하여 실존주의의 첫걸음은 모든 인간으로 하여금 자신이 지금 어떤 것인가에 대해 주인이 되도록 하는 것, 그리하여 모든 인간으로 하여금 자신의 실존에 대해 전적인 책임을 지도록 하는 것입니다."*[30]

인용문을 통해 사르트르는 실존개념의 온전한 의미를 전하고 있다.

---

30) 위의 책, 35쪽.

'실존이 본질에 앞선다'라는 실존의 제1원칙은 '인간은 자기 자신에게 책임이 있다'라는 논의로 이어져야 한다는 것이다. 이러한 주장은 우선 다음과 같이 쉽게 이해될 수 있는 것처럼 보인다. 실존이 본질에 앞선다는 것은 '인간은 주체적인 존재로서 자신의 본질을 만들어갈 수 있다'는 것을 뜻하며, 이렇게 인간이 자신의 삶을 만들어간다면 자기 삶에 대한 책임 역시 그 자신이 짊어져야 한다. 그런데 실존과 책임의 관계가 이렇게 단순하게 연결된다면, '책임'은 단지 자기 삶을 적극적으로 만들어가려는 사람들만의 사안으로 오해될 수 있다. 게다가 책임을 회피할 가능성에 대해서도 실존은 무력해진다. 하지만 사르트르가 말하는 실존과 책임의 문제는 인용문에서 확인할 수 있는 것처럼 예외 없는 "모든 인간"의 사안이다. 그는 실존과 책임의 관계를 인간의 존재방식으로 확정하려는 것이다. 따라서 그가 말하는 실존과 책임의 관계를 이해하기 위해서는 개별 주체의 차원이 아닌 존재론적인 차원으로 논의를 심화시킬 필요가 있다. 그렇다면 실존의 존재론적인 심화를 통해 어떻게 실존과 책임의 관계를 강화할 수 있는 것일까?

실존이 본질에 앞선다는 것은 '실존의 근거가 없다'라는 뜻으로도 이해된다. 그런데 이러한 논의가 일상적인 삶의 차원에서만 논의된다면 오해를 불러일으킬 수 있다. 자신이 태어난 이유, 자신이 살아가야 할 이유가 없다는 생각에 이르게 되면 삶은 무의미하게 느껴질 것이기 때문이다. 따라서 그는 실존의 논의영역을 존재론적 차원으로 옮겨놓는다. 그가 비판의 대상으로 삼는 형이상학적인 논의로 비칠 수 있어 "훨씬 더 근원적인 어떤 것"이라고 표현할 수밖에 없었던 영역이 이에 해당한다.

실존의 근거로서의 타인

실존이 본질에 앞서며, 그래서 근거가 없다는 것은 인간의 존재방식에 대한 존재론적 논의다. 그 자신이 직접 설명하고 있지는 않지만, 사르트르는 이를테면 실존의 '무근거'를 '스스로 자신의 근거를 마련함'으로 해석하려는 것이다. 하지만 이렇게 마련된 근거가 실존의 확고한 기반으로 기능한다고는 할 수 없다. 사르트르 역시 어디에서도 실존이 하나의 확고한 근거를 마련해야 한다고 말하지 않기 때문이다. 결국 실존이 자신의 근거를 마련한다는 것은 아이러니하게 들리겠지만, 무근거를 마련한다는 것이다. 실존은 자신의 근거를 마련해야 하는 존재이지만, 이러한 근거 마련이 자신에게 무근거만을 제공하는 식으로 진행될 뿐이다. 본질의 부재를 이렇게 존재론적인 차원에서 강하게 해석하면 우선 실존의 제1원칙, 즉 '실존은 본질에 앞선다'를 더욱 일관적으로 유지할 수 있으며, 앞서 말한 책임 문제와 관련해서도 논리적인 설명이 가능하다.

자신의 근거를 마련해야 하지만 '무근거'를 마련할 수밖에 없는 것이 실존이라면, 이를 통해 실존은 원칙적으로 고립되어 있지 않고 열려 있는 존재로 드러난다. 무엇인가를 통해 자기존재의 근거를 마련해야 하는 실존은 본질적으로 타인과 세계에 자신을 기투해야 하는 존재이기 때문이다. 이제 타인과 세계에 대한 기투는 실존이 자신의 근거를 마련하고 그렇게 살아갈 수 있는 토대가 된다.[31] 존재론적 차원에서 보자면

31) "나에 대한 어떤 진리를 얻기 위해서는 이처럼 내가 타인을 거쳐야만 합니다. 타인은 나의 실존에 필수적이며, 내가 나에 대해 갖게 되는 앎에도 마찬가지로 필수적입니다. 바로 이러한 조건 속에서, 나의 내면의 발견은 곧 나와 마주 놓인 그 어떤 자유로서의 타인 또한 발견하도록 해줍니다."(장 폴 사르트르, 위의 책, 66쪽)

타인과 세계는 나의 밖에 있는 것이 아니라 내가 실존할 수 있는 가능조건이 된다. 타인과 세계가 없으면 나의 실존은 멈추게 된다.[32] 결국 타인과 세계에 대한 책임은 곧 나에 대한 책임이 된다.[33] 사르트르는 실존의 이러한 존재론적 구조를 염두에 둔 것으로 보인다. 이렇게 이해할 때만 형이상학적 원리에 기대하지 않고서도 모든 인간이 자신과 타인 그리고 사회에 대해 전적으로 책임을 진다고 할 수 있을 것이다.

실존의 제1원칙, 즉 '실존은 본질에 앞선다'라는 원칙은 이렇게 존재론적인 차원에서 타인에 대한 책임의 원리로 기능한다. 단지 내가 타인에 대해 책임감을 가져야 하는 것이 아니라 나는 내 실존의 근거인 타인에 대해 책임을 질 수밖에 없는 존재다. 실존에 대한 책임에서 '나'와 '타인'은 구분되지 않는다. 사르트르는 이러한 의미에서 '실존주의적 도덕'의 가능성을 언급하기도 한다. 그 도덕은 기투를 통해 나와 타인에 대해 책임을 지는 실천적 "행동의 도덕"이다.[34] 한 걸음 더 나아가 그는 실존이 인간에게 '존엄성'을 부여하는 거의 유일한 이론이라고 강조하기도 한다. 왜냐하면 실존의 존재론적인 의미를 염두에 둘 때 실존은 어떤 경우에도 "인간을 대상으로 만들지 않기" 때문이다. 그 이유가 인간의 무한한 자유에 있는 만큼 실존은 원칙적으로 인간의 무한한 자유를 통해

---

32) 한나 아렌트는 '소통'의 관점에서 이 문제에 접근한다. 김세원, 〈시민-인성 통합 교육 모색을 위한 한나 아렌트의 '소통하는 시민' 개념 연구〉, 《수사학》 35, 2019, 41-43쪽. 또한 다음 논문을 참조하라. 최한빈, 〈인성교육에 대한 인문학적인 고찰과 비판: 플라톤의 《프로타고라스》, 《국가》 그리고 아리스토텔레스의 《정치학》을 중심으로〉, 《인문사회21》 8, 2017, 233-252쪽.

33) 이러한 맥락에서 레비나스의 타자윤리는 더욱 풍부한 관점을 제공한다. 이와 관련해서는 장사형, 〈레비나스(E. Levinas)의 타자윤리학에 기초한 인성교육의 방향과 실천 과제 탐색〉, 《교육철학》 72, 2019, 108-109쪽과 114쪽.

34) 장 폴 사르트르, 앞의 책, 63쪽. 또한 "인간은 스스로 만들어가는 존재이지, 이미 다 만들어진 존재가 아닙니다. 인간은 자신의 도덕을 선택하면서 스스로 만들어갑니다."(같은 책, 74-75쪽)

인간에게 존엄성을 부여하는 이론이 된다. 실존의 제1원칙으로부터 도출된 이러한 두 가지 의미는 이제 다음과 같은 의미로 확장된다. "우리는 우리가 원하는 자유가 타인들의 자유에 전적으로 의존한다는 사실, 아울러 타인들의 자유 또한 우리의 자유에 의존한다는 사실을 발견하게"[35] 된다. 이처럼 사르트르의 실존개념은 본질에 대한 모든 거부 속에서도 오히려 책임, 도덕, 존엄성, 타인의 의미를 새롭게 재구성하는 모습을 보여준다.

사르트르의 실존개념은 본질에 대한 거부로부터 오히려 우리가 전통적으로 인간의 본질이라고 여겨온 것들을 재구성해낸다. 책임, 도덕, 존엄성은 실존에 덧붙여지는 것이 아니라 실존 자체가 된다. 그리고 그 실재성은 실천을 통해 실재성을 갖게 되는 실천적 실재성으로 이해된다. 이러한 실천적 실재성을 구현하는 방법은 단 하나, 즉 타인이 있는 "자기 밖으로 스스로를 기투하고 자기 자신 밖으로 스스로를 잃어버림으로써"[36] 실존하는 것뿐이다.

실천적 인성교육을 위한 제언

다산 정약용의 삶을 통해 우리는 실천적 인성교육의 한 가지 중요한 원칙을 읽어낼 수 있었다. 그것은 '효제'라는 개념 안에 담겨 있던 것으로, 인성교육의 현장은 우리 각자의 구체적인 삶의 자리여야 한다는

35) 위의 책, 78쪽.

36) 위의 책, 85쪽.

점이다. 다산이 말한 인성의 자리는 부모나 형제 관계였다. 그가 유학자였다는 것을 고려할 때 자연스러운 결과로 보이지만, 이는 한편으로 18년 유배 생활 속의 깨달음이고 다른 한편으로 주자학 전통과 대결하는 진지한 이론적 시도이기도 했다. '효제'를 통해 그는 실천적 인성교육의 한 원칙, 즉 인성교육은 각자 자신의 구체적인 삶의 자리에서 이루어져야 한다는 원칙을 우리에게 전하고 있다. 이어서 살펴본 사르트르의 실존개념은 실천적 인성교육의 주체에게 필요한 자아정체성의 전형을 보여준다. 인성교육의 당위성만으로 그 필요성을 주장하기 어려운 이유는 인성교육의 주체가 그 당위성을 받아들일 충분한 준비가 되어 있지 않기 때문이다. 인성교육이 필요하고 실천을 통해 인성을 함양해야 한다는 당위에 이의를 제기할 사람은 없다. 그러나 그것이 우리 각자에게 어떤 의미가 있는지를 먼저 살펴야 한다. 남을 돕고 배려하는 것은 좋은 것이기 때문에 그렇게 해야 한다고 말하는 것은 한계가 있다. 우리는 더욱 철저하게 인성을 우리 각자의 '실존적 문제'로 확립해야 하며, 그것은 선택이 아닌 '내가 인간으로서 살아가기 위한 필수불가결한 사안'임을 분명히 해야 한다. 사르트르는 실존적 삶의 무근거로부터 인성의 불가피함을 설명하고 있다. 자기 안에서 삶의 근거를 찾을 수 없는 실존적 인간이 자기 삶을 의미 있게 만들기 위해서는 자신 밖에 있는 타인과 인격적인 관계를 맺어야 하고, 이러한 실존의 방식이 지금 나의 삶을 형성하고 있다는 주장은 '실천적 인성교육을 위한 자아정체성'의 전형으로 기능하기에 충분하다. 우리는 이것을 실천적 인성교육의 두 번째 원칙으로 삼고 그 내용을 깊이 살펴보았다. 이렇게 '실천적 인성교육의 자리'와 '주체의 자아정체성'이 확립되었다면, 이제 우리는 실천 중심의 인성교육을 더욱 과감하게 전개할 필요가 있다.

현실적인 필요성이 있음에도 우리는 '평가'와 '관리'를 위한 인성교육 시스템을 재고해야 한다. 특히 불특정 다수를 대상으로 특정한 시간과 특정한 장소를 정해 수행하는 자원봉사 형태의 실천은 인성교육에 적합하지 않다. 그것이 완전히 무의미하다는 것이 아니라 나의 일상적 삶을 벗어난 곳에서 이루어질 수밖에 없는 본질적인 한계가 있다는 것이다. 인성을 위한 실천은 공공장소와 같이 특정한 장소에서만 필요한 것도 아니고, 내가 시간을 내서 참여하는 그 시간 동안만 이루어져야 하는 것도 아니다. 물론 그러한 기회를 통해 나름의 보람과 의미를 경험할 수도 있겠지만, 오히려 그와 같은 방식으로 인성은 '나의 일상을 벗어난 곳에서 필요한 것'으로, '우선 나와는 관계가 없는 것'으로 왜곡되고 말 것이다. 차라리 각자에게 가장 가까운 가족과 친구를 위한 실천적 인성교육이 더 필요하다. 인성의 부족함과 필요성을 생생하게 느낄 수 있는 나의 삶의 자리로 인성교육의 현장을 옮겨야 한다. 그렇게 내 가족과의 관계 속에서, 내 친구와의 관계 속에서, 내 동료와의 관계 속에서 인성의 문제를 생각하고 실천한다면, 인성은 하루하루의 삶 속에서 더 많은 의미를 가질 수 있을 것이다. 그리고 그것이 다른 누군가를 위한 것이 아니라 나와 내 주변에 있는 사람들을 위한 것이기에 인성의 문제에 지속적으로 관심을 가질 수밖에 없을 것이다.[37] 이렇게 인성교육 방법론은 수단이나 절차에 대한 고민에 앞서 인성의 자리에 대한 고민에 더 많은 관심을 가져야 한다.

또한 인성교육에서 실천이 중요하다고 해서 무작정 실천을 강요하는 것도 문제다. 실천이 인성함양에 기여할 수 있으려면 인성교육의 주

---

37) 이 문제는 스토아철학의 '자기배려'라는 관점에서 더욱 풍부하게 살펴볼 필요가 있다. 조수경, 〈인성교육의 실천적 조건: 스토아 철학의 '자기 배려'〉, 《윤리연구》 103, 2015, 301-325쪽.

체가 그 의미와 당위성을 충분히 이해하고 있어야 한다. 앞서 말했듯이 이를테면 사르트르의 실존적 자아정체성에 대한 이해가 확립되어 있어야 한다. 남을 돕는 것이 아니라 '남을 배려하고 돕는 것이 곧 나의 삶을 돌보는 일'이라는 것을 알고 있는 사람이라면 실천을 통한 인성교육이 나의 시간과 노력을 요구한다고 해도 남을 위한 일에 나의 소중한 시간이 허비된다고 생각하지는 않을 것이다. 따라서 실천적 인성교육 방법론 안에는 반드시 자아정체성을 확립할 수 있는 준비과정이 포함되어야 하고, 선행되어야 한다.

마지막으로 인성교육이 다른 누군가를 위한 것도 아니고, 어떤 다른 목적을 위한 수단도 아닌 정말로 우리 각자의 인성을 위한 것이라면, 인성교육은 결코 어떤 이상적인 인간상을 제시하고 그에 맞는 일반적인 선행을 할 수 있도록 이끄는 방식이 되어서는 안 된다. 인성교육이 각자의 삶 속에서 실질적인 의미를 갖게 하기 위해서는 '교육은 인성함양의 수단일 뿐'이라는 점도 함께 교육해야 한다. 타인과의 실천적인 관계 속에서 형성되고 자라나는 나의 인성은 '나만의 고유한 사안'이 되어야 한다. 따라서 인성교육은 이상적인 인간상을 모범으로 제시하는 것이 아니라 각자가 자발적으로 인성에 관심을 갖고 질문하고 만들어갈 수 있도록 다양한 자극을 주는 역할에 주목해야 한다. 그렇게 실천을 통한 인성교육은 교육 현장과 상관없이 매일 부딪히는 나의 평범한 일상 속에서 나의 작은 실천을 통해 나의 하루가 조금씩 변화하는 것을 느낄 수 있도록 유도해야 한다. 인성교육은 각자의 삶 속으로 스며들어가 흔적도 없이 사라져야 한다.

참고문헌

교육개혁위원회,《세계화, 정보화 시대를 주도하는 신교육체제 수립을 위한 교육개혁 방안》, 제2차 대통령보고서, 1995.

김민수, 〈'인성교육' 담론에서 '인성' 개념의 근거〉,《교양교육연구》8, 2014, 169-206쪽.

김세원, 〈시민-인성 통합 교육 모색을 위한 한나 아렌트의 '소통하는 시민' 개념 연구〉,《수사학》35, 2019, 33-67쪽.

다산학술문화재단,《定本與猶堂全書》(新朝鮮社本), 사암출판사, 2013.

민족문화추진회 편,《국역 다산시문집》, 솔출판사, 1996.

손윤락, 〈아리스토텔레스에 있어서 '소통하는 시민' 개념〉,《서양고대사연구》52, 2018, 11-39쪽.

아리스토텔레스, 강상진 · 김재홍 · 이창우 역,《니코마코스 윤리학》, 도서출판 길, 2018.

장사형, 〈레비나스(E. Levinas)의 타자윤리학에 기초한 인성교육의 방향과 실천 과제 탐색〉,《교육철학》72, 2019, 97-124쪽.

장 폴 사르트르, 박정태 역,《실존주의는 휴머니즘이다》, 이학사, 2019.

조수경, 〈인성교육의 실천적 조건: 스토아 철학의 '자기 배려'〉,《윤리연구》103, 2015, 301-325쪽.

최한빈, 〈인성교육에 대한 인문학적인 고찰과 비판: 플라톤의《프로타고라스》,《국가》그리고 아리스토텔레스의《정치학》을 중심으로〉,《인문사회21》8, 2017, 233-252쪽.

丁若鏞, 이지형 역,《역주 茶山孟子要義》, 현대실학사, 1994.

———,《論語古今註》1-5, 사암, 2010.

丁若鏞, 이광호 외 공역,《대학강의 · 대학공의 · 소학지언 · 심경밀험》, 사암, 2016.

朱熹 撰,《四書章句集註》, 中華書局, 1983.

朱熹, 성백효 역주,《論語集註》, 전통문화연구회, 1990.

2부
모듈식 교육의 실험

4장
모듈식 교육과 현대적 의의

—

우정원

가톨릭대학교 인간학연구소는 '경계-모듈형 CUK인성교육과정'이라는 특화된 인성교육에 대해 연구해오고 있다. 이 장에서는 '모듈형'이라는 교육 방법에 집중하여 모듈식 교육의 정의와 의미, 모듈식 교수-학습 과정에 대해 알아보고, 모듈식 교육이 현재 교육 현장에서 개발 · 적용되고 있는 몇 가지 사례를 통해 앞으로의 활용 가능성에 대해 알아보고자 한다.

모듈식 교육의 정의와 특징

'모듈(module)'이란 원래 건축물을 지을 때 기준으로 삼는 치수를 의미한다. 컴퓨터 시스템에서 모듈은 프로그램 내에서 기능별로 분할된 논리적인 부분을 뜻하기도 한다. 모듈은 대집단 속의 하나의 부분이지만, 독립된 하나의 개체로서 역할과 기능을 수행할 수 있는 완비된 시스템(박옥자, 2004)이다. 모듈은 교육학 영역에서는 두 가지 방향으로 이해될 수 있는데, 첫째는 좁은 의미에서 모듈을 일종의 학습 교재로 보는 시각이다. 수업을 위해 필요한 조작물, 인쇄물, 시청각물 등의 수업자료 중에서 모듈은 "인쇄물의 일종으로 학습자들이 통합된 주제에 대한 지식과 기능의 습득에 필요한 정보를 제공하고 학생들이 학습 목표에 도달했는지 스스로 평가할 수 있는 하나의 완성된 패키지(package) 형태의 수업자료"라는 것이다(나승일 외, 2001).

다른 하나는 모듈을 수업 과정의 한 형태로 보고, 하나의 통합된 주제를 가진 자족적인 또는 자력 학습용의 수업 단위로서, 학생에게 목표로 명시한 일정한 지식과 기능의 습득에 필요한 정보를 제공하며 전체 교육과정의 한 구성요소로 정의하는 것이다(서울대학교 교육연구소, 1999). 권동진 · 이무근(1983)은 모듈을 "어떤 학습주제 또는 단위를 학습함에 있어서 몇 개의 잘 서술된 학습 목표에 따라 학습자의 활동, 그리고 학습자의 활동 여부를 알아보는 평가 방법과 피드백을 체계적으로 조직하여 학습자 스스로 학습 목표를 달성할 수 있게 고안된 교수-학습과정의 하나"로 정의했다. 이와 같은 맥락에서 박옥자(2004)는 모듈을 "교육목표에 맞게 교수-학습 과정을 설계하여 학습활동, 보충 · 심화학습, 학습 단서, 평가 등을 체계적으로 조직한 것으로 학습자 스스로 학습 목표를 달성할 수 있도록 제작된 단위학습 내용"이라고 정의했다.

모듈식 교육자료, 모듈식 수업, 모듈식 교육과정 등 의미와 범주의 차이는 있지만 '모듈'이 교육의 맥락에서 의미하는 것은 개별화되어 있고, 체계적으로 구성되어 있으며, 그 자체로 독립적인 학습을 진행해나갈 수 있는 프로그램이라고 이해할 수 있을 것이다. 그렇다면 모듈은 언제부터 교육적으로 활용되기 시작했을까? 이화국 · 김창식(1990)은 그 이론적 배경으로 1950년대 스키너(Skinner)를 중심으로 개발된 프로그램 학습(programmed instruction)과 1960년대 포스틀스웨이트(Postlethwaite)의 청각 학습법(audiotutorial approach) 및 켈러(Keller)의 개별 수업 체제법(personalized system of instruction)을 제시했다. 프로그램 학습은 어떤 행동이 그 이후에 제공된 강화물(reinforcer)에 따라 행동을 증가시키거나 감소시킬 수 있다는 조작적 조건화 이론을 바탕으로 한다. 스키너는 복잡한 행동이라도 단순화된 일련의 행동으로 나누어 학습할 수 있다고 생각했고, 교사의 도움 없이 학습자 혼자서 학습할 수 있는 티칭머신(teaching machine)을 이용하면 수업을 더 효과적으로 할 수 있다고 주장했다. 프로그램 학습에서 교육목표는 수업이 끝난 후 학습자가 보여줄 도착점 행동으로 관찰 가능한 행동이어야 한다. 그러므로 과제 분석을 통해 학습 목표를 소규모 단위로 나누고, 계열화하여 학습이 일어나도록 구성해야 한다. 또한 학습자의 행동에 대한 즉각적이고 긍정적인 강화 제공, 소단계 학습을 통한 성공의 기회 제공, 학습자의 능력에 맞춘 학습 진행 등이 프로그램 학습의 교수전략으로 강조되고 있다(나일주 · 정인성, 1996).

포스틀스웨이트는 미국 퍼듀대학에서 식물학 수업의 보충 교재로 음성테이프를 사용했는데, 이후 자율학습을 중심으로 한 청각 학습법을 개발했다. 이 학습법은 학습 목표, 프로그램화된 청각 테이프, 학습안내서, 시각 보충교재, 실물 견본을 이용했고, '미니코스(minicourse)'라는 작은 단위로 나누어져서 학습자별로 자신의 속도에 따라 학습할 수 있도록 구성되었다(Postlethwaite, 1985; 이화국 · 김창식, 1990에서 재인용). 모듈식 교육에 영향을 준 또 다른 개별학습법인 개별 수업 대체법은 켈러와 셔먼(Keller & Sheman)이 대학 수업을 위해 개발한 학습법으로 완전학습, 개인별 속도에 따른 개별학습, 학생의 자극과 동기유발을 위한 소수의 강의, 정보 전달을 위해 인쇄된 학습안내서, 퀴즈식 평가와 개인지도를 위한 보조교사 등을 포함한다(Kulik, 1985; 이화국 · 김창식, 1990에서 재인용).

모듈식 교육이 등장한 배경을 통해 드러나는 가장 두드러진 특징은 개별성과 자율성이라고 할 수 있다. 기존의 강의식 교육이 교수자가 여러 명의 학습자를 한 곳에 모아놓고 교육 내용을 전달하는 방식이었다고 한다면, 모듈식 교육은 학습자 개개인의 속도에 따라 각자의 학습을 진행할 수 있으며, 교수자의 도움 없이(또는 있더라도 보조적인 수단으로) 혼자 학습을 진행할 수 있도록 설계되었다는 점이 강조된다. 또한 행동 목표의 강조, 학습 내용의 계열화와 구조화, 자가 평가 요소의 포함 등은 뒤에서 언급될 체계적 교수설계 이론과 맞물려서 효과적이고 효율적인 교육 방법으로 인식되어 모듈식 교재개발 및 교육 확산에 기여했다고 할 수 있을 것이다.

모듈식 수업의 특징을 좀 더 자세히 살펴보면 다음과 같다(권동진 · 이무근, 1983). 첫째, 모듈식 수업은 자율적이다. 학생은 교사에 의존하지 않고 다음에 어떤 행동을 취해야 할지 물어보지 않아도 된다. 이미 안내와 학습자료가 포함되어 있기 때문이다. 둘째, 모듈식 수업은 완전학습(mastery learning)이 가능하게 구성된다. 완전학습이란 거의 모든 학생이 교육목표를 달성할 수 있는 것으로 보고, 이를 성취하기 위해 수업 절차가 개개인의 능력과 속도에 최적화되도록 구성되어야 한다는 교수이론이다(서울대학교 교육연구소, 1999). 모듈식 수업은 학습자가 세부적 학습 목표를 완전하게 학습할 수 있도록 구성되기 때문에 완전학습을 지향한다. 셋째, 모듈식 수업은 개별화 학습이 가능하다. 즉, 학습자가 자신의 능력에 따라 자신의 속도로 학습할 수 있다. 넷째, 모듈식 수업은 프로그램화되어 있다. 출발점(학습자의 현재 상태)과 도착점(학습 목표를 달성한 상태)이 미리 정해져 있고, 학습 목표를 달성하기 위한 논리적이며 체계적인 흐름을 갖고 있다. 다섯째, 모듈식 수업은 학습 목표와 학습자료를 포함하고 있다. 여섯째, 모듈식 수업은 피드백을 반드시 포함하고 있다. 학습자는 각 학습 경험을 이수함에 따라 어느 정도 학습 목표를 달성했는지에 대한 피드백을 받는다. 일곱째, 모듈식 수업에는 평가체계가 반드시 포함된다. 피드백과 평가체계는 학습자가 완전학습에 이를 수 있도록 하는 구성요소다.

나승일(2001)은 모듈식 교재 개발 이론에 대한 연구에서 모듈식 교재의 특징으로 권동진 · 이무근(1983)이 제시한 특징 외에 모듈식 교재에는 주위 환경 변화에 따른 내용 수정이 용이하다는 점을 들었다. 김길모 · 김성식(2014)은 모듈의 진술문들이 학습자의 발달 수준에 적합한 분명하고 정확한 언어로 작성되어야 한다는 점을 들었다. 따라서 모듈은 흥미롭고 다양한 학습활동을 포함해야 하고, 학습 목표와 학습활동에 계열성이 있어야 한다는 점을 지적했다. 이러한 내용을 종합해보면 학습 목표의 명시성, 학습자 스스로 학습을 진행하는 자율성, 수준에 맞추어 제공되는 개별성, 학습 내용 간의 계열성과 체계성, 평가체계 포함과 피드백 제공을 모듈식 교육의 대표적인 특징으로 정리할 수 있다.

모듈식 교육의 교수-학습 단계

머스그레이브(Musgrave, 1975)는 모듈의 구성요소로 다음의 일곱 가지 요소를 제안했다(이화국 · 김창식, 1990에서 재인용). 첫째, 이론적 근거(rationale)는 교수 조직의 일부분으로 학습 내용이 모듈에 포함되어야 하는 것을 정당화하는 이론, 논리, 그리고 실제 경험 등을 바탕으로 모듈의 목적과 목표의 연관성 및 중요성을 전달하는 진술이다. 둘째, 선행학습요건(prerequisite)은 학습자가 모듈을 시작하기 위해 사전에 성취했어야 하는 것을 의미한다. 셋째, 학습 목표(objectives)는 성취 준거와 수준이 모두 포함된 학생 중심으로 진술된 행동 목표여야 한다. 넷째, 선행평가(pre-assessment)는 학습자의 능력을 학습 목표에 비추어 측정할 수 있게 해준다. 선행평가 결과에 따라 다른 모듈을 학습시키거나, 모듈을 다 마치지 않고도 이수하게 할 수 있다. 다섯째, 학생들은 개별적으로 학습활동(enabling activities)을 통해 학습 목표를 달성한다. 모듈에서는 학습활동을 위한 자료가 많은 부분을 차지한다. 여섯째, 사후평가(post-assessment)는 모듈의 학습 목표를 학생이 성취했는가를 평가한다. 성취가 성공적이지 못한 경우 교정 활동 단계로 넘어갈 수 있다. 일곱째, 교정학습(remediation)은 사후평가가 성공적이지 못한 학생들에게 추가 학습 등의 안내를 제공한다.

이러한 구성요소들이 모듈식 교수-학습으로 전개되는 구체적인 단계에 대한 몇 가지 모형이 있다. 우선 머리(Murray)는 글레이저(Glaser)의 수업평가 모형 6단계에 기초한 모듈식 교수-학습 과정을 제안했다. 글레이저의 수업평가 모형은 ① 수업목표 세분화, ② 선수 학습능력 진단, ③ 최선의 교수 방법 실시, ④ 학생의 성취도 평가, ⑤ 수업 중 학생 행동의 재평가, ⑥ 교수-학습에 대한 정보 누적을 통한 수업체제와 교수 방법 개선으로 구성된다(박성익 외, 2011). 이에 따라 모듈식 교수학습 과정도 ① 모듈 작성의 목적 진술, ② 출발점에서의 바람직한 행동 자질, ③ 구체적이며 행동적인 용어로 진술된 학습 목표, ④ 진단적 사전검사, ⑤ 학습 보조자료, ⑥ 모듈 프로그램, ⑦ 관련된 학습경험, ⑧ 사후검사, ⑨ 모듈의 평가로 전개된다(정봉균, 1985에서 재인용). 다음으로 하이니히, 몰렌다, 러셀(Heinich, Molenda & Russell)은 모듈 구성요소를 ① 학습자가 모듈을 학습해야 하는 이유 등이 진술된 모듈 내용 요약, ② 모듈을 통해 학습자가 달성해야 할 행동적 목표, ③ 학습자의 선수 능력 및 이미 알고 있는 것에 대한 사전검사, ④ 목표를 성취하기 위해 필요한 학습활동 및 자료, ⑤ 학습자가 자신의 진행 상황을 진단하는 테스트, ⑥ 모듈의 목표 달성 여부를 진단하는 사후검사로 제시했다(권동진 · 이무근, 1983에서 재인용). 핀치와 크런킬튼(Finch & Crunkilton)은 좀 더 단순한 6단계를 제시했는데, ① 도입, ② 목표, ③ 사전평가, ④ 학습경험, ⑤ 학습자료, ⑥ 사후평가가 그것이다(이영민, 2003에서 재인용).

이 세 가지 모형에서 제시하고 있는 단계를 정리해보면 〈표 1〉과 같다. 도입 단계에서는 모듈식 교육의 전체 목적과 함께 모듈을 시작하기 전 학습자가 갖추어야 할 행동 특성이 제시된다. 다음으로는 학습자가 달성해야 할 목표가 매우 구체적이고 행동적인 용어로 제시되고, 사전검사에서는 학습자가 학습을 시작하기 전에 이미 알고 있는 지식과 능력을 검사한다. 이후로는 본격적인 학습경험이 일어나는데, 제공되는 학습 보조자료를 바탕으로 학습자들이 학습활동을 하고, 스스로 자신의 성취를 점검하는 테스트를 수행한다. 마지막으로는 모듈식 교육 전체의 성과를 가늠하기 위한 사후평가를 실시한다.

모듈식 교수-학습에 따른 구성요소의 절차 흐름도는 〈그림 1〉과 같

〈표 1〉 **모듈식 교수-학습 단계 모형 비교**(이영민, 2003에서 편집)

<table>
<tr><th>머리(Murray) 모형</th><th>하이니히, 몰렌다, 러셀(Heinich, Molenda & Russell) 모형</th><th>핀치와 크런킬튼(Finch & Crunkilton) 모형</th></tr>
<tr><td>① 모듈 작성의 목적 진술</td><td rowspan="2">① 학습자가 모듈을 학습해야 하는 이유 등이 진술된 모듈 내용 요약</td><td rowspan="2">① 도입</td></tr>
<tr><td>② 출발점에서의 바람직한 행동 자질</td></tr>
<tr><td>③ 구체적이며 행동적인 용어로 진술된 학습 목표</td><td>② 모듈을 통해 학습자가 달성해야 할 행동적 목표</td><td>② 목표</td></tr>
<tr><td>④ 진단적 사전검사</td><td>③ 학습자의 선수 능력 및 이미 알고 있는 것에 대한 사전검사</td><td>③ 사전평가</td></tr>
<tr><td>⑤ 학습 보조자료</td><td>④ 목표를 성취하기 위해 필요한 학습활동 및 자료</td><td>④ 학습경험</td></tr>
<tr><td>⑥ 모듈 프로그램</td><td rowspan="2">⑤ 학습자가 자신의 진행 상황을 진단하는 테스트</td><td rowspan="2">⑤ 학습자료</td></tr>
<tr><td>⑦ 관련된 학습경험</td></tr>
<tr><td>⑧ 사후검사</td><td rowspan="2">⑥ 모듈의 목표 달성 여부를 진단하는 사후검사</td><td rowspan="2">⑥ 사후평가</td></tr>
<tr><td>⑨ 모듈의 평가</td></tr>
</table>

다. 권동진 · 이무근(1983)은 핀치와 크런킬튼의 모형을 중심으로 6단계 교수-학습의 전개 방식을 제안했다. 도입부에서는 주제와 함께 모듈 제목, 도입문, 선수학습, 지시사항, 목차 등이 서술된다. 학습 목표는 최종 학습목표와 실행학습목표로 구분되는데, 하나의 모듈에는 여러 개의 하위 실행학습목표가 포함될 수 있다. 목표를 진술할 때는 메이거(Mager)의 목표 진술 방식대로 학습자가 수행하게 될 행동(behavior), 학습 행위가 일어나게 되는 조건(condition), 그리고 학습의 달성 수준을 판정할 수 있는 준거(criterion)가 포함되도록 진술한다. 진단적 사전검사는 최종 학습 목표와 연결되어 있으며 학습자들이 제시된 학습 목표를 수행할 수 있을지 미리 판단하는 역할을 한다. 학습자들은 필요한 사전학습이 부족하다

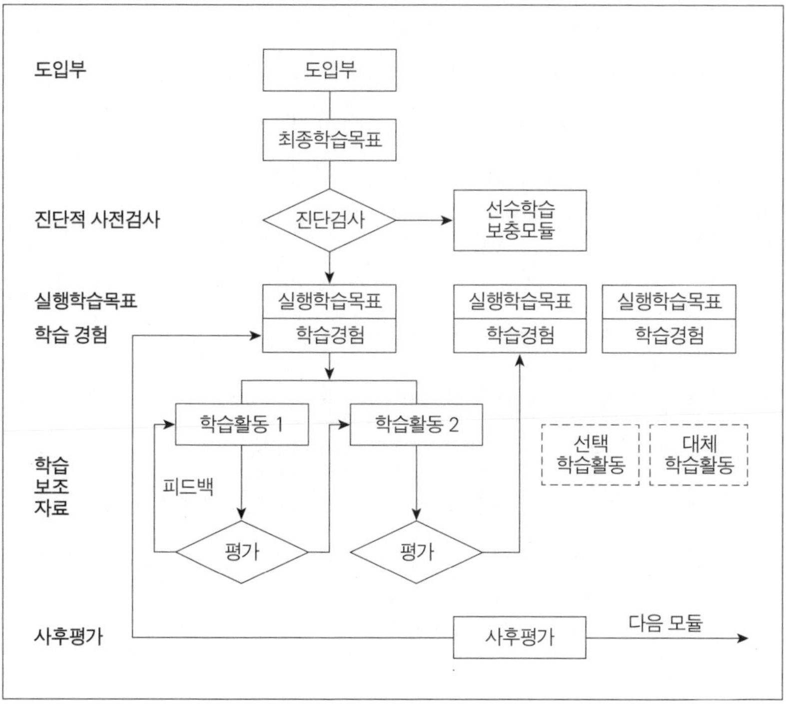

〈그림 1〉 모듈의 구성요소 및 전개(권동진 · 이무근, 1983)

면 다른 학습으로 이를 보충하거나, 이미 알고 있는 내용이라면 다른 모듈로 넘어간다. 학습경험은 모듈의 핵심적인 요소로, 각 학습경험은 적어도 1개 이상의 학습활동으로 구성된다. 또한 학습활동은 보완과 보충을 위한 선택 학습활동과 대안적 대체 학습활동으로 구성될 수 있다. 학습경험의 끝에는 평가와 피드백이 이루어지는데, 이 평가는 학습자 스스로 빨리 성취도를 판단하여 학습 목표를 달성하는 데 그 목적이 있다. 학습 보조자료를 선택할 때는 이용 가능성, 경제성, 실용성 및 효과를 고려하도록 권장된다. 최종적으로 사후검사는 학습자가 최종학습목표에 도달했는지를 알아보는 것이다. 이러한 모듈의 구성요소들은 매우 유기적으로 연결되어 있으며, 체계적으로 구성되어 있다.

이러한 모듈식 교육 방법의 장점으로 권동진 · 이무근(1983)은 강의식에 비해 학습자 개인이 강조되고, 학습의 질이 높아지며, 수업이 학습목표와 긴밀히 결부되어 전개된다는 점을 꼽았다. 이화국 · 김창식(1990)은 맥닐(McNeill, 1985), 머스그레이브(1975), 포스틀스웨이트(1985)를 인용하여 모듈식 교재의 장점으로 ① 교과과정 개발의 효율성, ② 교재 선택과 이수 순서의 다양성, ③ 교수-학습의 개별화, ④ 수업 진도와 학습성취도 평가의 용이성, ⑤ 학생의 학습 실패 가능성 감소, ⑥ 교수 목표와 방법의 명료화를 들었다. 심혜령 · 이선중(2017)은 학습자 스스로 학습 목표를 달성할 수 있도록 길잡이가 된다는 점과 교수자에게 명확한 교수 방향과 지침을 제공해준다는 장점, 교수자가 다르더라도 동일한 목표를 달성하도록 도와줄 수 있다는 점을 꼽았다.

반면에 모듈식 교재개발에는 시간과 노력이 많이 소모되고(권동진 · 이무근, 1983), 명확한 행동적 목표 진술의 어렵다는 점(이화국 · 김창식, 1990)도 지적되었다. 또한 종래의 교과과정이 갖고 있던 일관성의 분해를 초래하고 통합적 교수과정을 저해한다는 점, 모듈식 구조가 학생을 학습의 도구적 측면으로 보게 하고, 대안적 형태의 학습을 금지시키며, 특정 교과과정(자연과학)에만 적합한 방식이라는 지적도 있었다(Moon, 1988; 이화국 · 김창식, 1990에서 재인용).

어느 한 가지 교육 방법이 모든 상황에서의 정답이 될 수는 없다는 점을 고려할 때, 모듈식 교육의 특징들은 적용하려는 교육 내용과 교육적 맥락에 따라 효율적이고 효과적인 해결책이 될 수도 있고, 오히려 교육적 가치를 저해하는 방법이 될 수도 있다. 하지만 모듈식 교육이 제안하는 자율적이고 개별적이면서 체계적인 교육 방법은 다양한 영역에서 활용될 가능성을 열어두고 있다고 평가할 수 있을 것이다.

모듈식 교육의 설계 및 개발

그렇다면 이러한 모듈식 교육자료 또는 교육과정을 개발하기 위해서는 어떠한 절차를 거쳐야 하는가? 앞서 모듈식 교육의 등장 배경으로 스키너의 프로그램 학습을 언급한 바 있는데, 이는 체제적 교수설계(ISD: Instructional Systems Design) 이론과 일맥상통하는 측면이 있다. 체제적 접근에서는 현재의 상태와 바람직한 상태 간의 차이(gap)를 체제(system) 문제로 보고, 이를 해결하기 위한 최상의 해결책을 선택하여 실행하고 효과를 평가하여 수정 · 보완하는 절차를 거친다. 학습을 시작하기 전의 출발점 상태로부터 학습을 끝낸 후의 도달 상태를 설정하고, 그사이의 차이를 메우기 위한 것이 바로 모듈식 교육이라 할 수 있을 것이다. 교수(teaching)에 대한 체제적 접근은 구성요소인 학습자 특성, 교수 내용, 교수 방법, 실행, 평가 등을 중심으로 이들 간의 역동적 상호작용을 총체적이고 유기적인 관련 속에서 파악하는 것이다(박성익 외, 2011). 1978년 딕과 캐리(Dick & Carey)는 최초로 체제적 교수설계 모형을 제시했으며, 여러 분야의 교수-학습 프로그램 개발 시 많이 활용되고 있는 ADDIE[Analysis(분석)-Design(설계)-Development(개발)-Implementation(실행)-Evaluation(평가)] 모형도 체제적 교수설계의 대표적 모형이라 할 수 있다.

나승일 외(2001)는 〈ISD를 적용한 전문대학의 모듈식 교재개발 모형연구〉에서 ISD의 각 단계에 따른 모듈식 교재개발의 절차를 제안했

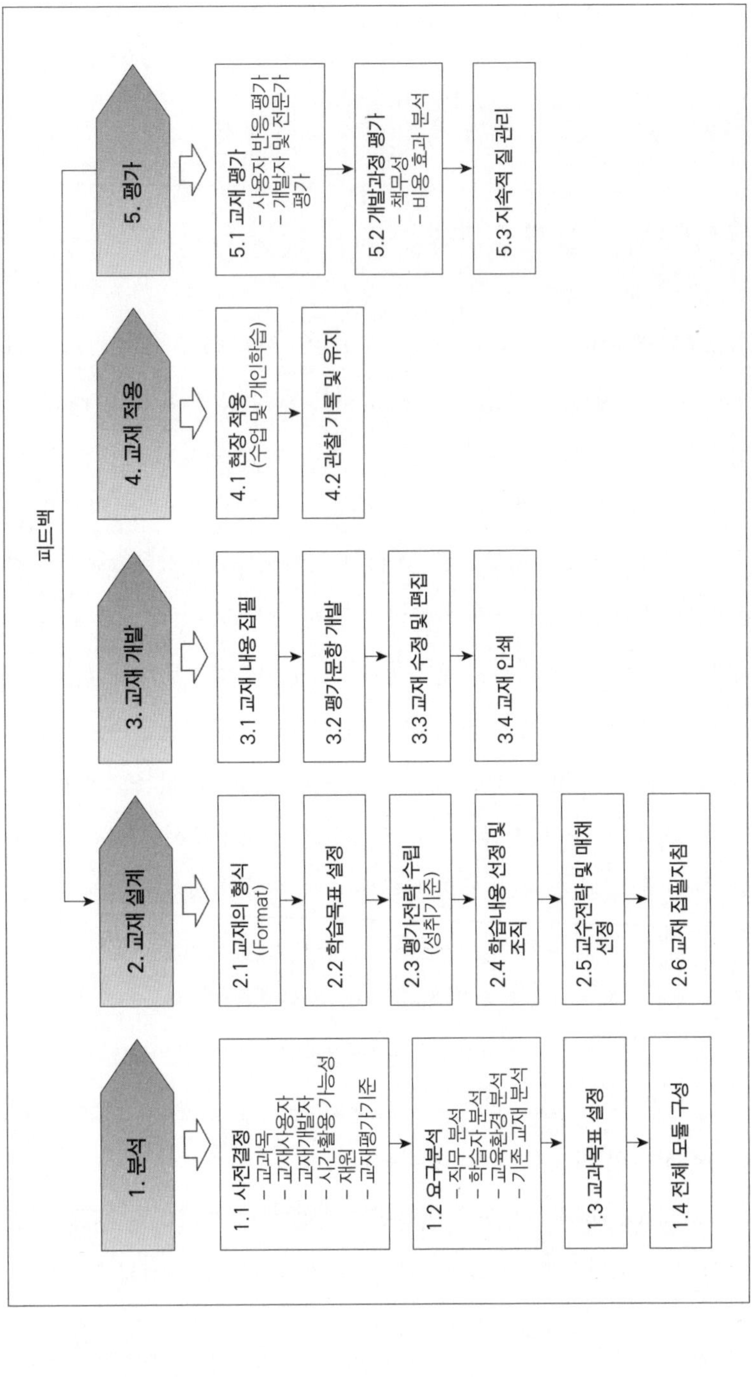

〈그림 2〉 ISD를 적용한 모듈식 교재개발 모형(나승일 외, 2001)

다(그림 2). 분석(Analysis) 단계에서는 대상 교과목과 교재사용자, 교재개발자, 재원 등을 확인하고, 본격적인 요구분석(직무분석, 학습자분석, 교육환경 분석 등)을 통해 교과 목표를 설정하고 전체 모듈에 대한 구성안을 만든다. 다음으로 교재 설계(Design)에서는 교재의 형식과 평가전략, 학습 내용 선전 및 조직, 교수전략 및 매체 선정 등이 이루어진다. 개발(Development) 단계에서는 실제 교재의 내용을 집필하고, 평가 문항을 개발하며, 수정 및 편집 작업을 거친다. 적용(Implementation) 단계에서는 실제 현장에서 모듈식 교재로 수업을 진행하거나 개인 학습이 이루어지는 상황을 관찰한다. 마지막으로 평가(Evaluation) 단계에서는 개발된 모듈식 교재를 평가하고, 교재를 수정하거나 지속적인 질을 관리한다.

김길모 · 김성식(2014)은 〈정보통신윤리지수 모형을 기반으로 한 모듈식 교육 프로그램 개발 연구〉를 통해 게를라흐와 엘리(Gerlach & Ely)의

〈표 2〉 모듈식 교육 프로그램 개발 절차(김길모 · 김성식, 2014)

단계	개발 과정		내용 및 방법
1단계	분석		• 요구분석 - 수업모형의 목표 및 내용 선정 • 학습자분석 - 청소년의 정보통신윤리지수 확인
2단계	설계	모듈식 교육 프로그램	• 모듈식 교육 프로그램 설계 - 모듈 정의(수업 내용 상세화) 및 목표 설정 - 모듈 범주화 및 개요서(핵심학습전략) 작성
3단계	개발		• 모듈식 교육 프로그램 개발 - 모듈 제작(핵심 수업 단계와 학습자 활동 제시) - 전문가 검토 및 프로그램의 개선점 도출 - 모듈 수정 및 보완
4단계	실행 및 평가		• 현장 적용 및 검증 - 교육 상담 시스템을 활용하여 효과 검증

체제적 교수설계 모형을 일부 수정하여 모듈식 프로그램을 설계하고 개발했다. 이 연구에서 모듈의 주제는 정보통신윤리의 네 가지 상위 지표(절제, 존중, 책임, 참여) 및 하위 지표 12개의 내용으로 구성하고, 하위 지표별 세부 주제를 기반으로 50개의 내용을 개발했다. 이를 바탕으로 학습자의 정보통신윤리 수준에 따라 학습자들이 개별적으로 학습할 수 있도록 활동지와 자료를 개발했으며, 구체적인 단계별 상세 활동을 구체화하여 제시했다(표 2).

김선태(2002)는 이렇게 개발된 모듈식 교수-학습 프로그램을 평가하기 위한 점검표를 제안한 바 있는데, 다음 〈표 3〉과 같다. 점검표는 모듈의 구성요소를 도입, 목표, 평가, 학습경험, 자료, 일반적 사항, 시행의 여섯 가지로 나누어 요소별로 어떠한 기준을 만족해야 하는지를 제시하

〈표 3〉 모듈식 교수-학습 내용 개발을 위한 점검표(Finch & Crunkilton, 1989; 김선태, 2002에서 재인용)

구분	점검 항목	반영 정도				
		A	B	C	D	E
도입	1. 도입이 분명하고 간결하다. 2. 도입 부분의 진술에 이 모듈이 다른 모듈이나 학습경험과 어떻게 관련되는지 나타난다. 3. 선결 요소에 모듈 학습을 진행하기 전에 학생들이 무엇을 할 수 있어야 하는지 규정되어 있다. 4. 학생들에게 지시하는 사항은 어떻게 평가가 이루어지는지 밝혀준다. 5. 전체 내용 요약표가 포함되어 있다.					
목표	6. 최종(terminal)목표와 능력(enabling)목표가 제공된다. 7. 각 목표는 수행되어야 할 활동, 조건, 그리고 수용 가능한 수행 수준을 정하고 있다. 8. 최종목표는 적용에 직접적인 초점을 둔다. 9. 최종목표는 학생들이 궁극적으로 성취해야 할 목표에 도달하는 데 기여한다. 10. 목표는 기본적 인식과 이해로부터 적용을 위한 수행(applied performance)에 이르기까지 논리적으로 전개된다.					

구분	점검 항목	반영 정도				
		A	B	C	D	E
평가	1. 사전 · 사후 평가는 최종목표와 밀접하게 관련되어 있다. 2. 평가 이행을 위한 지시 사항이 학습활동 전후에 학생들에게 고지된다. 3. 시행되는 평가 절차는 특정 상황에 비추어보아서 가장 객관적인 것이다. 4. 학생들은 사전 · 사후 평가 내용에 대해 충분하게 이해할 수 있다.					
학습 경험	1. 각 학습경험은 능력목표와 상호 관련된다. 2. 각 학습경험은 학생들에게 정해진 목표를 성취하는 최선의 방법을 제공한다. 3. 학습경험 활동은 학생들이 학습 과정에 참여할 수 있는 구체적인 방법을 제공한다. 4. 학습활동에 있어서 여러 가지 대안을 필수적으로 포함하여 다른(모든 훌륭한) 통로를 제공한다. 5. 여러 가지 선택적인 활동 기회를 필수적으로 포함하여 기초적인 교수-학습과정을 보완하고 심화시킨다. 6. 학습경험의 평가를 통해 학생들에게 자신의 진도를 피드백해볼 수 있도록 한다.					
자료	1. 모듈에서 사용되는 모든 자료에 대해 충분히 설명하여 그것들을 쉽게 알아볼 수 있게 하고, 찾아서 사용할 수 있게 한다. 2. 제시된 각 자료는 학생들이 모듈을 마스터하는 데 실제적인 도움을 준다.					
일반적 사항	1. 글로 표현된 모든 자료는 대상 학생들이 읽을 수 있고 이해할 수 있는 수준이다. 2. 별개의 모듈 간에도 연계성이 있다. 3. 기술적인(technical) 내용은 정확하고, 최신의 것이다. 4. 모듈의 내용에 차별적 내용이나 편견이 전혀 없다.					
시행	1. 교사들은 모듈을 효과적인 교수-학습 도구라고 생각한다. 2. 학생들은 모듈을 효과적인 교수-학습 도구라고 생각한다. 3. 학생들은 효율적으로 모듈 학습경험을 마스터(숙달)한다.					

고 있다. 모듈식 교육이 점검표에 제시한 기준을 모두 만족해야 하는 것은 아니지만, 모듈을 개발한 후에 빠진 요소가 없는지 점검할 수 있는 하나의 기준을 제공해주고 있다.

모듈식 교육의 현대적 적용 사례

앞서 언급했듯이 모듈식 교육은 1950년대부터 시작되었으며, 초기에는 모듈식 교육자료 같은 인쇄물 개발이 주를 이루었다고 할 수 있다. 그 이후 컴퓨터 같은 매체의 발전으로 온라인에서의 모듈식 교육에 대한 연구가 이루어지고 있으며, 모듈식 교육의 엄격한 정의에서 벗어나 상황에 따라 유연하게 모듈을 설계하고 적용한 연구들도 많아지고 있다. 이 장에서는 비교적 최근에 이루어진 모듈식 수업, 또는 모듈식 교육과정 개발에 대한 여러 분야의 연구를 살펴보고자 한다.

NCS 학습 모듈

가장 광범위하게 모듈식 교육이 적용되는 사례로는 'NCS 학습 모듈'을 꼽을 수 있다. NCS는 국가직무능력표준(National Competency Standards)을 의미하는데, 정부의 주요 국정과제로 시작된 사업으로 지식기반산업 및 전문직업인 양성을 위해 국가에서 산업 현장에서 직무 수행 시 요구되는 지식, 기술, 태도 등의 내용을 체계화한 것이다. 즉 국가 차원에서의 표준화된 목표 역량이 제시됨으로써 특성화고, 전문대학, 민간직업훈련기관 등의 직업교육훈련, 교육과정, 그리고 자격제도가 통합적으로 연계될 수 있으며, 표준화된 교육 · 훈련이 가능해진 것이다. 현재 NCS 홈페이지에 따르면 국가직무능력표준의 분류는 대분류 24개, 중분류 80개, 소분류 257개, 세분류 1,022개 순으로 구성되어 있으며, 분류예시는 〈그림 3〉과 같다.

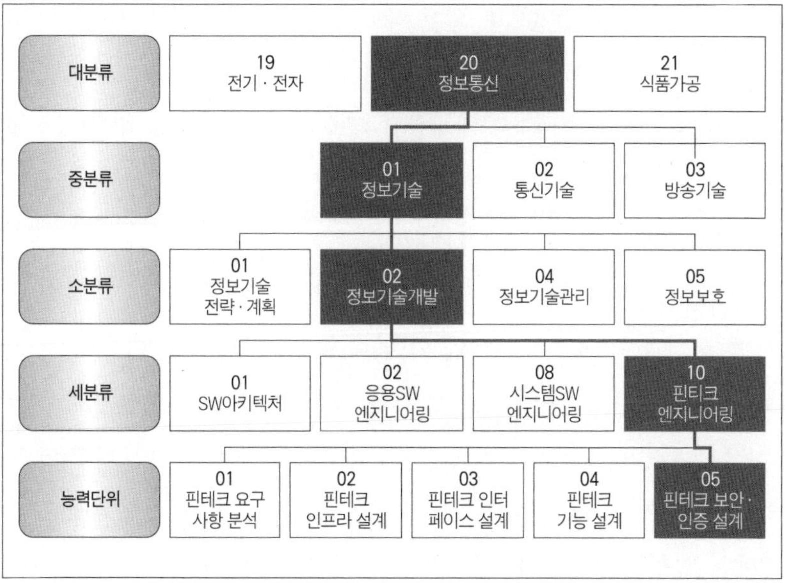

〈그림 3〉 정보통신-정보기술개발 분야(분류예시)[1]

NCS 학습 모듈은 2013년부터 개발이 추진되었으며, NCS에서 제시된 능력 단위의 구체적인 내용을 학습할 수 있도록 구성된 교수-학습자료라고 정의된다(김성남, 2015). 교육부 · 한국직업능력개발원(2015)의 〈NCS 학습 모듈 개발 매뉴얼〉에 따르면 2013년 50여 개의 학습 모듈이 개발된 것을 시작으로 2015년에는 321개의 학습 모듈이 개발되었다. NCS 학습 모듈은 기본적으로 한 능력 단위당 1종을 기준으로 개발되고 있으며, 교육훈련 전문가와 산업 현장 전문가가 개발진으로 함께 참여하여 비교적 단기간에 걸쳐 대규모로 진행된 특징이 있다(김성남, 2015). 각 학습 모듈은 별도의 과목이 될 수도 있고, 여러 학습 모듈이 모여서 하나

1) 'NCS 분류', 국가직무능력표준(NCS) 홈페이지. https://www.ncs.go.kr/th01/TH-102-001-02.scdo.

의 교과를 이룰 수도 있으며, 일부 학습 모듈은 대상 학습자와 수준에 따라 부분적으로 수정하거나 일부만 활용할 수도 있다. 학습 모듈의 활용 유형은 크게 '학습 교재', '교재개발을 위한 기초자료', '교육과정 개발 및 운영 가이드'라는 세 가지 유형으로 분류될 수 있으며, 다양하게 활용될 가능성을 열어두고 있다(김덕기 외, 2014).

NCS 학습 모듈은 NCS 구성체계를 바탕으로 만들어진다. 능력 단위 및 능력 단위 요소의 명칭은 학습 모듈의 명칭이 되고, 능력 단위 요소별로 제시된 수행 준거와 지식, 기술, 태도를 바탕으로 학습 내용이 구성된다. 그리고 교수-학습 방법, 평가 준거와 평가 방법, 피드백 또한 포함된다. 학습 내용의 핵심은 수행 내용과 필요지식인데, 수행 내용은 현장에서 업무를 수행할 때 필요한 자료, 기기, 안전, 수행순서 등을 포함하고. 필요지식은 실습을 위해 꼭 필요한 체계적인 지식이다. 〈NCS 학습 모듈 개발 매뉴얼〉에 따르면 수행 내용과 필요지식의 분량은 3 : 7 수준으로 만들도록 권고된다. NCS 학습 모듈은 실제 직무를 익히는 데 초점을 둔 교수-학습 교재이므로 개별 교육훈련기관에서는 기초 지식이나 이론에 대한 별도의 교육과정이 필요할 수도 있다(김성남, 2015).

최류미 · 이도영 · 김대현(2016)은 앞서 〈표 3〉에서 제시한 모듈식 교수-학습 내용 개발을 위한 점검표(Finch, 1989; 김선태, 2002에서 인용)를 수정하여 7개의 NCS 학습 모듈을 분석한 결과 다음과 같은 사항을 제안했다. 첫째, 교수-학습의 효율성을 높일 수 있도록 수행 준거 간 및 수행 준거 내 중복을 줄여야 한다. 둘째, 현재 교수자 입장에 가까운 학습 모듈의 진술을 학습자 중심으로 바꿀 필요가 있다. 즉, 학습자 입장에서의 구체적 안내가 제시되어야 한다는 것이다. 셋째, 학습 목표와 연계된 과정 중심 평가를 지원해야 한다. 넷째, NCS 학습 모듈의 성격과 정체성에

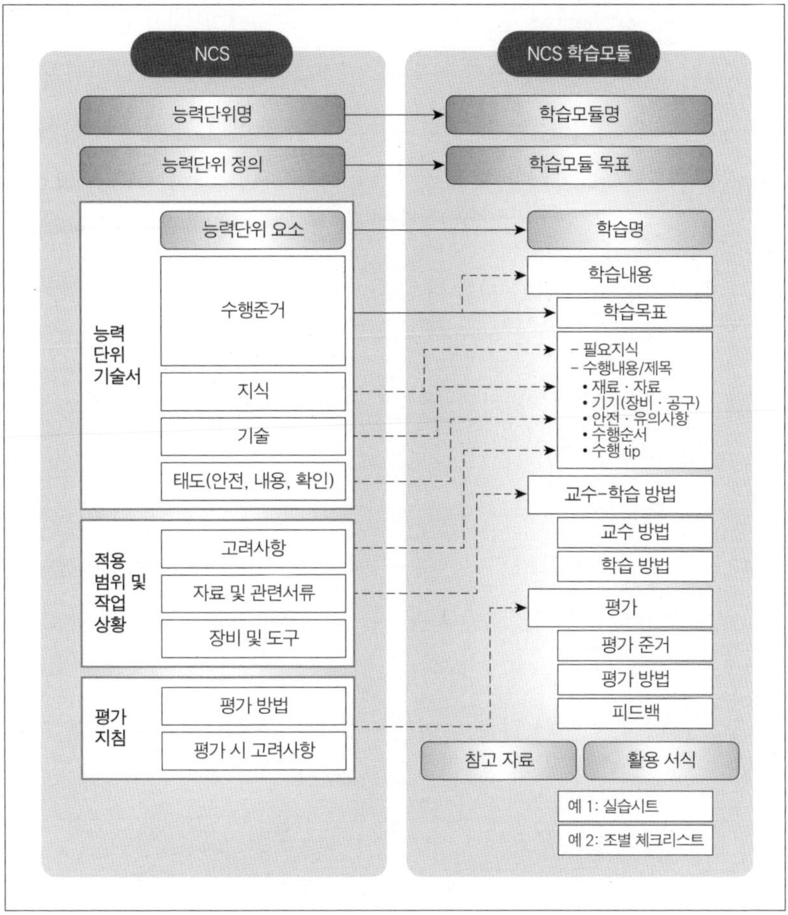

〈그림 4〉 NCS와 NCS 학습 모듈의 연결 체제[2)]

대한 논의가 필요하다. 즉 학습자와 교수자가 활용할 수 있는 자료인지, 이론과 현장직무를 포함한 총체적 학습자료인지, 아니면 참고자료로서의 역할을 수행할 것인지에 대한 명확한 방향 설정을 요구하고 있다. 그

---

2) 'NCS 학습 모듈이란?', 국가직무능력표준(NCS) 홈페이지. https://www.ncs.go.kr/th01/TH-102-001-02.scdo

리고 NCS 학습 모듈의 능력 단위별 수준(level)이 완전하지 않다는 점과 NCS에서 요구하는 내용으로 수업을 진행할 때 학교에서 실험실습 여건이 잘 갖추어져 있지 않을 수 있다는 현장의 소리에 귀 기울이고, NCS 기반 교육과정으로의 개편을 위한 지원 방안을 모색해야 한다는 의견도 제기되었다(최동선 외, 2014). 김성남(2015)은 위에 제안한 사항 외에도 다양한 분야에서의 NCS 학습 모듈 우수사례 및 매뉴얼 보급, 개별 학교에서 학습 모듈을 이용한 교육과정을 개발 · 운영하는 구성원들의 역량 컨설팅 및 직무연수, NCS 학습 모듈의 질 관리 체제 마련 등을 앞으로의 과제로 꼽았다.

NCS 학습 모듈은 국가 차원에서 대대적으로 개발된 모듈식 교육의 대표적 사례로 활용범위나 적용 폭이 매우 크다. 특성화고교, 전문대학, 4년제 대학, 민간직업교육훈련기관 등 다양한 교육 상황에 따라 대상 학습자의 연령과 능력 단위(학습 목표)의 수행 수준에 매우 큰 차이가 나타날 수 있다. 이러한 점은 선행연구에서도 밝힌 점이지만, NCS 체제와 학습 모듈에 지속적인 개선과 업데이트가 필요하고, 학교 전체의 교육과정을 NCS에만 맞추어서 구성하기에는 무리가 있을 수 있다. 그러나 다양한 영역에서 표준화된 행동 목표와 교육 내용, 교육 방법 및 평가 준거 등이 제시된 것에는 의의를 둘 수 있을 것이다. 또한 NCS 학습 모듈은 홈페이지(www.ncs.go.kr)를 통해 누구나 다운로드받아서 교육적 목적으로 활용할 수 있으므로 NCS 학습 모듈의 확장성 또한 매우 높다고 할 수 있다.

온라인 환경에서의 모듈식 교육

이제 다른 방향에서의 모듈식 교육의 활용 사례를 살펴보겠다. 모듈식 교재 및 교육과정의 개발에 대한 연구들은 매체, 특히 컴퓨터를 기반으로 한 학습 모듈의 개발과 가능성에 대해 언급하고 있다. 웹기반교육(WBI: Web-Based Instruction) 및 이러닝(e-learning)은 컴퓨터 및 정보통신기술의 발전을 바탕으로 학습자들이 시간과 공간의 제약에서 자유로울 수 있고, 다양한 멀티미디어 자료를 제공할 수 있으며, 학습자 스스로 속도에 맞추어 학습을 진행할 수 있다. 즉, 온라인은 자율적이고 개별적으로 진행되는 모듈식 학습의 특징과 잘 어우러질 수 있는 학습환경이라 할 수 있다.

이영민(2003)은 비동시적 학습 네트워크(Asynchronos Learning Network: ALN)에서의 공업교육 학습 모듈을 개발하고자 했다. ALN은 시간과 공간의 자유, 그리고 그에 따른 협동작업의 가능성, 다양한 형태의 정보 및 자료 교환이 가능하다는 장점이 있다. 그는 기존의 공업교육 모듈이 인쇄된 자료에 치중해서 학습자 간, 교수자-학습자 간, 학습 내용-학습자 간의 상호작용에 제한적임을 지적했다. 따라서 ALN 기반 모듈식 교수-학습은 "시간과 장소에 구애 없이 자기 속도에 맞게 학습을 수행하고, 학습 목표에 도달하는 데 상호작용을 촉진하며, 협력학습 체계를 조성하여 학습의 수월성, 다양성 및 효과성을 제고하는 교수-학습체제"라고 정의된다. 이 연구는 공업교육을 위한 ALN 기반 교수-학습 모델을 제시하고 있는데, 구체적인 세부 절차를 제시했을 뿐만 아니라 항목별 준거의 타당성을 검토받음으로써 온라인에서의 모듈식 교수-학습 연구에 기여했다고 할 수 있다.

정성희 외(2014)의 연구는 온라인 영어 글쓰기 웹기반 교수-학습 모듈 개발을 바탕으로 온라인 환경에서의 모듈 활용의 한 예를 제안하고 있다. 이 연구는 대학 교양 글쓰기 과목에서 웹 모듈과 오프라인 러닝을 함께 진행하는 블렌디드 러닝(blended learning) 형태로 진행되었으며, 웹 모듈은 세 가지 학습 단계로 나뉘어 진행되었다. 제1 학습 단계에서는 학습자들이 한국어 및 영어 글쓰기 문단 구조에 대한 동영상 강의를 보고 오프라인 수업에서 교수자에게 질의응답을 하거나 피드백을 받고, 제2 학습 단계에서는 학습자 스스로 주제와 관련된 한국어 및 영어 텍스트를 일관성 있고 논리적으로 배열하는 훈련을 한다. 제3 단계에서는 학습자가 영어 문단을 작성하고 웹 모듈에 제출하면, 교수자가 피드백해주고, 피드백을 반영한 수정과 수정본에 대한 최종 평가가 이루어진다. 이 연구는 모듈을 웹상에서의 개별화된 학습자료로 활용하면서 모듈의 교수-학습 진행 과정 중 평가와 피드백의 특징을 강조한 사례로 볼 수 있다. '영어 글쓰기'라는 학습 과제의 특징이 반복적 피드백과 수정을 통한 학습이라는 모듈식 수업의 특징과 잘 맞물려서 이루어졌다고 평가할 수 있다.

또 다른 웹기반 모듈 활용 사례로 권혜진(2008)은 예비 유아교사를 위한 웹기반 문제중심학습 모듈을 구성하여 적용했다. 연구자는 예비 유아교사들이 보육 현장에서 안전사고와 관련된 지식을 습득하고 응급상황에서 대처할 수 있는 역량을 기르고자 배로즈(Barrows)의 문제중심학습(Problem Based Learning) 모형을 중심으로 60개의 학습 문제를 설계하여 제공했다. 예비교사들은 웹상에서 그룹으로 문제제시, 해결과정, 해결안 제시, 정리 및 평가 단계로 이루어지는 과정을 수행했고, 촉진자는 단계마다 참여를 독려하고 피드백을 제공했다. 연구자들은 이러한 웹기반 문제중심학습 모듈의 결과로 안전에 대한 지식, 기능, 태도라는 총체적 역량이 길러짐과 동시에 학습자들이 학습에 더욱 몰입할 수 있었다고 보고했다. 이 연구는 학습자 스스로 속도를 조절할 수 있으면서도 기록이 남는다는 점 때문에 협동학습이 용이한 온라인 학습환경의 특징과 더불어 학습 목표별로 분절된 문제중심학습 모듈의 효과성을 보여준 사례라 할 수 있을 것이다.

다양한 분야에서의 모듈식 교육 사례

박미정(2004)은 '가치'를 교육하기 위해서는 인지적 영역과 정의적 영역을 통합한 가치교육 전략이 효과적이라고 보고, 초등학생의 학년별 수준에 맞는 환경가치교육을 위한 모듈식 프로그램을 개발했다. 그는 환경에 대한 건전한 가치와 태도의 함양을 궁극적 목적으로 하여 환경에 대한 자각, 환경적 교양, 환경적 책임이라는 세 가지 주제의 모듈을 개발했으며, 저학년(1, 2학년), 중학년(3, 4학년), 고학년(5, 6학년)으로 나누어 수준에 따른 가치화 전략들을 선택하여 배치했다. 예를 들어 저학년은 환경적 감수성을 기를 수 있는 내용에 중점을 두고, 고학년은 환경적 지식과 기능 부문의 비중을 늘리는 것이다. 이 연구는 인지적 영역에서의 모듈식 교육 프로그램을 벗어나 '친환경적 가치의 내면화'라는 인지적이면서도 정의적 · 행동적 영역의 교육목적으로 확대된 모듈식 교육의 한 사례를 보여준다. 그러나 연구자도 지적했듯이 그 실제적 효과성을 검증하지는 못했다는 한계가 있다.

구욱하(2017)는 초등학교 학생의 활동중심 수업을 원활하게 진행하기 위해 S · E · S 모듈을 개발했다. S는 Spot을 의미하며 학생들의 흥미를 북돋울 수 있는 게임, 다양한 체험활동 등 본 교과 내용 학습을 위한 동기를 부여하는 예비 단계다. E는 Elaboration으로 사고를 정교화하는 단계로, 학생들은 학습자료를 읽고 쓰고 정리하면서 지식을 자기주도적으로 학습하는 단계다. 마지막의 S는 Share로 함께 공부하는 단계다. 연구자는 이 세 가지 모듈을 협동학습과 개별학습 모두 자유롭게 병행할 수 있다고 이야기하며, 각 모듈이 유기적으로 연결되어 있음을 강조했다. 연구자 본인이 직접 수업한 경험을 바탕으로 Spot 모듈이 발견식 수업이었을 경우 Elaboration 모듈은 어떠해야 하는지 등의 사례를 정리해서 제시하고 있으며, 하브루타, 프리즘, 5why, 비주얼씽킹 등 매우 다양한 수업기법의 활용도 제안하고 있다. 그는 S · E · S 모듈이 학생들의 자기주도적 학습과 반성적 사고, 창의적 사고 등 고차원적 사고 능력을 기르는 데 도움이 되었다고 보고했다. 이 연구는 이론상의 개발에 그칠 수 있는 모듈식 교육을 학교 현장에 직접 적용하면서 개발했다는 장점이 있으며, 각 모듈의 다양한 조합을 통해 발생할 수 있는 여러 가지 형태의 교육을 제안했다는 특징이 있다.

모듈식 언어교육 사례로 심혜령 · 이선중(2017)의 연구를 살펴보면, 이들은 제2 언어교육에서 수준별 맞춤과 개별성이 중요한 점에 착안해 '언어교육을 위한 모듈식 교수-학습 모델'을 제시했다. 이 연구는 외국인을 대상으로 한 '학문 목적 글쓰기' 교육 상황을 제1 모듈로 두고, 글쓰기의 주제를 구분하여 '학술 맥락의 사교적 · 친교적 글쓰기', '정보전달적 글쓰기', '학술 행위로서 주장하는 글쓰기'를 제2 모듈로 제안했다. 그 하위로는 다시 편지, 전자우편, 보고문, 안내문, 소개글, 건의문, 요청문

등 다양한 형태를 제3 모듈로, 상황 맥락에서의 다양한 장면(교우관계, 선후배관계, 교수님 등)을 제4 모듈로, 마지막으로 2, 3, 4모듈이 결정되면 제5 모듈에서는 다양한 주제 및 내용을 자유롭게 선택할 수 있도록 제안했다. 예를 들어, 논문과 관련하여 교수님께 면담을 요청하는 이메일을 쓰기 위해서는 '사교적 · 친교적 글쓰기' 모듈에서 '전자우편'과 '교수님과의 관계'가 선택되고, '요청하기'와 관련된 문법 표현과 어휘, 윗사람에게 요청하는 우회적 표현법 등이 내용 지식으로 선정된다. 이러한 '모듈링'을 통해 교수자가 쓰기 수업의 목표와 내용을 더욱 명확하게 제시할 수 있다고 주장했다. 이 연구는 구조적인 독립성과 함께 필요한 내용만 취사선택하여 진행할 수 있는 모듈의 특징을 한국어 교육에 잘 적용한 사례라 볼 수 있다. 연구자들은 또한 모듈식 교육이 교수자와 학습자 모두에게 무엇을 배웠고 무엇을 배우지 않았는지 확인할 수 있는 지표가 된다는 점을 언급하며, 실제 외국인 대상 글쓰기 교육 현장의 다양한 요구를 어느 정도 해소하는 데 도움을 줄 수 있다고 했다.

문화적 다양성을 고려하는 수업 설계 능력을 증진하기 위한 교사 연수 모듈을 개발한 전희옥 · 류미해(2016)는 어떤 교수자가 연수를 진행해도 어느 정도의 표준성이 확보될 수 있다는 것을 모듈의 장점으로 꼽았다. 이들은 자기성찰(self-reflection)이 교사의 수업 설계 및 실행 역량을 증진하는 데 많은 도움이 된다고 보고, 듀이의 반성적 사고 모형을 적용하도록 모듈을 개발했다. 교수-학습 상황에서 이것은 문제 상황 및 확인, 문제의 원인 확인, 정보수집, 대안 제시, 검증과 결론의 순서로 전개된다. 교사 자신, 학습자, 교육과정 · 교과서, 교육환경의 네 가지 주제를 중심으로 모듈이 개발되었으며, 각 모듈은 개요, 준비물, 흐름(활동)의 형태로 전개된다. 각 모듈의 마지막에 평가가 포함되어 있지는 않지만, 연수에 참여한 교사들이 개인별 활동지와 카드를 통해 자기 생각을 정리하고 다른 교사들과 생각한 바를 공유할 수 있도록 설계되어 있다. 이 연구에서 개발된 모듈의 학습 목표는 첫째, 참여한 교사가 학습자들을 동등한 교실 상호작용의 주체라고 인식하는 평등교육 이념을 내면화하고, 둘째, 교사가 실제로 문화적 다양성을 고려하는 수업을 설계하는 것이라고 할 수 있을 것이다. 이 두 가지 목표를 위해 모듈의 구체적 교육 전략으로 성찰과 문제해결 과정을 강조한 점은 적절한 활용이라고 할 수 있을 것이다.

황은경 · 홍성연(2018)의 연구는 인문계 학생을 위한 기초화학 수업에서 융합적인 소양을 기르기 위한 모형으로 모듈형 수업모형을 제시했다. 과학의 핵심 개념이나 기본 원리에 대한 지식을 습득하면서도 과학과 인간사회라는 통합적 관점에서 과학 교양교육이 이루어져야 한다는 대전제로 시작하여 교육의 전체 구조를 변형하지 않으면서도 필요에 따라 수업을 구성할 수 있다는 것을 모듈형 수업모형 장점으로 언급하며, 학습자의 수준별 · 전공별로 특정 주제에 대한 모듈을 만들어 배치할 수 있다고 했다. 연구자들은 모듈 A(강의 → 실험 → 보고서 작성 및 고찰 쓰기)와 모듈 B(주제 제시 → 온라인 토의 → 오프라인 토론 → 논증적 글쓰기)의 두 가지 형태의 모듈로 구성하여 학기 동안 총 6개 정도의 주제를 다룰 수 있도록 제안했다. 이러한 형태는 학습자 혼자서 개별적이고 자율적으로 진행하는 모듈식 교육의 구성요소들을 모두 포함하고 있지는 않지만, 융합적 사고 함양을 위해 확장 · 변형된 모듈이라고 할 수 있다. 학습 목표를 행동적인 동사로 진술할 수 있는 데만 제한된 것이 원래의 모듈식 수업 개념이라면, 이 연구에서 제시하는 모듈 유형은 학습자들이 실제 과학 실험에 참여하고, 그 이후의 성찰적 글쓰기 및 토론 활동을 강조하여 융합적 교양 과학교육의 목적을 달성하려고 시도했다. 이들은 향후 연구과제로 모듈의 정교화 및 실제적인 학생들의 학습량과 교수자의 업무량도 고려할 것과 함께 기존의 시험 형태가 아닌 글쓰기 사고와 표현에 대한 표준화된 평가 기준을 마련해야 한다고 지적했다.

모듈식 교육의 효과성

모듈식 교육자료 및 교육과정에 대한 연구들은 대부분 개발에 더 치중되어 있다고 할 수 있다. 즉, 모듈의 교수-학습 요소를 적절히 조합하고 상황에 따라 변형하여 비교적 적은 시간 내에 표준화되고 체계화된 교육 교재나 과정을 개발하는 데 집중해 있었다는 의미다. 모듈식 교육과 일반 교육의 효과를 비교 실험한 몇 가지 연구를 살펴보겠다. 권동진 · 이무근(1983)의 연구는 재직 중인 중등학교 교사를 대상으로 기존 강의식 교사교육과 모듈식 교사교육의 학업성취를 비교했다. 그들은 지식 습득과 이해력, 특히 적용력 측면에서 모듈식 교육이 효과적임을 밝혔고, 실업-기술 교육 분야에서 효과적인 방법이며, 능력중심 교육의 접근방안으로 훌륭하다고 주장했다. 다만 모듈 개발이 한 개인의 능력과 수준으로는 불가능하므로 전문가들이 팀을 이루어 개발할 것을 제안했다.

컴퓨터 다루기 단원 학습에서 모듈식 수업자료의 효과를 검증하고자 한 배명주 · 이상갑 · 이상봉(2001)의 연구 결과에서도 모듈식 수업이 전통식 수업보다 인지적 영역과 심리운동적 영역 모두에서 효과적임을 밝혀냈으며, 선행학습 수준이 중위인 학생들에게 가장 효과적임을 제시했다. 다만 집중력이 떨어지는 학생이나 학습 수준이 낮은 학생이 사용하는 데 주의가 필요하다고 제언했다. 초등학교 실과 수업에서 모듈식 수업의 효과에 대한 연구에서도 모듈 수업 집단이 통제집단보다 정의적 · 인지적 · 기능적 영역 모두에서 통계적으로 유의미하게 성취도가 높게 나타났다(장경현 · 정지윤, 2004). 이 연구는 아동의 수준과 흥미를 고려한 모듈 개발이 지속적으로 이루어지고, 모듈 수업에 대한 이해도 더 높아져야 한다고 제안했다. 초등학생에게 과학 창의력 수업 모듈을 개발하여 적용한 전순애(2007)의 연구는 일반 수업에 비해 창의성을 향상시키는 데 더 효과적이며, 능력 수준에 상관없이 모든 아동의 창의성을 향상시켰고, 과학에 대한 태도 변화에도 효과가 있다고 주장했다.

김기룡 · 이명희(2013)의 연구에서는 모듈식 부모교육 프로그램이 장애 유아 부모의 양육 핵심역량의 모든 하위요인(양육효능감, 양육지식, 양육기술, 양육태도 등)에서 효과적인 것으로 나타났다. 특히 양육지식 및 양육기술에서 통제집단보다 큰 점수 차를 나타냈는데, 이는 부모교육 프로그램 모듈이 양육지식 및 양육기술에 집중된 내용으로 구성되어 있기 때문이라고 유추했다. 그리고 학습이 끝난 후에도 지속적으로 부모와 만나며 피드백을 제공함으로써 효과성을 더욱 높일 수 있었다고 말한다.

이상 모듈식 교육의 효과성에 대한 연구들을 종합하면, 학업성취도 측면에서, 그리고 역량향상 측면에서, 그리고 태도나 가치 인식 측면에서 모두 효과적인 것으로 나타났다. 다만 모듈 개발에 많은 비용과 인력이 들어간다는 점(권동진 · 이무근, 1983)과 성인을 대상으로 하는 모듈 프로그램의 경우 프로그램 진행과 피드백을 위해 상당한 전문가 인력풀과 비용이 들어간다는 점(김기룡 · 이명희, 2013)은 효과적인 모듈 개발과 운영을 위한 상당한 자원 투입의 필요성을 제시한다. 그러나 일단 효과적이고 체계적인 모듈 개발이 이루어지면 향후 같은 분야에서 심화된 프로그램을 구안하여 적용하기가 매우 용이할 수 있다(김기룡 · 이명희, 2013).

모듈식 교육에 대한 종합논의

이상으로 여러 선행연구를 바탕으로 모듈식 교육의 정의와 특징, 구성요소와 교수-학습 전개 방식 및 설계 방법, 평가 방법 등에 대해 알아보고, 모듈식 교육이 실제 다양한 교육 현장에서 어떻게 개발되고 적용되는지, 그리고 어떠한 효과가 있는지에 대한 사례를 살펴보았다. 이를 종합하여 모듈식 교육의 핵심 특징에 따른 앞으로의 활용 가능성에 대해 논의해보겠다.

첫째, 모듈식 교육의 장점 중 하나인 표준성은 모듈이 어떤 교육 맥락과 교육 내용, 교육 대상을 목표로 둔다고 하더라도 계속 활용될 가능성을 높여준다. 모듈이 교육의 맥락에서 활용되기 시작한 초기에는 동일한 교육목표를 여러 명의 학습자가 효과적으로 스스로 학습할 수 있게 하는 데 초점이 맞추어졌다. 즉, 교사 한 명이 여러 학습자를 모아놓고 가르칠 수밖에 없는 상황에서 모듈은 학습자의 개인차를 어느 정도 해소하고, 학습 목표를 확실히 달성할 방법이었다. 이것은 어떤 교사가 교육을 맡게 되더라도 같은 모듈로 배운 학습자들은 동일한 학습 목표를 달성한다는 의미다. NCS 학습 모듈은 이러한 표준성의 장점이 잘 드러난 예라고 할 수 있다. 국가 차원에서의 역량 체계를 구축하기 위해서는 어떠한 교육환경이나 교수자가 교육을 맡게 되더라도 일정한 수준의 학습 결과, 즉 학생의 역량 향상을 가져와야 한다. 모듈은 이러한 목적을 달성하기 위한 효과적인 교육 방법이라 할 수 있다. 물론, 표준성의 장점이 계속 발휘되기 위해서는 교육용 모듈을 활용하는 교수자를 대상으로 한 연수, 모듈 내용의 지속적인 업데이트 및 질 관리 체제 같은 운영상의 보완점도 지속되어야 한다.

둘째, 모듈 내 교수-학습 과정의 변형에 따른 다양한 형태를 기대해 볼 수 있다. 초기 모듈식 교육에서는 교육 목표, 특히 학습자의 관찰 가능한 행동으로 진술될 수 있는 목표가 강조되었다. 그러나 교육에서 정해진 지식을 배우는 객관주의가 아닌 학습자 스스로 지식을 구성한다는 구성주의가 더 힘을 얻게 되면서 이러한 행동 목표에 대한 강조는 실제 상황에서 무언가를 할 수 있는 역량(competency) 개념으로 확장되었다. 역량은 단순히 지식을 암기하여 얻어지는 것이 아니라 지식, 기술, 태도도 포함하며, 실제적인 문제해결 과정을 경험함으로써 개발되는 경우가 많다. 개별화된 학습활동-자기평가-피드백이 아니라 모듈의 중심이 되는 학습경험을 문제중심학습(PBL), 토의 · 토론학습 같은 여럿이 함께 배우는 협동학습 형태로 바꾼다면 실제적인 역량향상뿐 아니라 더 풍부한 학습경험을 기대해볼 수 있다. 즉, 개인화된 학습이 아니라 모듈 안에서의 팀 상호작용으로 인한 시너지 효과가 나타날 수 있다. 그리고 모듈식 교육에서 강조되는 평가와 피드백 요소도 교사로부터의 피드백뿐만 아니라 동료 학습자로부터의 피드백, 자기평가를 통한 피드백 등이 함께 이루어진다면 더욱 다면적인 평가와 성찰이 가능할 것이다. 신용주(2004)도 모듈식 교육 프로그램이 참여, 실습형 교육, 평가와 피드백 제공으로 효과를 높일 수 있다고 제안했다.

셋째, 모듈식 교육의 특징 중 하나인 완전학습(mastery learning)이 가능하게 구성된다는 점은 미래의 변화된 교육환경에서도 인정받을 가치가 충분히 있다. 완전학습은 모든 학생이 교육목표를 달성할 수 있다고 가정하고, 수업이 개개인의 능력과 속도에 맞추어져야 한다는 이론이다. 대학의 경우를 예로 들자면, 한 과목을 수강하는 학생들의 개인별 지식과 경험의 수준 차는 상당히 크다. 전통적 강의식 교육환경에서는 교수자가 각 학생의 수준별로 따로 수업을 진행하기 매우 어렵다. 그러나 모듈식 교육과정 안에서는 보충 모듈을 통해 사전 지식이 부족한 학습자들의 수준을 끌어올릴 수 있고, 더 심화된 내용을 원하는 학습자에게는 선택적 심화 모듈을 제공할 수도 있다. 황은경 · 홍성연(2018)의 연구도 전체 구조를 변형하지 않으면서 필요에 따라 학습자의 수준별 · 전공별로 특정 모듈을 만들어 배치할 수 있다는 것을 모듈식 교육의 장점으로 꼽았다. 그리고 기술이 점점 발달하고 있는 인공지능(AI)을 도입한다면 개별 학습자의 학습 이력을 바탕으로 적절한 학습 모듈을 진단하여 제공하거나 학습이 부족한 부분을 보충할 수 있는 모듈을 제공하는 등 인공지능과 결합한 모듈식 교육 방법도 생각해볼 수 있을 것이다.

이렇듯 모듈식 교육이 갖는 표준성과 확장성, 그리고 완전학습에 대한 가능성 등은 앞으로도 모듈식 교육이 다양한 분야에서 활용될 것임을 예상할 수 있게 한다. 그러나 선행연구들도 밝히고 있듯이, 체계화된 교육용 모듈을 개발하는 것은 한 개인의 힘으로는 불가능하며 많은 자원과 노력을 요구한다. 많은 수의 내용전문가와 교육전문가, 그리고 현장의 교수자와 학습자가 함께 참여하여 교육용 모듈이 개발되어야 하며, 제대로 활용되기 위해서는 현장에서의 시범 적용 및 평가 과정을 통한 수정 · 검토도 필수적으로 이루어져야 한다. 모듈 운영에서도 교수자연수나 컨설팅, 피드백을 위한 인력 지원, 정기적인 질 점검 등 다양한 형태의 지원이 이루어져야 한다. 앞으로도 모듈식 교육이 핵심적 특징을 유지하면서도 그 안에서 어떠한 유연성과 확장성을 보여줄지, 얼마나 많은 좋은 교육 사례를 만들어나갈지 모듈식 교육의 미래를 기대해본다.

참고문헌

교육부, 《NCS 학습모듈개발 매뉴얼》, 한국직업능력개발원, 2015.

구욱하, 〈S · E · S 모듈 수업모형을 활용한 학생중심활동수업의 탄력적 적용〉, 경북대학교 대학원 석사학위논문, 2017.

권동진 · 이무근, 〈능력중심교육에 근거한 모듈식 수업의 효과에 관한 연구〉, 《직업교육연구》 2(1), 1983, 3-12쪽.

김길모 · 김성식, 〈정보통신윤리지수 모형 기반 모듈식 프로그램 개발〉, 《교원교육》 30(4), 2014, 1-18쪽.

김덕기 · 김성남 · 김지영 · 장수아, 《국가직무능력표준 학습모듈 개발관리 체계화방안》, 한국직업능력개발원, 2014.

김선태, 《공업계고교 및 전문대학 전기 · 전자 분야의 모듈식 교재 체제 개발》, 충남대학교 대학원 박사학위논문, 2002.

김성남, 〈국가직무능력표준(NCS)학습모듈 활용의 주요 이슈와 과제〉, 《The HRD Review》 2015년 9월호, 2015, 48-63쪽.

나승일 · 이용환 · 정철영 · 이해선 · 김준영, 〈ISD를 적용한 전문대학의 모듈식 교재개발 모형 연구〉, 《한국농업교육학회지》 33(3), 2001, 83-116쪽.

나일주 · 정인성, 《교육공학의 이해》, 학지사, 1996.

박미정, 〈환경가치교육을 위한 모듈식 프로그램 개발〉, 한국교원대학교 대학원 석사학위논문, 2004.

박성익 · 임철일 · 이재경 · 최정임, 《교육방법의 교육공학적 이해》 제4판, 교육과학사, 2011.

박옥자, 〈중학교 체육교과에서 보건환경 교육을 위한 모듈 개발〉, 한국교원대학교 교육대학원 석사학위논문, 2004.

배명주 · 이상갑 · 이상봉, 〈초등학교 컴퓨터 다루기 단원을 위한 모듈식 수업 자료의 개발과 그 효과〉, 《한국실과교육학회지》 14(4), 2001, 107-121쪽.

서울대학교 교육연구소, 《교육학용어사전》, 하우동설, 1999.

신용주, "효과적인 부모교육을 위한 성인교육에서의 생애기술교육: 새로운 부모교육모듈을 위한 제안", Andragogy Today: International Journal of Adult & Continuing Education, 7(1), 2004, pp. 83-106.

심혜령 · 이선중, 〈한국어교육에서의 모듈식 교수-학습모델 개발 연구〉, 《이중언어학》 69, 2017.

이영민, 《공업교육을 위한 비동기 학습 네트워크(ALN: Asynchronous Learning Network) 기반 모듈식 교수-학습 모델 개발》, 충남대학교 대학원 박사학위논문, 2003.

이화국 · 김창식, 〈과학교육 모듈 개발 방안에 관한 연구〉, 《한국과학교육학회지》 10(2), 1990, 25-37쪽.

장경현 · 정지윤, 〈초등 실과 모듈 수업 자료의 개발과 적용 효과〉, 《한국실과교육학회지》 17(4), 2004, 89-107쪽.

정봉균, 〈모듈수업의 효과에 관한 연구〉, 숭전대학교 석사학위논문, 1985.

정성희 · 강의선 · 이광진, 〈교양영어 프로그램 다양화를 위한 온라인 영어 글쓰기 웹모듈 개발과 활용〉, 《영어교과교육》 13(3), 2014, 195-219쪽.

최동선 · 정향진 · 이민욱 · 문한나 · 추연우 · 현지훈, 《국가직무능력표준(NCS) 학습모듈 활용방안 연구》, 한국직업능력개발원, 2014.

최류미 · 이도영 · 김대현, 〈모듈 특성에 기반한 NCS 학습모듈에 관한 분석: 학습모듈의 원리 및 구성을 중심으로〉, 《한국교원교육학회 학술대회 자료집》 67, 2016, 367-372쪽.

황은경 · 홍성연, 〈인문계 학생을 위한 모듈화 기반의 기초 화학 수업모형 탐색〉, 《교양학연구》 8, 2018, 59-81쪽.

Finch, C. R., *Curriculum Development in Vocational and Technical Education*. Boston: Allyn and Bacon, 1989.

Finch, C. R. & Crunkilton, J. R., *Curriculum Development in Vocational Educational and Technical Education*. Boston: Allyn and Bacon, 1989.

Kulik, J. A., Keller Plan: A Personalized System of Instruction. In Husen & Postlethwaite (Ed.), *The International Encyclopedia of Education*. Oxford: Pergamon, 1985.

McNeill, J. D., *Curriculum: A Comprehensive Introduction (3rd ed.)*, Boston: Little Brown and Company, 1985.

Moon. B., *Modular Curriculum*. London: Paul Chapman Publishing, 1988.

Musgrave, G. R., *Individualized Instruction: Teaching Strategies Focusing on the Learner*. Boston: Allyn and Bacon, 1975.

Postlethwaite, T. N., Module Approach. In Husen & Postlethwaite(Ed.). *The International Encyclopedia of Education*. Oxford: Pergamon, 1985.

5장
모듈식 교육 플랫폼과 비교과 프로그램

—

김은주

모듈식 교육의 이해

일반적으로 모듈은 다른 것들과 구별될 수 있는 독립적인 기능을 갖는 단위(unit)로 정의된다. 건축물 혹은 제품의 단위를 표준화하려는 경제적인 이유로 처음 사용되었고, 보편적으로는 전산 분야에서 독립된 하드웨어나 소프트웨어 단위를 지칭한다. 모듈의 사전적 정의는 "프로그램 내부를 기능별 단위로 분할한 부분이나 기계 또는 시스템의 구성단위"다. 이는 시스템이나 업무처리 공정 등이 복잡해짐에 따라 수정의 편이성을 위해 만들어진 개념이지만, 반대로 이를 기능적으로 향상시키고자 할 때도 다양하고 폭넓은 선택적 관계를 가능하게 한다(박준범, 2017). 그리고 모듈은 포괄적인 용어의 성격을 가지고 있는데, 시스템을 전제한다는 점, 자기완결적이라는 점, 정량화가 가능하다는 점, 표준화되어 있다는 점, 공유 가능하다는 점을 전제한다.

모듈에 대한 교육적 차원의 정의는 "개별 수업(교육활동)에서 교수-학습 체제를 학습 단위별 체계적으로 설계한 학습 단위"를 의미한다. 예를 들어, 전통적인 교실에서 말하는 과목의 일부인 과(Lesson), 단원(Unit), 학부 교육과정(Curriculum), 전공(Program), 과목(Course), 주제(Topic), 차시(Lesson) 단위 등을 의미한다. 따라서 교육 현장에서 모듈의 개발 범위에 따라 사용할 모듈의 종류와 그 구성을 결정할 수 있다. 모듈은 교육뿐만 아니라 가볍게는 블록에서부터 내가 원하는 형태로 원하는 쓰임으로 변형할 수 있는 여러 재미있는 가구들까지, 주거는 물론 많은 분야에서 구성 · 조립 · 확대 · 재구조화할 수도 있다. 모듈은 독립적인 단위로 구성되어 있지만, 구조적인 기능에서 조립이 가능하고, 부분적으로는 뺐다가 넣었다가 할 수 있도록 표준화되고 규격화된 특징과 더불어 통합화의 특징을 갖고 있다. 모듈식 교육이 이루어지게 되면, 독립적인 학습자 개개인의 특성과 수준 등 여러 개별화와 다양성을 존중할 수 있게 된다. 그리고 그것을 수행하는 입장에서는 좀 더 적극적이면서 자율성을 띠게 된다. 이 모든 활동은 연계성이 있는 커다란 커리큘럼을 조직적으로 구성하게 된다.

모듈의 특징을 살펴보면 다음과 같다(나승일 외, 2001; 박미정, 2004; 김길모, 2012).

첫째, 모듈은 학습 목표를 포함하여 이를 달성하는 데 자율성을 강조한다. 따라서 모듈은 학습자가 교사의 도움 없이, 또는 최소한의 도움을 얻어 목표를 달성할 수 있으며, 학습 목표 달성을 위한 정보나 지시사항 등이 모듈 안에 제공되어 있어 학습자가 어떠한 방법으로 처리하고 진행해야 하는지, 어떤 자료를 사용해야 하는지에 대한 지침이 된다. 둘째, 모듈은 간결하고 정리가 잘되어 있으며 패키지(package)화되어 있다. 모듈은 학습 목표에서는 독립적이지만 전체에서는 출발점과 도착점이 교정되어 있는, 논리적이며 체계적인 흐름을 갖는다. 특정한 학습 목표를 달성하기 위해 무엇을 해야 하며, 그것을 달성했는지의 여부를 알 수 있도록 각 과정이 단계화되어 있다. 셋째, 모듈은 개별화 학습을 지향한다. 모듈은 학습자 자신의 능력에 따른 속도와 피드백, 완전학습을 할 수 있도록 체제가 개발되어야 한다. 모듈 개발에 중요한 요소는 얼마나 개별화할 수 있도록 개발하느냐가 중요한 요소이며, 완전한 개별화를 달성할 수 없더라도 모듈 개발자는 최대한 개별화 학습이 가능하도록 배려해야 한다. 넷째, 모듈은 분명하고 정확한 언어로 학습자의 수준에 맞게 작성된다. 모듈은 분명한 언어로 학습자가 무엇을 해야 하는지 정확하게 알려주어야 하며, 학습자의 발달 수준에 적합하게 작성되어야 한다. 다섯째, 모듈은 흥미롭고 다양한 학습활동을 포함한다. 모듈은 학습 목표 달성에 필요한 다양한 학습활동을 포함하며, 이 학습활동은 가능한 한 학습자의 흥미를 유발할 수 있는 활동이 제공되는 것이 좋다. 여섯째, 학습 목표와 학습활동에는 계열성이 있어야 한다. 모듈은 학습목표와 활동에서 먼저 학습해야 할 것과 나중에 학습해야 할 것들을 계열성 있게 잘 배치해야 한다. 일곱째, 모듈에는 학습자들이 학습 목표에 도달했는지를 판별하는 평가체제를 반드시 가지고 있어야 한다. 모듈에서 평가는 학습자가 목표달성 여부를 알아보는 중요한 역할을 한다. 이러한 평가는 학습자들이 피드백을 통해 반복학습을 할 것인가를 결정해주는 역할을 한다. 이러한 모듈의 특성은 자율성, 개별화, 다양성, 적극성, 피드백을 중요시하며, 학습경험이 프로그램화되어 있어서 각 지식이나 기능 간에는 연계성이 있도록 꾸며져 있고, 수업 과정에서 반드시 학습 목표와 형성평가를 거치게 되어 있다.

정리하면, 모듈의 특징은 대집단 속에서 하나의 부분으로 존재하지만 독립된 하나의 개체로서 역할과 기능을 수행할 수 있는 시스템을 갖고, 조립과 변경이 가능하고 용이한 규격 단위를 갖는 속성이 있다(박옥자, 2004). 핀치와 크런킬튼(1999)은 교수-학습 모듈을 "학생이 교육목표에 도달할 수 있도록 고안된 일련의 계획적인 학습경험이 담긴 패키지"로 정의하고 있다. 즉 모듈은 표준화, 규격화, 통합화의 특징을 가지고 있고, 모듈식 교육과정의 특징은 자율성, 개별화, 다양성, 적극성, 피드백의 특징을 가지고 있다. 따라서 모듈식 교육과정은 학습경험이 프로그램화되어 있어서 각 지식(교육활동) 간 연계성이 있도록 구성되어야 한다. 또한 학습(교육활동) 과정에서 학습 목표 설정과 평가(효과 검증)는 모듈을 충족시켜주는 준거(기준)를 가지고 있어야 한다.

모듈식 교재나 프로그램의 전형적인 형식은 다음과 같은 순서를 가진다. 학습경험이 프로그램화되어 있어서 각각의 교육활동 간에는 연계성이 있어야 한다. 모듈마다 그 과정에서 얻고자 하는 '학습 목표'가 뚜렷해야 하고, 효과 검증은 필수과정이다. 그리고 사전평가와 사후평가는 교육 모듈을 충족시키는 준거가 된다. 핀치와 크런킬튼(1999)이 제시한 모듈(모듈식 교재, 프로그램, 교육과정)식 교육과정의 전형적인 형식은 〈그림 1〉과 같다.

핀치와 크런킬튼(1999)이 제시한 모듈식 교수-학습 과정에서 사전평가(진단검사)와 학습경험은 모듈식 교수-학습 모델의 '공통'과 '선택', '기본'과 '심화'를 결정짓기 위해 요구되는 절차이자 요소다. 목적이 정해지면 해당 목적을 이루기 위한 목표들이 존재하게 된다. 특히, 교육

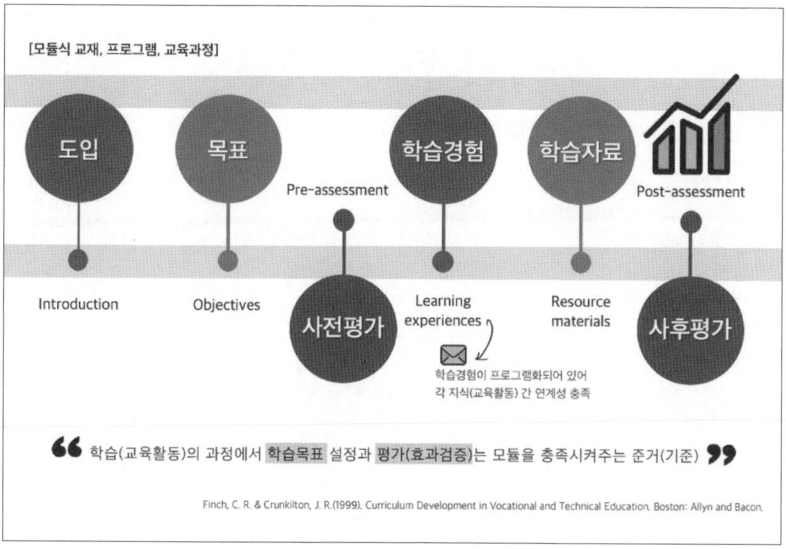

출처: Finch, C. R. & Crunkilton, J. R. (1999). *Curriculum Development in Vocational and Technical Education.* Boston: Allyn and Bacon.

〈그림 1〉 모듈식 교육과정의 형식

의 목표는 정확한 진단이 바탕이 되었을 때 달성 가능하다. 교육과정에서 요구하는 진단은 학습자가 함양하고 있는 능력 및 지식수준을 파악하는 것이다. 그리고 진단으로 파악할 수 없는 학습자들의 경험치는 '학습경험'을 확인하는 것으로 알 수 있다. 기존에 어떠한 학습경험을 했고, 해당 학습경험에 의해 어떠한 지식에 대해 어느 정도 이해의 수준을 갖고 있는지 확인하는 것이다. 이러한 과정을 통해 교육과정은 해당 교육에 가장 적합한 대상의 조건을 설정할 수 있게 된다. 그러한 조건이 설정되면 해당 조건에 도달하지 못한 자, 해당 조건을 상회하는 자가 존재하게 된다. 이때 학습자가 어떠한 조건을 보유하고 있든 상관없이 해당 교육과정의 대상이라면 공통의 교육목표가 존재할 것이다. 그것이 모듈식 교수-학습 모델에서 말하는 공통의 개념이다. 전공에 상관없이 대학에서 학생들이 갖추어야 할 능력 및 역량을 위해 설정하는 교육목표가 모듈에서의 '공통' 개념이 된다. 이와는 반대로 학습자의 욕구와 조건에 따라 개별 학습자가 서로 다른 것을 목표로 할 때 바로 '선택'의 개념이 된다. '선택'은 조건에 의한 '선택'과 욕구에 의한 '선택'으로 나뉠 수 있다. 조건에 의한 '선택'은 교육과정에서 정하는 적합한 대상의 조건에 미달하는 자들을 해당 조건에 부합하도록 하기 위해 제공한다. 욕구에 의한 '선택'은 학습자들이 자신의 욕구에 따라 제각기 다른 선택지를 선택하여 해당 욕구를 실현하기 위한 지원이 필요할 때 제공한다.

모듈식 교육은 교육 현장의 다양성에 맞춰 교육 내용을 선택적으로 적용할 수 있도록 하는 동시에 교수자와 학습자 모두에게 교육이 얼마나 잘 진행되고 있는가에 대한 지표를 제공해준다. 이를 통해 교육 목적 및 목표를 달성하기 위해 요구되는 교육 요소들의 성격을 명확히 한다는 데서 이점을 가진다. 학습자의 대상이 다양해지고 그에 따라 요구되는 교육 내용의 수준 역시 다양해지고 있는 시점에서 모듈화는 학문 목적과 교육 현장에서 당면하고 있는 다양한 어려움을 해결하는 데 도움을 제공할 것이다. 교육 현장 각각의 다양한 성격에 맞춰 자유롭게 교육 내용을 선택하여 구조화할 수 있는 모듈은 학습자의 다양성, 학습 상황의 다양성에서 오는 문제를 푸는 열쇠가 될 것이다. 나아가 교육의 모듈화는 표준화할 수 없는 다양한 특정 목적의 교육에 적절히 유형화된 선택지를 제공함으로써 표준화의 가능성을 열어준다는 점에서 앞으로의 연구들에 시사하는 바 크다.

모듈식 비교과 프로그램 개발 전략

비교과 프로그램은 학생들의 특성에 따라 다양성과 자율성을 충족시키며(Lunenburg, 2010), 학습공동체, 인턴십 등과 같은 비교과 프로그램은 정규 교육과정을 뒷받침함으로써 교육적 효과를 향상시킨다. 특히, 대학에서의 비교과 프로그램 참여는 전공, 교양교과의 학업 성취도뿐만 아니라 사회적 · 정서적 충족을 제공(김지혜, 2017)하기 때문에 학생들은 교과와 비교과 교육과정의 적절한 조화를 통해 사회 진출의 기반을 다질 수 있으며, 대학은 사회에서 요구하는 다양한 역량을 강화시키는 교육을 제공할 수 있다.

비교과 프로그램은 이제 대학에서 필수적으로 경험해야 할 부분으로 인식되며, 비교과 프로그램 참여는 대부분의 학문적인 측면에서 더 많은 기술과 흥미를 이끌어냄으로써 미래에 중요한 고등교육 경험으로 작용한다(Cole et al., 2007; Conway, 2009; Fredricks, 2006). 대부분의 전공 교육과정은 시 · 공간적으로 제한되어 있고, 전공에서 성취할 수 없는 역량이 존재하기 때문에 다양한 비교과 활동에 학생들이 자발적으로 참여할 수 있도록 대학 스스로 교과 밖에서 이루어지는 비교과 교육과정의 참여를 독려하고 있다(김정민 외, 2017).

이러한 비교과 프로그램을 모듈식으로 개발하기 위해서는 다음과 같은 원칙을 갖고 있어야 한다.

첫째, 교육 프로그램 내용의 타당성을 확보하기 위해 프로그램 내용 및 요인을 명확하게 구분하고 정리해야 한다. 둘째, 교육 프로그램 개발 과정은 교수-학습 설계 방법론에 근거하여 개발한다. 셋째, 개발한 교육 프로그램은 학습자 개개인의 수준에 따라 제공되어야 하고 학습자 스스로 혹은 교수자와 함께할 수 있도록 교육 프로그램의 모듈화를 통해 세분화 및 개별화가 이루어져야 한다.

이러한 원칙을 수행하기 위한 교육 프로그램의 개발 방향은 다음과 같다.

첫째, 학습자 수준에 적합한 교육 프로그램으로 개발되어야 한다. 둘째, 실생활에서 자신이 학습한 내용이 구현될 수 있도록 구조화되어야 한다. 학습자 스스로 구체적인 행동 목표를 달성할 수 있도록 구체적인 실행 목표를 중심으로 체계화되어야 하며, 각각의 소(小)모듈 학습 결과가 중(中)모듈 수준에서 제시하는 학습 목표와 연계되어 나타날 수 있도록 구조화되어야 한다. 셋째, 자기주도적 학습 환경을 조성할 수 있도록 개발되어야 한다. 현재 대부분의 교육 프로그램은 교수자 중심의 교육체제를 가지고 있어 학습자들이 선호하는 수업 방법으로 이루어지지 않고 있다. 따라서 학습자가 주도적으로 교육 프로그램에 참여할 수 있도록 내용 체제가 설계되어야 한다. 마지막으로 학습자의 인지적 수준을 고려한 이론과 행동 변화를 위한 다양한 활동이 체계적으로 통합된 교육 프로그램으로 개발되어야 한다.

모듈식 비교과 프로그램 개발은 실제 학습자에게 수준별 맞춤 학습을 진행할 수 있도록 구체적인 내용 체계가 자기주도적 학습과 개별화 수업의 특성을 가진 개별 학습자료로서 특정 지식, 기능을 학습하고 평가하는 데 필요한 정보를 담을 수 있도록 개발되어야 한다. 모듈식 비교과 프로그램의 개발 절차를 게를라흐와 엘리(1980)의 체제적 교수설계모형을 중심으로 설명하면 다음과 같다. 첫 번째는 분석단계로 수업모형의 목표 및 내용을 선정하는 요구 분석을 실시하고, 학습자 분석을 진행한다. 두 번째는 설계단계로서 모듈식 비교과 프로그램을 설계하여 교육 내용을 상세화하고 목표를 설정한다. 세 번째는 개발단계로서 모듈식 비교과 프로그램을 개발하는 것으로 핵심 수업 단계와 학습자 활동을 제시하고, 전문가 검토 및 프로그램의 개선점을 도출하여 모듈을 수정하고 보완한다. 마지막은 실행 및 평가단계로 현장 적용 및 검증단계로 교육상담 시스템을 활용하여 효과를 검증한다.

E대학의 핵심역량 기반 모듈식 비교과 프로그램 개발

많은 대학이 정부 주도의 대학평가로 인해 핵심역량에 대한 인식이 증가했다. 그러므로 개별 대학에서는 대학의 인재상과 교육목표에 부합하는 핵심역량을 설정하고 핵심역량 기반 교육체제를 갖추어 각 역량을 함양할 수 있는 교육과정 이외에 비교과 교육과정으로 비교과 프로그램을 개발하여 운영하고 있다. OECD DeSeCo(The Definition and Selection of Key Competencies) 프로젝트에서는 '핵심역량'이라는 용어를 도입하여 "현대 사회에서 살아가는 사람들이 필수적으로 갖추어야 할 핵심적인 능력"이라고 정의했다(OECD, 2005). 핵심역량은 개인의 삶과 사회에 공헌하며, 삶의 다양한 상황에서 개인의 중요한 요구를 충족시키고, 모든 개인에게 필요한 것이어야 한다고 했다. 이러한 필요에 따라 각 대학은 학생들의 경쟁력을 확보할 수 있도록 사회에서 요구되는 핵심역량을 파악하고, 이를 강화시키기 위해 노력해야 한다.

따라서 기존의 한 가지 목적에만 집중된 교육과정에서 벗어나 변칙적이고 가변적인 교육 현장의 요구를 충족시키는 비교과 프로그램이 개발되어야 한다. 모듈의 요소들은 제각각 독립되어 존재할 수 있다. 그런데 독립된 모듈이 하나의 온전한 교육 내용으로서 기능하게 하기 위해서는 각각의 모듈이 자신만의 교육 내용을 갖추고 있어야 한다. 따라서 모듈화를 통해 구성될 모듈별 교육 내용들을 어떻게 구조화하여 구성할 것인가에 대한 논의가 모듈식 교육 설계의 관건이다.

특히, 모듈식 교육 내용을 효과적으로 운영하기 위한 교수-학습 방법이 중요하다. 모듈식 교수-학습의 특징은 첫째, 모듈에 의한 수업이 자율적이다. 이것은 학생들이 교수자에 의존하지 않고 다음 단계의 행동이나 어떤 자료를 사용해야 하는지를 물어보지 않아도 된다는 것을 의미한다. 각 모듈에는 학생들이 무엇을 해야 하며, 어떤 절차를 택해야 하고, 어떤 자원과 재료를 사용해야 하는가에 대한 안내가 제시되어야 한다. 둘째, 모듈은 개별화되어야 한다. 모듈은 능력에 따른 학습 속도, 피드백, 완전학습 같은 요소가 포함되어 학습자 개개인에 맞게 개별화되어야 한다. 셋째, 모듈은 패키지로서 출발점과 도착점이 규정되어 있고, 특정한 학습 목표를 달성하기 위해서는 무엇을 해야 하며, 과연 그것을 달성했느냐의 여부를 정확히 알도록 되어 있다. 즉, 모듈의 내용이 논리적이며 체계적인 흐름을 갖는다는 것을 의미한다. 학습자들은 출발점과 자신들이 학습된 정도의 지점을 알도록 되어 있다는 것이다. 넷째, 모듈은 학습경험과 학습 목표를 포함해야 한다. 학습자들이 학습 목표를 달성할 수 있도록 학습경험을 제시하고, 다양한 학습자에 맞추어 교육 방법도 다양해야 한다. 다섯째, 학생들이 각 학습 목표에 도달했는지 여부를 평가할 수 있는 체계를 갖고 있어야 한다. 평가가 모듈을 충족시켜주는 준거 혹은 기준으로 사용되어야 한다.

E대학은 경기도 소재 보건의료특성화 4년제 대학으로서 인성, 전문

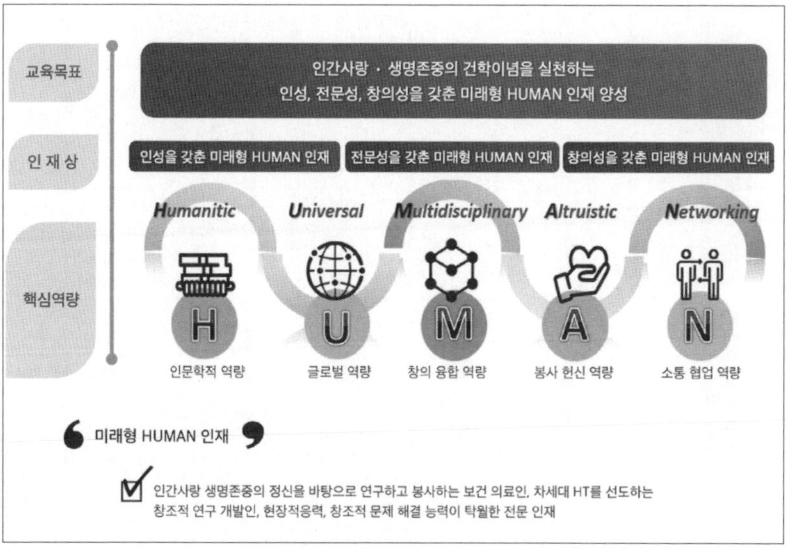

〈그림 2〉 E대학의 HUMAN 핵심역량 체계

성, 창의성을 갖춘 미래형 HUMAN 인재양성을 교육목표로, 5대 핵심역량으로는 인문학적 역량, 글로벌 역량, 창의 융합 역량, 봉사 헌신 역량, 소통 협업 역량을 구성하고 있다.

E대학의 모듈식 교육플랫폼에서 모듈은 '대모듈 → 중모듈 → 소모듈'로 구성되어 있다. 대모듈은 E대학의 핵심역량 각 역량 중심으로 5개로 구성하고, 중모듈은 대모듈을 중심으로 대표적인 단위 하위역량으로 구분하여 15개로 구성한다. 소모듈은 중모듈을 기준으로 세부 지원영역 36개로 구성하고, 개별 단위로 비교과 프로그램 총 84개로 구성하고 있다.

E대학의 핵심역량 기반 모듈식 교육 플랫폼은 역량중심교육과정 개발모형을 적용(Competency Based Curriculum Development: CBCD)하여 환류 시스템(〈그림 4〉 참조)을 통해 질 관리를 하고 있다. E대학 모듈식 교육플랫폼

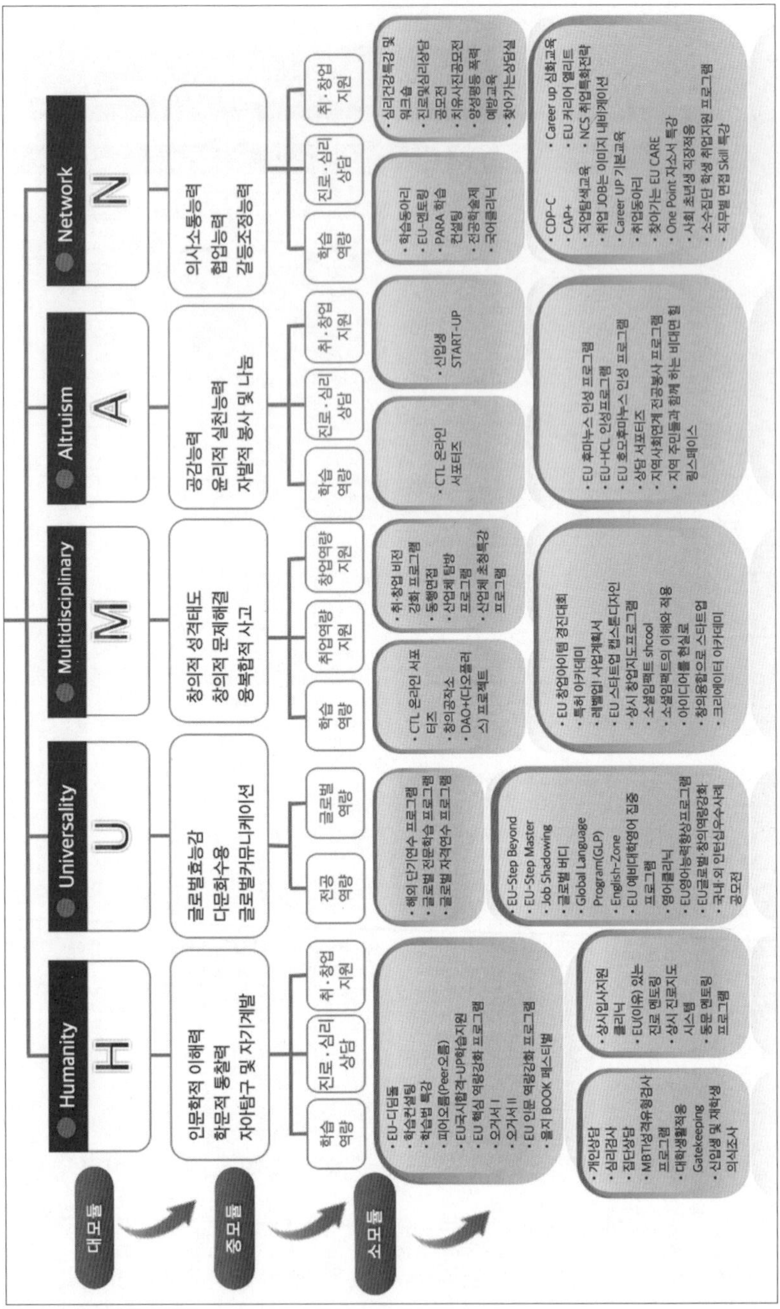

〈그림 3〉 핵심역량 기반 모듈식 교육플랫폼

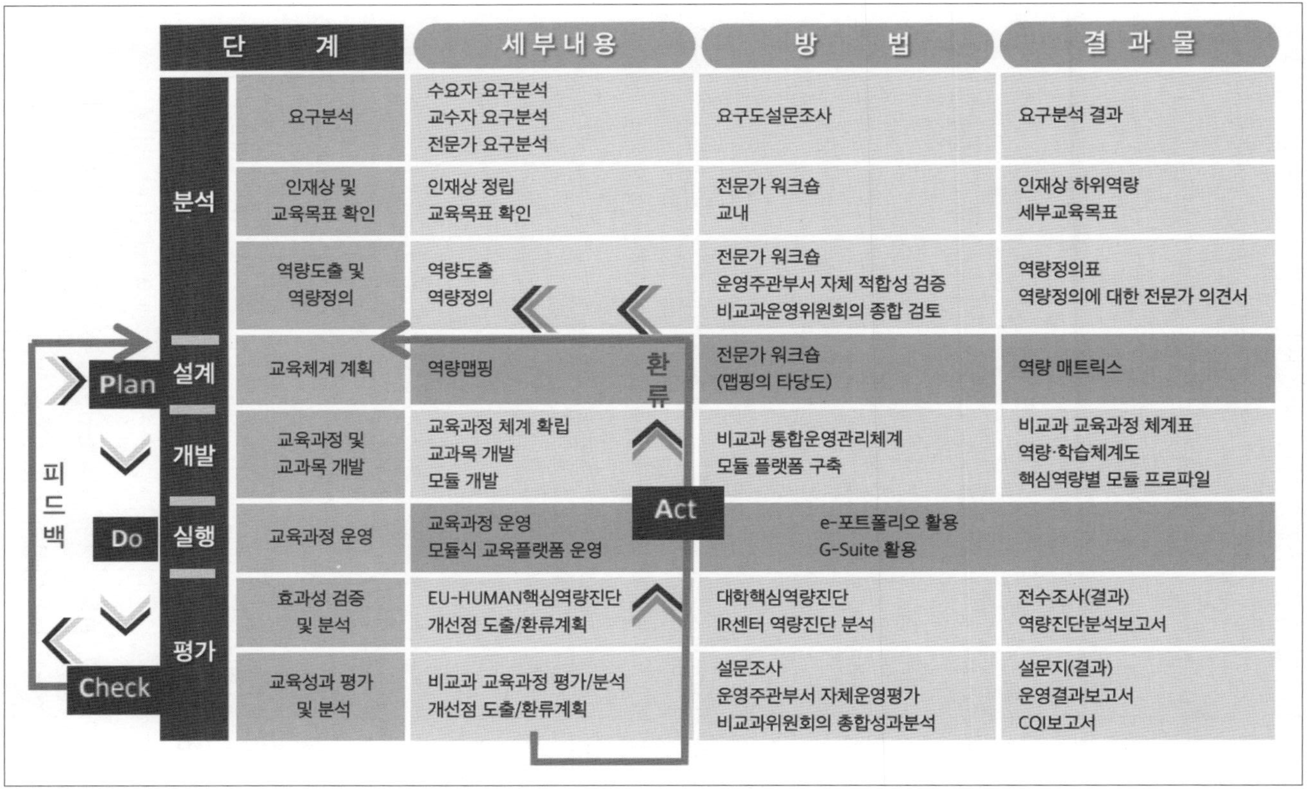

〈그림 4〉 모듈식 교육플랫폼 운영체계

은 그림과 같이 분석-설계-개발-실행-평가 단계로 진행된다. 분석단계에서는 역량중심교육과정 개발모형에 따라 요구분석, 인재상과 교육목표, 역량도출과 정의를, 전문가 워크숍, 운영주관부서 자체 적합성 검증, 비교과운영위원회의 종합 검토를 통해 역량 정의표를 완성한다. 설계단계에서는 역량을 매핑하는 매핑의 타당도 검증을 위해 전문가 자문과 워크숍을 통해 역량 매트릭스를 구성한다. 다음으로 구성된 모듈식 교육플랫폼을 운영하고, 모듈식 교육플랫폼에서 준거가 되는 가장 중요한 평가 부문에서 수요자(학생) 역량적 측면과 공급자(운영부서)의 운영 효율성으로 종합적인 평가와 분석을 한다.

또한 평가와 분석으로 끝나는 것이 아니라 PDCA 질 관리 시스템을 통해 환류를 진행한다. 효과성의 경우 전수조사로 대학핵심역량진단을 실시하고, IR(Institutional Research)센터에서 데이터를 분석한다. 교육성과의 경우, 부서들의 자체 운영평가와 비교과위원회를 중심으로 운영결과 보고서 및 CQI보고서를 통해 환류 계획을 도출한다. 도출된 사항에 대해 개선점을 반영하여 다시 프로그램을 정비하는 과정, 모듈을 다시 모듈러하는 계획단계로 피드백하게 된다. 이처럼 PDCA에 따른 선순환적 질 관리를 가능하게 하는 시스템을 구성하게 된다.

모듈식 비교과 프로그램 운영

최근 대학에는 정부 재정지원사업 및 대학 기본역량 진단, 대학기관평가인증 등의 영향과 사회적으로 다양한 역량을 가진 인재 육성이 요구되면서 각 대학은 교육이념, 인재상, 역량, 중장기 발전계획 등에 부합하는 비교과 교육과정을 구성하고 학생역량 강화 및 진로교육 프로그램을 운영하고 있다. 2015년 이후부터 비교과 프로그램에 대한 효과성 검증 연구가 활발하게 이루어지고, 특히 종전에 운영되던 다양한 비교과 프로그램을 개선 · 보완하여 내실화를 기할 수 있는 방향으로 질 관리 체계를 마련해야 한다는 필요성이 대두되었다.

비교과 교육과정은 학점이 부여되지 않고 전공 및 교양 같은 정규 교육과정에 포함되지 않는 모든 교육활동으로, 정규 교육과정과 차별화되는 비형식적 교육이다. 비교과 교육과정은 학생의 자발적 참여와 개별성을 반영하고 전인적인 성장을 가능하게 할 뿐 아니라 교과와의 연계, 체험중심의 교육, 공동체 구성, 융통적 운영 및 대안적 평가 등도 주요 특성으로 제시된다(이림, 2018).

E대학은 대학의 인재상과 5대 핵심역량을 바탕으로 '인성 · 전문성 · 창의성을 갖춘 미래형 HUMAN 인재'를 양성하기 위해 대학 핵심역량 우수 인재를 발굴하여 인증제도를 마련했다. 인증(認證, accreditation)의 사전적 의미는 "어떤 문서나 행위가 정당한 절차로 이루어졌다는 것을 공적 기관이 증명함" 또는 "자격을 갖춘 기관이 적합성 평가 업무를 수행하고자 하는 기관의 능력을 평가하여 공식적으로 그 자격을 부여하는 행위", 즉 프로그램의 질적 관리를 위해 합의된 기준에 따라 평가를 통해 인정해주는 것이다. 교육 분야에서의 인증은 1800년대 후반 미국에서 시작되어 대학 외 직업교육 기관, 공학교육, 의학교육, 교사교육 등 다양한 분야의 교육 프로그램을 대상으로 시행되었다. 특히 인증은 고등교육의 질 향상 및 보장을 위해 유용한 방법으로 인식되어 우리나라에서도 공학, 경영, 유아 등 다양한 교육 분야에서 적용하고 있다.

교육 분야에서 인증이란 “어떤 교육기관이나 특정 교육 프로그램이 일정한 기준을 충족하여 교육의 질을 보장하고 있음을 공식적으로 인정하는 절차를 전문가들이 중심이 되어 운영하는 평가체제”를 말한다(박종렬 외, 2009). 이렇듯 인증은 인정된 것을 증명하는 것이다(신상명, 2004). 또한, CHEA(Council for Higher Education Accreditation)에서 인증이란 “고등교육기관 및 프로그램의 품질에 대한 검토이자 기관이나 프로그램이 양질의 교육을 제공한다는 것을 아는 주요 방법”이라고 했다. 더불어 대학 교육 인증은 교육 질의 최소수준을 확보하는 대학 교육 질 개선에 대한 인증을 말한다. 교육 분야에서 인증하는 목적은 교육기관에서 운영하는 프로그램이 일정 수준의 질을 충족시키고 있는지 공식적으로 보장함으로써 교육기관의 질적 향상 노력을 촉진하는 것이다. 인증 결과는 비교과 프로그램의 질을 담보하고, 해당 분야에 진입할 수 있는 최소 수준의 자격을 인정하는 목적으로 활용된다.

E대학의 HUMAN 인재 인증체계 구축 절차는 첫째, 비교과 교육과정 HUMAN 인재 인증의 개념과 범위를 설정하고, 둘째, 국내외 문헌자료를 검토하여 프로그램 인증을 위한 평가 지표를 도출하고, 셋째, 교내 연구 담당자 2인 및 비교과 운영 담당 부서 관련자 2인의 협의를 거쳐 영역과 세부 평가지표를 선정하고, 넷째, 내용타당도 및 구성타당도를 확인하기 위해 교내 · 외 교육전문가의 검토를 거쳐 최종 비교과 인증제 설계를 위한 지표를 완료한다. 다섯째, 비교과운영위원회 중심으로 각 비교과 운영부서 인증제의 취지와 인증 프로그램 선정 지표 설명 및 부서들의 의견 수렴 과정 총합회의를 실시하고, 여섯째, 인증 프로그램 선정 지표에 근거한 프로그램 인증 신청서 양식 배포 및 접수 후 비교과 운영위원회 검토 및 1차 인증 프로그램을 선정한다. 일곱째, 각 비교과

운영부서 의견 수렴 및 수정사항을 받아 2차 인증 프로그램을 재선정한다. 여덟째, 비교과운영위원회와 교내 관련 위원회의 검토 및 의견사항 수렴 후 인증 프로그램 선정 및 인재인증제 운영지침을 완성한다. 아홉째, HUMAN 인재 인증 확산에 대한 노력을 하고, 열 번째, 후속 연구로 실제 E대학 자체적 비교과 HUMAN 인재 인증을 시행한 결과 문제점과 개선사항에 대한 결과를 공유한다.

HUMAN 인재 인증 인정 방법(충족기준)에서 인증등급은 우수인증(H인증, U인증, M인증, A인증, N인증-개별 역량 인증), 최우수인증(HUMAN 인재 인증)으로 구분된다. 우수인증은 동일 역량 비교과 프로그램 최소 3개 이상 이수 시 해당 역량 인증을 하고, 최우수인증(HUMAN 인재 인증)은 모든 역량 비교과 프로그램 역량별 최소 2개 이상 이수 시 HUMAN 인재 인증을 하게 된다. 〈그림 5〉는 모듈식 비교과 프로그램 체계 중에서 HUMAN 인재 인증에 해당하는 비교과 프로그램을 보여주고 있다.

모듈식 비교과 프로그램의 예로 교양학부의 오거서 I, II 프로그램은 대모듈 인문학적 역량으로 학습, 심리상담, 취업에 해당하는 중모듈이다. 1학년 대상 오거서 I, 2학년 대상 오거서 II는 학생들의 기초학습능력 배양을 위한 독서 프로그램으로 '인성과 미래설계' 교양필수 교과목과 연계하여 학기마다 독서활동 후 20명의 독서일지 우수자를 선발하는 비교과 프로그램이다. 모듈식 비교과 프로그램의 또 다른 예로는 인권센터의 집단상담 프로그램이 있다. 집단상담 프로그램은 대학 생활 중 야기될 수 있는 학업 문제, 대인관계 문제, 진로 고민, 정서적 불편감, 스트레스 관리 등과 관련하여 유사한 고민을 가지고 있는 학생들이 소그룹을 형성하여 각자의 어려움을 함께 이야기하고 피드백하며 지지하는 과정을 통해 모두의 성장을 돕는 프로그램이다.

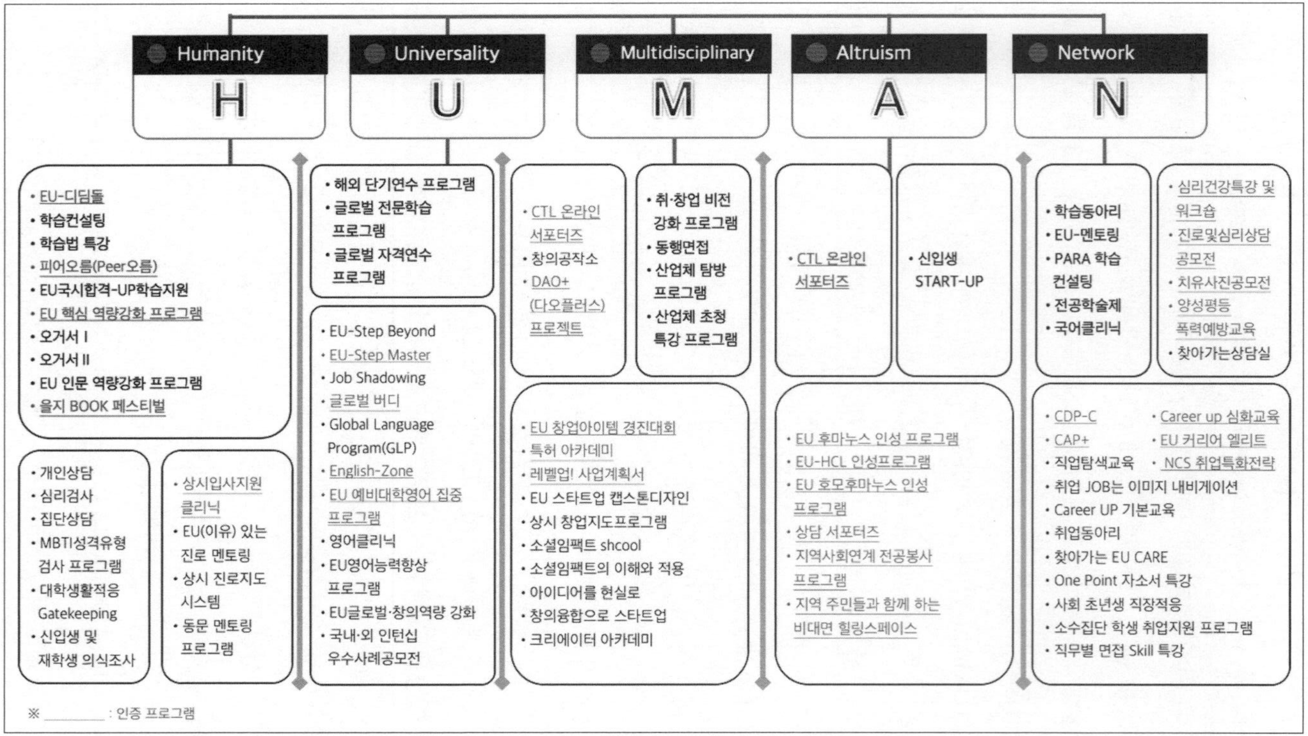

〈그림 5〉 HUMAN 인재 인증 비교과 프로그램

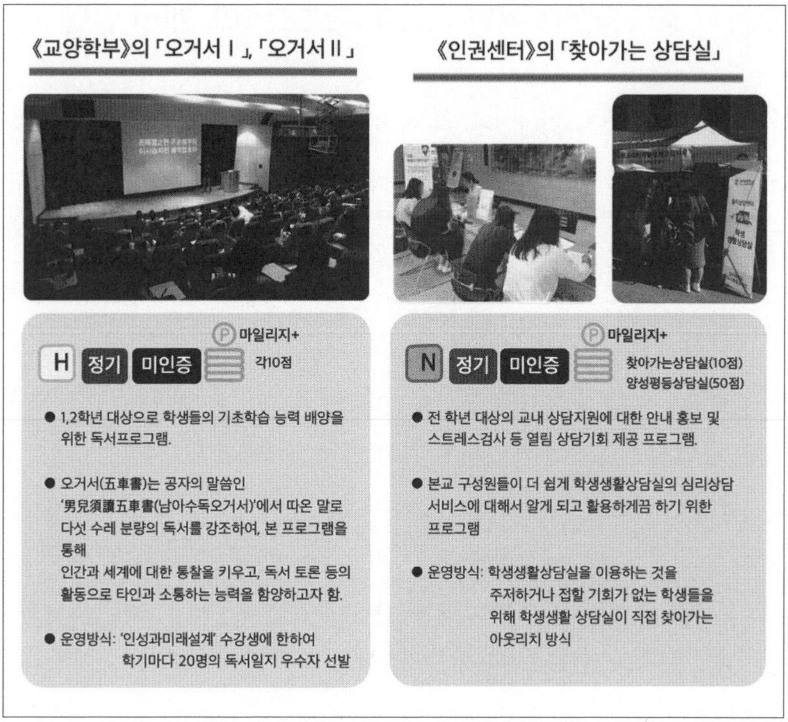

〈그림 6〉 모듈식 비교과 프로그램의 예

이처럼 모듈식 비교과 프로그램의 체계 마련을 통해 HUMAN 인재 인증과 비교과 프로그램의 효율적인 운영을 기대해볼 수 있다. 나아가 비교과 프로그램 운영부서들의 유기적인 협조체제와 비교과 프로그램 교육의 질 제고에 기여할 수 있다.

모듈식 교육플랫폼 기반 비교과 프로그램의 개선 방향

비교과 프로그램의 가장 큰 목적은 전문적인 지식 습득을 통해 전공에 부합하는 직업 전문역량을 키우는 교과에서 달성하지 못하거나 달성하기 어려운 역량을 키우는 것이다. 특히, 경쟁력 있는 공학 인력을 양성하기 위해서는 역량이나 지역산업, 대학 특성 등을 고려하여 질적으로 특성화된 공학교육 프로그램이 필요하다(김은경 외, 2010). 효과적인 교육이 이루어지기 위해서는 체계적인 운영과 성과관리, 그리고 비교과 프로그램의 종합적인 영향을 확인하기 위한 연구가 필요하다. 이렇듯 최근 학교, 산업 현장, 교육기관에서의 교육 프로그램이 증가하고 그에 대한 평가적 요구가 많아짐에 따라(이원석, 2013) 교육 프로그램의 목적, 특성, 성과, 구성의 적절성, 효과 등에 대한 정보를 체계적으로 수집하고 분석하기 위한 다수의 연구가 진행되고 있다. 하지만 산업체 요구, 대학 및 지역 특성 등의 영향을 특히 많이 받는 공학교육 비교과 프로그램은 내·외부적 환경 요인과 상호 피드백에 대한 반영을 종합적으로 고려해야 함에도 다양성과 복잡성으로 인해 체계적인 프로그램 개발과 운영이 이루어지지 않고 있는 실정이다(박기문, 2011).

비교과 프로그램은 학생의 자율성과 다양성을 추구할 수 있어야 하고, 이러한 비교과 프로그램에 참여함으로써 다양한 사람과의 인간적인 만남을 통해 객관적인 자기의식을 함양하여 미래 사회인으로서의 가치 있는 생활을 영위할 수 있도록 그 기초를 다질 수 있어야 한다. 이처럼 비교과 프로그램은 대학의 핵심역량과 사회 진출 능력을 함양하기 위해 다양한 프로그램의 형태로 개발·운영되어야 한다. 그 이유는 비교과 프로그램이 대학의 정규 교육과정을 통해 얻을 수 있는 학문적 지식 이외에 다양한 측면에서 긍정적인 교육적 효과를 나타내기 때문이다.

비교과 프로그램은 정규 교과교육과정 이외에 별도로 개설한 교육 프로그램으로서 학점이 부여되지 않는다. 이러한 비교과 프로그램은 교과 교육과정에서 주요 교육목표로 설정하지 않는 자율성, 다양성, 사회적 책임, 세계화 등 사회적 요구에 부합하는 인재를 양성하는 데 필요하다. 비교과 프로그램에 대한 필요성은 사회적 요구에 부합하는 인재양성 목적 이외에 정규 교육과정을 지원 또는 심화할 수 있는 프로그램 개발로 이어지고 있다. 이러한 비교과 프로그램은 대학생들의 대학 생활 적응, 대인관계, 진로, 학업성취 등에 긍정적인 영향을 미치고(Bakoban & Aljarallah, 2015; Guevremont, et. al., 2014), 교과과정의 학문적 지식을 증진할 수 있는 교육적 효과를 가져올 수 있다(Lee, Yu & Chang, 2012). 이러한 비교과 프로그램의 긍정적인 역할과 목적에도 대학의 비교과 프로그램이 각 대학에서 기대하는 학생들의 역량증진에 직접적인 영향을 미치지 못하고 있다는 우려가 있다(Jang, 2015). 비교과 프로그램을 대학의 특성에 따라 체계적 · 통합적으로 기획 · 관리하고 프로그램을 개발 · 운영하는 대학은 많지 않은 실정이다. 각 대학이 주체적으로 학생들의 특성과 요구도를 파악하고 사회 요구를 수렴하여 비교과 프로그램을 구성해야 한다.

앞으로 비교과 프로그램이 안정적으로 정착하고 확산되기 위해서는 시행착오와 그를 통한 환류를 비롯해서 변동될 수 있는 모든 것에 대한 비교과 프로그램 운영부서와의 이해와 교류가 필요하다. 비교과 인증제의 목적은 프로그램의 질을 높이기 위함인데, 이를 단순히 프로그램이나 부서의 평가 잣대로만 활용할 경우 인증제의 부정적 인식만을 제공하는 기본 취지에 부합하지 않는 결과를 초래할 수도 있다. 또한 HUMAN 인재 인증제 운영 및 지속적인 질 관리를 위해 대학 내 부서들의 반발을 낮추고 제도 시행에 대한 이해를 도울 수 있도록 워크숍 및 교육, 컨설팅 등도 필요하다. 대학 내에서 비교과 프로그램을 운영하는 부서와 학과는 매우 다양하다. 따라서 학생들을 포함하여 모든 학교 구성원들은 대학의 발전 방향을 공유하고, 대학 내 비교과 프로그램의 운영 및 인증 정책 수행 협조와 협력이 필요하다.

참고문헌

김길모, 《청소년의 정보통신윤리 행동 개선을 위한 계획된 행동이론 기반 정보통신윤리지수 및 교육상담 시스템 개발》, 한국교원대학교 대학원 박사학위논문, 2012.

김은경 · 이우영, 〈공학인재 양성을 위한 공학교육 현황 분석〉, 《공학교육 연구》 13(3), 2010, 61-67쪽.

김정민 · 유영의 · 이상욱, 〈대학의 비교과 활동에 대한 연구 분석과 시사점〉, 《학습자중심교과교육연구》 17(17), 2017, 773-791쪽.

김지혜, 〈외국인 유학생 대상 비교과 프로그램 개발 방안 연구〉, 《교양교육연구》 11(2), 2017, 537-562쪽.

나승일 · 이용환 · 정철영 · 이해선 · 김준영, 〈ISD를 적용한 전문대학의 모듈식 교재개발 모형 연구〉, 《농업교육과인적자원개발》 33(3), 2001, 83-116쪽.

박기문, 《체제분석적 접근에 기반한 공학교육프로그램 평가모형 개발》, 충남대학교 대학원 박사학위논문, 2011.

박미정, 〈환경가치교육을 위한 모듈식 프로그램 개발〉, 한국교원대학교 대학원 석사학위논문, 2004.

박옥자, 〈중학교 체육교과에서 보건환경 교육을 위한 모듈 개발〉, 한국교원대학교 교육대학원 석사학위논문, 2004.

박준범, 〈학습자중심 모듈형 의사소통교육의 수업모형과 실제〉, 《리터러시연구》 22, 2017, 51-84쪽.

박종렬 · 배호순 · 이영호, 《대학평가 이론과 실제》, 학지사, 2009.

신상명, 〈학교책무성 장치로서의 학교인증평가 적용 가능성 논의〉, 《한국교육》 31(4), 2004, 177-201쪽.

이림, 〈대학교육에서의 비교과교육 발전 방향에 대한 논의〉, 《고려대학교 교육문재연구소》 69, 2018, 155-182쪽.

이원석, 〈우리는 왜 프로그램을 평가하는가?〉, 《교육평가연구》 26(1), 2013, 1-13쪽.

〈교육 프로그램 개발 모형: 교수체제개발과 역량중심교육과정개발〉, 《월간HRD》, 2017년 4월 26일.

Bakoban, R. A., & Aljarallah, S. A., "Extracurricular activities and their effect on the student's grade point average: statistical study", *Educational Research and Reviews*, 10(20), 2015, pp. 2737-2744.

Cole, M. S., Rubin, R. S., Feild, H. S., & Giles, W. F., "Recruiters' perceptions and use of applicant résumé information: Screening the recent graduate", *Applied Psychology*, 56(2), 2007, pp. 319-343.

Conway, A., "An investigation into the benefits of extracurricular activities like club and societies to students and colleges: Are these benefits evident in the opinions and perceptions of staff and students in DIT", *Dublin Institute od Technology*, 2009.

Finch, C. R. & Crunkilton, J. R., *Curriculum Development in Vocational and Technical Education*. Boston: Allyn and Bacon, 1999.

Fredricks, J. A., & Eccles, J. S., "Is extracurricular participation associated with beneficial outcomes? Concurrent and longitudinal relations", *Developmental Psychology*, 42(4), 2006, pp. 698.

Gerlach, V. S., & Ely, D. P., *Teaching & Media: A Systematic Approach (2nd ed.)*, Englewood Cliffs, NJ: Prentice-Hall Incorporated, 1980.

Guevremont, N., Findlay, L., & Kohen, D., "Organized extracurricular activities: are in-school and out-of-school activities associated with different outcomes for Canadian youth?", *Journal of School Health*, 84(5), 2014, pp. 317-325.

Jang, S. P., Kim, J. I., "Exploring Causes of the Convergence Thinking Skill by Extracurricular Activities: Focusing on Liberal Arts Knowledgenand Multicultural Acceptability", *The Journal of Educational Research*, 13(4), 2015, pp. 135-156.

Lee, B. K., Yu, G. S., & Chang, S. C., "Studies on University Curricula Programs Developed in Response to Globalization in Korea", *Korean Journal of General Education*, 7(2), 2012, pp. 221-248.

Lunenburg, F. C., "Extracurricular activities", *Schooling*, 1(1), 2010, pp. 1-4.

OECD, *The definition and selection of key competencies*, Executive Summary, 2005.

3부
모듈식 인성교육의 가능성

6장. 인성교육의 역설과 모듈식 인성교육 _ 최복희, 홍우람

7장. 모듈식 인성교육 사례분석: 경계-모듈형 CUK 인성교육과정
_ 김진아, 백소연, 이소영, 정은기

6장
인성교육의 역설과 모듈식 인성교육

—

최복희, 홍우람

들어가며

4차 산업혁명 시대, 포스트코로나 시대 등 앞으로 다가올 새로운 시대에 대한 관심이 뜨겁다. 신경과학, 인지과학, 뇌과학, 컴퓨터과학 등 급속한 과학의 발전에 따라 등장하게 될 신기술에 대한 기대감으로 밝은 미래를 전망하기도 하지만, 신기술과 더불어 변화될 사회구조와 산업구조에 대한 불안감으로 어두운 미래를 그리기도 한다. 흥미로운 점은 장밋빛 미래를 꿈꾸는 사람이건 암울한 미래를 걱정하는 사람이건 많은 사람이 새로운 시대에는 '인간다움'이 더욱 강조될 것이라고 주장한다는 점이다. 새로운 시대의 새로운 기술로 대체될 수 없는 진정한 인간다움이야말로 다가올 미래에 가장 중요시될 가치임이 분명하다는 예측이다.

그래서인지 인성교육에 대한 관심 역시 커지고 있다. 인간다움을 가르치는 교육이 바로 인성교육이기 때문이다.

새로운 시대에 대한 전망과 더불어 진정한 인간다움을 교육하는 인성교육에 대한 관심이 증가하면서 우리는 크게 다음과 같은 두 가지 질문을 마주하게 된다. 하나는 '진정한 인간다움이란 무엇인가?'라는 질문이고, 다른 하나는 '어떻게 인간다움을 교육할 것인가?'라는 질문이다. 전자가 인성교육의 내용에 대한 질문이라면, 후자는 인성교육의 방법에 대한 질문이라고 할 수 있다. 이 두 가지 질문 중에서 우리가 지금 다루고자 하는 질문은 후자다. 여기서 우리는 기존 인성교육의 한계를 극복하고 다가올 미래에 어울리는 새로운 인성교육의 방법은 무엇인지 논의하고자 한다. 이를 위해 우선 2절에서 〈인성교육진흥법〉을 중심으로 '인성' 그리고 '인성교육'의 의미를 상식적 관점에서 규정할 것이다. 이러한 개념적 논의를 바탕으로 3절에서는 교육이 근본적으로 역설적 과제를 수행하고 있으며, 그 과제의 역설적 성격은 인성교육에서 가장 첨예하게 드러남을 보일 것이다. 나아가 4절에서는 인성교육의 역설적 과제를 수행하기 위해 명목적이 아닌 실질적인 자기주도학습법이 도입되어야 함을 주장하고, 새로운 인성교육 방법으로 모듈식 교육 방법을 제안할 것이다. 그리고 마지막 5절 결론에서는 모듈식 교육의 현실적 적용을 위해 해결해야 할 과제를 검토하고자 한다.

인성교육 종합계획과 인성 개념

인성교육 개념에 대한 문제 제기

새로운 인성교육 방법을 모색하기 위해 먼저 '인성교육'이 무엇인지, 그리고 더 근본적으로는 인성교육을 통해 교육하고자 하는 '인성'이 무엇인지 이해할 필요가 있다. 그러나 '인성' 그리고 '인성교육'에 대해 우리는 상식적 수준 이상의 이해를 갖추지 못한 것으로 보인다. 지난 2020년 10월 교육부는 2021년부터 새롭게 시행되는 제2차 인성교육 종합계획을 발표했다.[1] 2015년 수립되어 2016년부터 5년간 추진된 제1차 인성교육 종합계획의 성과를 이어받는 동시에 그 한계를 극복하고자 마련된 제2차 인성교육 종합계획은 지난 5년간의 성과를 "전반적으로 양호하다"라고 평가하면서도 "정책 효과가 정체"되고 있다는 한계를 지적하고, 그와 같은 한계를 야기한 대표적인 문제점 중 하나로 "인성교육의 불명확한 개념"을 들었다. '인성교육'이 시민교육, 인문소양교육 등과 같은 유사한 다른 교육과 어떻게 구별되는지 분명하지 않고, 따라서 각각의 교육을 체계적으로 추진해야 하는 현장에서 "혼란이 발생하고 정책 피로도가 증가"하고 있다는 진단이다.[2] 하지만 '인성교육' 개념의 불명확성은 이미 제1차 인성교육 종합계획의 수립 당시부터 제기되었던 문

1) 교육부, 〈제2차 인성교육 종합계획(2021~2025)〉, 2020. 10. 새로운 인성교육 5개년 종합계획은 인성교육을 일회성 행사가 아닌 정규 교육과정에 포함하고 인성교육과 민주시민교육을 상호보완적으로 추진한다는 내용을 골자로 삼고 있다.

2) 위의 글, 7-8쪽.

제점이며, 그와 관련된 문제 제기는 우리나라에서 인성교육에 대한 관심이 고조되기 시작한 1990년대 중반까지 거슬러 올라간다.

우리나라에서 인성교육에 대한 관심이 고조되기 시작한 것은 1995년 〈5.31 교육개혁방안〉이 발표되면서부터라고 할 수 있다. '신한국 창조'를 모토로 내세우며 1994년 출범한 문민정부는 교육개혁을 신한국 창조의 출발점으로 삼고 1994년 '교육개혁위원회'를 설치한 뒤 1995년 〈5.31 교육개혁방안〉을 발표했다. 이 교육개혁방안은 "교육복지국가(edutopia)의 건설이라는 대의명분 하에 국민 개인의 잠재력을 최대한 계발하는 데 주안점을 두는 이른바 신교육체제의 구축"을 목표로 설정하고 "기존의 교육활동에 대한 인식과 범주를 과감히 탈피하고자 했다는 점에서 가히 혁명적"인 개혁안이었다고 할 수 있다.[3] 물론 교육관과 교육철학 그리고 교육원리와 교육 방식에 이르기까지 기존 교육의 패러다임을 바꾸고자 한 〈5.31 교육개혁방안〉의 '혁명적' 성격과 별개로, 실제 성과 혹은 효과에 대해서는 학자들의 평가가 엇갈리며 지금까지도 새로운 평가가 시도되고 있는 것이 사실이다. 그럼에도 학자들의 공통적 의견 중 하나는 〈5.31 교육개혁방안〉을 통해 교육 현장 안팎에서 '인성교육'에 대한 사회 전반의 관심이 고조되었다는 점이다. 하지만 인성교육의 중요성에 대한 사회적 주의를 환기시켰다는 긍정적 평가와 동시에 학자들이 공통적으로 지적하는 문제점 중 하나는 '인성교육'의 개념이 불명확함에 따라 인성교육의 실질적 내용과 방법 그리고 운영에 혼란을 초래했다는 점이다.

'인성교육'의 개념이 불명확한 이유로 대부분 학자들이 지적하는

3) 신현석, 〈교육개혁의 이념과 철학: 교육개혁 10년의 반성과 과제〉, 《교육정치학연구》 12, 2005, 30쪽.

것은 무엇보다 인성교육의 내용을 구성할 '인성'이라는 개념 자체의 불명확성이다.[4] "인성의 개념을 어떤 관점에서 설명하는가에 따라 인성발달이나 인성교육의 의미 또한 전혀 다르게 이해될 수밖에 없"[5]는데, 교육 현장에서는 "인성을 무엇으로 보는가에 대한 명확한 개념 정의도 없이 실천과제와 그에 따른 활동의 계획만을 중시"[6]하고 있기 때문에 인성교육에 대한 개념적 혼란이 발생하고 있다는 것이다. 따라서 자연스럽게 〈5.31 교육개혁방안〉은 인성교육의 필요성과 중요성에 대한 사회적 동의와 더불어 인성교육을 통해 함양하고자 하는 '인성'의 정체를 해명하고자 하는 사회적 욕구도 함께 불러일으켰다. 그러나 '인성' 개념의 정립에 대한 사회적 욕구는 쉽게 해소되지 않았다. 여러 학자가 다양한 정의를 제시했지만, '인성' 개념에 대한 학술적 동의나 사회적 합의는 이루어지지 않았다.[7]

'인성' 개념 그리고 나아가 '인성교육' 개념을 둘러싼 혼란에도 〈5.31 교육개혁방안〉에서 제시된 '인성교육 강화'라는 교육 정책상의 지침은 흔들리지 않고 있다. 개념상의 혼란으로 인성교육의 실질적 효과가 정체되고 있다는 평가에도 불구하고 애초에 인성교육의 필요성에 대해 사회적 공감을 불러일으켰던 교육적 혹은 사회적 문제들이 해결되지 않았기 때문이다.[8] 성적 위주, 지식 위주의 단편적이고 편향적인 교육 방

4) 예컨대 장성모, 〈人性의 개념과 人性敎育〉, 《초등교육연구》 10, 1996, 6-9쪽; 허승희, 〈초등학교 현장의 인성교육 프로그램 분석〉, 《초등교육연구》 12(1), 1998, 72-73쪽; 강선보 외, 〈21세기 인성교육의 방향설정을 위한 이론적 기초 연구〉, 《교육문제연구》 30, 2008, 2쪽.

5) 장성모, 위의 글, 8쪽.

6) 허승희, 앞의 글, 73쪽.

7) 천세영, 《인성교육 비전 수립 및 실천 방안 연구》, 비전 수립을 위한 정책연구 2012-41, 교육과학기술부, 43쪽.

8) 김민수, 〈'인성교육' 담론에서 '인성' 개념의 근거〉, 《교양교육연구》 8(4), 2014, 171쪽.

식이 여전히 교육 현장을 지배하고 있고, 수많은 학생과 학부모가 아직도 학교폭력으로 불안에 떨고 있으며, 사회는 각종 반사회적 · 반윤리적 사건 사고로 점차 병들고 있다. 이런 상황은 '인성교육'을 이론적으로 정립하기 위한 시간적 여유를 제공하기보다 국가 정책을 통해서라도 교육 현장의 인성교육을 시급히 확대하고 강화해야 한다는 위기의식을 불러일으켰다. 이런 위기의식에 호응하여 정부는 2015년 1월 인성교육 활성화를 위한 〈인성교육진흥법〉을 제정했고, 이 법에 의거하여 2015년 수립된 제1차 인성교육 종합계획이 2016년부터 2020년까지 추진되었다. 5년이라는 기간 동안 야심 차게 추진된 제1차 인성교육 종합계획에 대한 전문가들의 평가는 〈5.31 교육개혁방안〉에 대해서와 마찬가지로 서로 엇갈린다. 하지만 앞서 교육부의 자체 평가에서도 확인했듯이 많은 학자는 여전히 제1차 인성교육 종합계획의 핵심적인 문제 중 하나로 '인성' 혹은 '인성교육' 개념의 불명확성을 지적하고 있다.[9]

<인성교육진흥법>과 인성 개념

지금까지 살펴본 것처럼 '인성' 개념 혹은 '인성교육' 개념의 불명확성은 인성교육의 방향을 더욱 올바로 설정하고 인성교육을 더욱 효과적으로 추진하기 위해 반드시 해결해야 할 문제다. 무엇보다 '인성' 개념은 인성교육을 구상하고 실행하기 위한 근본적인 토대이자 필수 조건이라

9) 예컨대 신용인, 〈인성과 인성교육에 관한 헌법적 고찰〉, 《교육법학연구》 27(3), 2015, 102-103쪽; 문성훈, 〈인성교육의 정체성과 융합 학문적 토대〉, 《윤리학》 5(1), 2016, 4-7쪽; 김태경, 〈인성개념, 그리고 인성교육의 필요성과 방향성〉, 《인문과학》 74, 2019, 232쪽; 고기홍, 〈인성교육진흥법 제2조 정의의 문제와 대안〉, 《한국학논집》 80, 2020, 169쪽.

고 할 수 있다. 그러나 이는 '인성' 개념을 명확히 하기 전에 인성교육은 불가능하다는 것을 의미하지 않는다. 물론 애초에 '인성'에 대한 아무런 개념도 가지고 있지 않다면 인성교육은 불가능할 수밖에 없다. 하지만 비록 불명확하다 하더라도 상식적인 차원에서 어느 정도 동의할 수 있는 '인성' 개념을 이미 가지고 있으며, 그런 개념에 기초해서 인성교육을 계획하고 운영할 수 있다. 다시 말해 '인성' 개념의 불명확성에 대한 비판은 현재 운영되고 있는 인성교육이 더 효과를 발휘할 수 있도록 인성교육의 근본적 토대를 끊임없이 점검해야 한다는 원론적인 반성에서 비롯한 것일 뿐 현재 운영되고 있는 인성교육 자체를 부정하고 중지하라는 극단적인 요구가 아니다.

상식적으로 동의할 수 있는 '인성' 개념을 이미 가지고 있다는 사실은 앞서 언급한 것처럼 인성교육의 필요성에 대한 사회적 공감이 형성되어 있다는 사실에서 확인할 수 있다. '인성' 개념에 대한 최소한의 사회적 동의가 마련되어 있지 않다면 인성교육의 필요성에 대한 사회적 동의 역시 마련될 수 없기 때문이다. 그렇다면 사회 구성원으로서 상식적으로 동의할 수 있는 '인성' 개념, 그에 따라 인성교육의 필요성에 대해 공감을 불러올 수 있는 '인성' 개념은 무엇일까? 당장 인성교육을 추진하기 위해, 그와 동시에 '인성교육'의 개념을 명확히 해서 더욱 효과적인 인성교육의 방향을 설정하기 위해서는 인성교육의 현실적 운영의 토대이자 개념적 반성의 출발점이 될 수 있는 '인성' 개념이 필요하다. 이런 역할을 할 수 있는 '인성' 개념에 대한 상식적인 정의를 인성교육진흥법에서 확인할 수 있다. 2015년 제정된 〈인성교육진흥법〉은 '인성교육'을 "자신의 내면을 바르고 건전하게 가꾸고 타인, 공동체, 자연과 더불어 살아가는 데 필요한 인간다운 성품과 역량을 기르는 것을 목적으로 하는 교육"[10]이라고 정의한다. 그러므로 이 정의에 따르면 '인성'은 '인간다운 성품과 역량', 즉 한 개인이 타인, 공동체, 자연과 더불어 살아가기 위해 요구되는 인간다운 성품과 역량으로 이해될 수 있다. 나아가 〈인성교육진흥법〉은 '인간다운 성품'이 "예, 효, 정직, 책임, 존중, 배려, 소통, 협동 등의 마음가짐이나 사람됨과 관련된 핵심적 가치 또는 덕목"[11]으로 구성되며, '역량'은 그런 가치와 덕목을 "적극적이고 능동적으로 실천 또는 실행하는 데 필요한 지식과 공감, 소통하는 의사소통 능력이나 갈등해결 능력 등이 통합된 능력"[12]이라고 규정한다.

국회법제실에서 발간한 《법제이론과 실제》에서는 법제의 형식적 원리 중 하나로 "법률은 일반상식을 가진 국민이라면 누구라도 수월하게 그 의미를 파악할 수 있도록 명료하게 기술되어야 한다"[13]라는 원리를 제시한다. 1차적으로 이 원리는 법률의 명료한 기술에 대한 형식적 요구라고 할 수 있지만, 동시에 법률이 일반 국민의 건전한 상식과 어긋나서는 안 된다는 근본적인 전제를 함축하고 있다. 일반 국민의 건전한 상식과 법 감정에 어긋나는 법률은 그 의미를 분명하게 이해하기 어려우며 오해를 낳을 수밖에 없기 때문이다. 따라서 법률은 건전한 상식과 법 감정을 가진 국민에게 수용될 수 있는 "상식적인 원칙"이어야 한다.[14] 이런 점에서 우리는 〈인성교육진흥법〉의 '인성교육'에 대한 정의 역시 일반 국민의 건전한 상식을 반영하고 있으며, 그 속에 담긴 '인성'에 대

10) 〈인성교육진흥법〉, 제2조 1항.

11) 〈인성교육진흥법〉, 제2조 2항.

12) 〈인성교육진흥법〉, 제2조 3항.

13) 국회법제실, 《법제이론과 실제(2019 전면개정판)》, 국회법제실, 2019, 83쪽.

14) 위의 책, 89쪽. 또한 52쪽 참조.

한 정의 역시 일반 국민의 건전한 상식에 기반을 두고 있다고 생각할 수 있다.

물론 〈인성교육진흥법〉의 '인성' 및 '인성교육'에 대한 정의가 일반 국민의 상식과 부합한다고 해서 그 정의가 법제의 형식적 원리로서 명료성의 요구를 만족시킨다고 할 수는 없다. '인성' 개념과 '인성교육' 개념의 불명확성에 대한 비판은 〈인성교육진흥법〉의 정의에 대해서도 마찬가지로 적용되기 때문이다.[15] 하지만 이들에 대한 비판과 별개로 긍정적이건 부정적이건 〈인성교육진흥법〉에서 제시된 상식적 정의가 "대한민국에서 이루어지는 모든 공적인 인성교육의 개념적 토대"[16]라는 사실은 부정하기 어렵다. 따라서 앞서 지적했듯이 〈인성교육진흥법〉에 의해 제공된 '인성'과 '인성교육'에 대한 상식적인 정의를 더욱 명확하게 정립하기 위한 노력을 기울이되, 현재 주어진 상식적인 정의를 바탕으로 지금 당장 요구되는 인성교육을 효과적으로 실행할 방법을 모색해야 한다.

실제로 2016년 교육 현장에서 인성교육을 운영하고 있는 현직 교원 30명을 대상으로 실시된 델파이 조사에 따르면, 인성교육 현장의 실질적 문제로 '인성' 개념이나 '인성교육' 개념의 불명확성을 지목한 비율은 별로 크지 않았다. 교사들의 업무 과중이나 학교의 자율성 약화 등 정부 주도 하의 인성교육 추진에서 비롯한 문제들을 제외한다면, 인성교육을 운영하는 교원들은 오히려 다른 교과와 차별화되지 않고 기존의 추상적이고 형식적이며 이론 중심적인 교육을 답습하는 구태의연한 인성교육 방식을 더 심각한 문제로 지목했다.[17] 적어도 인성교육 현장에서는

15) 대표적으로 고기홍, 앞의 글, 173-177쪽 참조. 앞의 각주 9 참고.

16) 위의 글, 169쪽.

17) 김유리 외, 〈인성교육의 새로운 패러다임〉, 《한국교육문제연구》 34(4), 2016, 14쪽. 이 논문

인성 및 인성교육의 개념에 대한 원론적 반성보다 인성교육을 효과적으로 실행할 새로운 방법을 모색하는 것이 더 시급해 보인다.

타율과 자율의 역설: 인성교육의 본질적 문제

앞서 살펴보았듯이 〈인성교육진흥법〉에서 제시된 상식적 정의에 따르면 인성이란 한 개인이 자연환경 속에서 타인과 공동체를 이루며 살아가기 위해 요구되는 인간다운 성품과 역량을 말하고, 인성교육이란 그런 인간다운 성품과 역량을 함양하는 교육을 가리킨다. 다시 말해 인성교육은 한 개인이 자기 자신과의 내적 관계에서뿐만 아니라 타인 및 자연환경과의 외적 관계에서도 인간다움을 실현할 수 있도록 지도하는 교육이다. 여기서 '인간다움'이란 단순히 한 개인의 생리적 특성이나 심리적 성격을 가리키지 않는다. 한 개인의 인간다움을 실현하기 위해서는 그 개인의 생리적 특성이나 심리적 성격을 고려해야 하지만, 그것만으로 인간다움이 완성되지는 않는다. 대부분 인간은 애초에 인간의 생리적 속성을 갖추고 태어나며, 심리적 성격 역시 별도의 교육 없이도 각자 삶의 과정을 통해 어떻게든 형성된다. '인간다움'은 그렇게 자연적으로 타고나거나 형성되는 것을 넘어서 의도적으로 지향되고 추구되어야 할 다양한 가치로 구성된다. 따라서 인간다움의 실현을 목적으로 삼는 인성교육

에 따르면 인성교육 구현을 방해하는 요소들에 대한 전문가의 의견을 델파이 분석한 결과, '인성 개념과 인성교육 개념의 정립 부재'를 방해 요소로 지목한 의견은 9위였으며, 오히려 '점수 위주의 인성교육 평가', '인성교육의 형식성과 추상성' 그리고 '지식 중심의 인성교육 방식'을 방해 요소로 지목한 의견이 각각 3위와 5위 그리고 7위였다.

은 곧 인간다움을 구성하는 다양한 가치가 한 개인에게서 실현될 수 있도록 지도하는 교육이라고 할 수 있다.

인성 개념 혹은 인성교육 개념의 불명확성은 바로 이런 인간다움을 구성하는 다양한 가치에 대한 사회적 합의의 어려움에서 비롯한다고 할 수 있다. 하지만 '인간다움'이 다양한 가치로 구성되고, 따라서 다양한 가치 판단에 의해 규정될 수밖에 없는 한 '인간다움'에 대한 사회적 합의는 어려울 수밖에 없다. 그러므로 인성 및 인성교육 개념은 소수 사람들에 의해 제시된 획기적이고 선구적인 연구나 정책에 따라 단기간에 정립될 것이 아니라 다양한 가치에 대한 사회 다방면의 끊임없는 문제 제기와 사회적 토론 등의 지난한 과정을 통해 장기간에 걸쳐 정립되어야 한다. 물론 앞서 지적했듯이 사회적 합의의 이 길고 지난한 과정이 완수될 때까지 인성교육의 실행을 중지하고 있을 수는 없다. 이런 점에서 〈인성교육진흥법〉은 다행히 인간다움을 구성하는 핵심적 가치로서 건전한 상식을 가진 사람들이 충분히 수용할 만한 것들을 우선적으로 제시하고 있는데, 예, 효, 정직, 책임, 존중, 배려, 소통, 협동 등이 바로 그것이다. 따라서 인성교육 현장에서는 인간다움을 이루는 이런 상식적 가치들을 개개인에게 실현할 수 있도록 어떻게 인성교육을 실행할 것인지에 대한 실천적 고민에 더 집중할 필요가 있다. 하지만 이런 실행 방법에 대해 실천적으로 고민하는 인성교육 현장에서는 또 다른 원론적인 문제가 제기된다. 이 원론적 문제는 인성교육 실천의 역설적 상황에서 비롯한다.

인성교육과 관련하여 교육 현장이 처할 수 있는 역설적 상황에 대해 이미 18세기 철학자 칸트는 다음과 같이 지적한 바 있다.[18)]

---

18) 칸트에 대한 아래의 논의는 홍우람, 〈칸트 철학과 도덕 교육: 벡(Beck)의 이중적 문제제기를 중심으로〉, 《철학논집》 61, 2020 참조. 교육의 역설에 대한 칸트의 추가적인 논의는 김상섭,

> *교육에서 가장 중요한 문제 중 하나는 사람들이 법칙적 강제에 대한 복종과 자신의 자유를 사용하는 능력을 어떻게 통일시킬 수 있는가에 있다. 왜냐하면 강제는 필수적이기 때문이다! 어떻게 나는 강제 속에서 자유를 계발할 것인가? 나는 나의 제자가 자신의 자유에 대한 강제를 견디는 습관이 들게 하는 동시에 그 스스로 자신의 자유를 잘 사용하도록 이끌어야 한다. 그렇지 않다면 모든 것은 그저 기계적 작용에 불과할 것이고, 교육을 마친 사람들은 자신의 자유를 사용할 줄 모를 것이다.*[19]

칸트에 따르면 인간은 이성을 통해 "스스로 자기 행동의 계획을 세우지 않으면 안 되는" 존재, 즉 자율적 존재라는 점에서 다른 동물과 구별되는 존엄성을 지닌다. 다시 말해 칸트에게 인간다움을 구성하는 궁극적인 가치는 자기 자신의 이성을 통해 스스로 규칙을 세우고 스스로 그 규칙에 복종할 수 있는 '자율성'이라고 할 수 있다. 칸트는《교육론》에서 인간은 '자율성'이라는 궁극적 가치를 실현할 수 있도록 "인간성의 자연적 소질"을 가지고 있지만, 이 자연적 소질은 아무런 노력 없이 저절로 발현되지 않는다고 경고한다. 이 자율성의 소질을 계발하지 않을 경우 인간은 "자유를 향한 매우 강한 성향"으로 인해 "그때그때의 일시적 기분"에 따라 행동하는 "야만성"의 상태에 머물게 된다.[20] 말하자면 야만성

〈칸트의 교육문제: '강제 속에서 자유의 계발'〉,《교육사상연구》26, 2012 참조.

19) Immanuel Kant, *Über Pädagogik*, in *Kant's gesammelte Schriften*, hrsg. von der Königlichen Preußischen Akademie der Wissenschaften, Bd. IX, Berlin, 1911, p. 453. 이하《교육론》으로 약칭.

20) 칸트는 간혹 '자유'를 '자율성'과 동의어로 사용하기도 하지만, 여기서 '자유'는 '변덕스러운 기분을 따르는 것'으로서 이성을 통해 스스로 법칙을 세우고 스스로 그 법칙에 복종하는 '자율성'과 구별된다.

의 상태란 "미개함"의 상태, 즉 "아직 자기 안의 인간성을 발전시키지 못함"으로써 이성의 "법칙들에 구애받지 않는" 상태를 말한다. 따라서 인간이 인간답기 위해서는 자율성의 자연적 소질을 계발하여 "미개함을 세련하는 일이 필수"이며,[21] 칸트는 이 일이 바로 교육이 하는 일이라고 주장한다.

인간은 자율성의 소질을 계발해야 비로소 동물적 야만성을 벗어나 인간성을 발휘할 수 있으며, 자율성의 소질은 교육을 통해 계발된다. 따라서 칸트에 따르면 "인간은 오직 교육을 통해서만 인간이 될 수" 있으며, "인간이란 교육이 인간에게서 만들어낸 것 이외에 다른 것이 아니다."[22] 그러나 인간을 인간으로 만들어내기 위해 교육은 역설적 상황에 부닥치게 된다. 인간의 야만적 성향을 세련하고 자율성의 소질을 계발하기 위해 교육은 '강제'를 수반할 수밖에 없기 때문이다. 인간은 아무런 법칙에도 구애받지 않고 그때그때의 기분에 따라 변덕을 부리는 야만적 자유 상태에서 벗어나 자신의 이성에 의해 스스로 법칙을 세우고 스스로 그 법칙에 복종하는 자율성을 발휘하기 위해 자신의 야만성을 억누르고 이성의 법칙에 복종하는 습관을 들여야 한다. 그런데 아직 자신의 이성을 제대로 발휘할 줄 모르는 야만적 상태의 인간이 복종의 습관을 들이기 위해 우선적으로 따르도록 강제되는 법칙은 자율적 법칙이 아니다. 따라서 교육이 필연적으로 수반하는 강제는 자율적 강제가 아닌 타율적 강제다. 칸트는 타율적 강제에 의한 자율성의 계발이라는 역설적 과제를 교육에서 가장 중요한 문제 중 하나로 지적한다.

칸트가 지적한 교육의 역설적 상황은 칸트의 고유한 교육관에서만

21) Immanuel Kant, 《교육론》, pp. 441-443.

22) Immanuel Kant, 《교육론》, p. 443.

등장하는 특이한 현상이 아니다. 앞서 상식적 관점에서 살펴본 인성교육에서도 마찬가지로 그런 역설적 상황이 나타난다. 인성교육이 함양하고자 하는 인성이 타율적 강제에 의해 수동적으로 발휘되는 성품이 아니라 자율적 의지에 따라 능동적으로 발휘되는 성품을 가리키는 한 인성교육의 과제 역시 근본적으로 역설적 상황을 마주할 수밖에 없다. 피터스(Peters)는 인성교육이 직면하는 역설적 상황을 발달심리학 관점에서 다음과 같이 기술한다.

> *그렇다면 내가 생각하는 도덕교육의 역설이란 무엇인가? 그것은 다음과 같다. 합리적이고 지적이며 대단히 자발적으로 처신하는 사람을 개발하는 것이 바람직하다고 하자. 그런데 아동 발달의 적나라한 사실에서 드러나는 것은 아동 발달이 이루어지는 가장 중요한 시기에 아동은 그런 형식의 삶을 살 수 없으며 그런 형식의 삶을 전달하는 적절한 방식에 영향받지 않는다는 것이다.*[23]

발달심리학에 따르면 인성교육의 1차적 대상이 되는 아동은 아직 자율적 이성에 따라 처신할 능력을 갖추고 있지 못하다. 따라서 아동이 자율적 이성에 따라 처신할 수 있도록 가르치는 것이 바로 아동에 대한 인성교육의 목적이라고 할 수 있다. 그러나 자율적 이성을 갖추지 못한 아동에게 자율적 이성에 따른 처신을 가르치기 위해서는 어쩔 수 없이 타율적 강제를 사용할 수밖에 없으며, 이런 인성교육은 그 정당한 목적

23) R. S. Peters, *Moral Development and Moral Education*, London: George Allen & Unwin, 1981, p. 51.

에도 방법론적 한계에 직면할 수밖에 없다.[24)]

칸트는《교육론》에서 아동 인성교육의 역설적 상황과 방법론적 한계를 간파하고 다음과 같은 세 가지 점에 주의할 것을 제안한다. 즉, 첫째로 타인의 자유를 방해하지 않는 한 아동에게 최대한의 자유를 보장하고, 둘째로 타인의 목적을 이룰 수 있게 해주어야 자신의 목적을 이룰 수 있음을 아동에게 보여주며, 셋째로 타율적 강제는 오직 아동의 자율성을 계발하기 위한 일시적 수단임을 아동에게 납득시켜야 한다. 그러나 이런 주의사항들은 단지 인성교육의 방법론적 한계를 명심하고 타율적 강제라는 수단의 제한적 성격을 인정해야 한다는 요구일 뿐이며, 인성교육이 처한 역설적 상황을 완전히 극복할 수 있는 궁극적 해결책이라기보다는 역설적 상황을 완화할 수 있는 보완책이라고 할 수 있다.[25)] 인성교육의 목표가 자율적 인간의 양성인 한, 그리고 인성교육이 교육의 일종으로서 '강제'를 수단으로 사용할 수밖에 없는 한 인성교육의 역설은 극복하거나 해소해야 할 문제라기보다 수긍하고 인정해야 할 인성교육의 본질적 성격으로 보인다.

사실 강제를 통한 자율성의 함양이라는 과제는 인성교육뿐만 아니라 모든 교육이 본질적으로 떠안고 있는 역설적 과제다. 모든 교육은 교육 주제에 대한 교육 대상의 자율적 자기이해 도달을 목표로 삼으면서

---

24) 크리스티안손(Kristjánsson)은 피터스가 지적한 도덕교육의 역설을 칸트와 유사하게 다음과 같이 요약한다. "선에 대한 자신의 고유한 생각에 따라 움직이면서 얽매임 없는 자기 자신의 자율성을 아끼고 꾸준히 적용하는 개인을 양성하는 것이 도덕교육의 목표라는 사실과 이런 목표는 외적 동기화를 필연적으로 포함하는 수단들을 통해 가장 잘 성취될 수 있다는 사실이 어떻게 동시에 참일 수 있는가? 타율적으로 형성되는 자율성이 도덕적으로 가능하고 정당화될 수 있는가?"(K. Kristjánsson, "Habituated Reason: Aristotle and the 'Paradox of Moral Education'," *Theory and Research in Education*, 4(1), 2006, p. 102). 홍우람, 앞의 글, 44-45쪽 참조.

25) 이에 대해서는 홍우람, 앞의 글, 56쪽 참조.

도 칸트가 지적하듯이 그 목표를 이루기 위해 강제성을 수반할 수밖에 없다.[26] 그럼에도 신체적 훈련 혹은 지식 습득을 목표로 하는 다른 교육보다 인성교육에서 역설적 과제의 부담이 가장 크다는 사실은 분명하다. 신체적 훈련이나 지식 전달의 경우에서와 달리 자율적 인성 함양의 경우에는 교육적 강제가 직간접적으로 어떤 효용을 지니는지 입증하기 어려울 뿐만 아니라 오히려 교육적 강제가 자율적 인성 함양을 저해하는 것처럼 보이기도 한다. 앞서 살펴보았듯이 한 개인이 자연환경 속에서 타인과 공동체를 이루며 살아가기 위해 요구되는 인간다운 성품과 역량이 곧 인성이라면, 그 인성은 외적 동기가 아닌 내적 동기에 의해 발휘되어야 하기 때문이다. 다시 말해 인성은 인간다움에 대한 합리적 지향에 따라 자기 자신을 자율적으로 강제함으로써 발휘되는 것이므로 인성교육은 항상 교육 대상에 대한 타율적 강제를 통해 어떻게 교육 대상의 자율적 강제를 이끌어낼 것인가라는 역설적 상황을 인성교육의 본질적 조건으로 받아들이고, 그 조건의 모순적 성격을 완화할 방법을 모색해야 한다.

자기주도적 인성교육으로서 모듈식 인성교육

'타율적 강제'라는 방법과 '자율적 강제'라는 목표 사이의 긴장 관계가 인성교육에 본질적 요소로 내재해 있다면, 그 긴장을 최소화하고 목

26) "교육은 강제적일 수밖에 없다"(Immanuel Kant, 《교육론》, p. 472).

표를 완수하기 위한 노력은 필수다. 앞서 살펴본 것처럼 인성교육의 중요성이 강조되고 있는 우리나라의 교육 현장에서 그런 노력의 필요성은 더욱 강조될 수밖에 없다. 최근에 발표된 한 논문은 교육 현장에서 '교육적 역설'에 대한 문제의식이 지니는 중요성을 다음과 같이 기술한다.

> *우리나라 학교교육에 근대교육의 이념이 이식된 이래로 전통적 교육 대 진보적 교육, 교사중심 교육 대 학생중심 교육이라는 논쟁 구도가 교육담론과 교육실천을 지배해왔다. 이러한 대결적 담론 구도 속에서 근대교육의 개념에 내재한 '교육적 역설'의 문제가 이론적으로나 실천적으로 부각되거나 본격적으로 다루어지기는 어려웠던 것으로 보인다. 그러나 이 교육적 역설에 대한 분석과 해명은 현재 우리나라 교육 현장에서 제기되고 있는 교육의 본질적 위기 문제, 예를 들어 학생 인권 문제와 교육적 권위 간의 갈등 문제, 교사와 학생 간의 교육적 관계 문제 등을 분석하고 이해하는 데 유용한 하나의 관점을 제공할지도 모른다.*[27]

위 인용문에서 지적하듯이 교육적 역설의 문제는 무엇보다 교육 현장의 두 주체인 교수자와 학습자 사이의 방법론적 역할과 관계에 대한 진지한 반성을 촉구한다. 타율적 강제와 자율적 강제 사이의 긴장 관계는 곧 교수자와 학습자 사이의 역할과 관계에 반영되기 때문이다. 따라서 교육적 역설이 가장 첨예하게 드러나는 인성교육에서는 다른 어떤 교육보다 교수자와 학습자 사이의 역할과 관계에 대한 반성이 중요하다.

---

27) 곽덕주, 〈근대교육에서의 교육적 역설과 그 교육적 의의〉, 《교육철학연구》 35(4), 2013, 3-4쪽.

최근 인성교육 현장에서 자기주도교육이 주목받고 있는 것도 바로 그런 반성의 결과라고 할 수 있다.

아동 인성교육뿐만 아니라 대학생 인성교육을 비롯한 성인 인성교육에 대한 관심도 크게 확대되고 있는 우리나라에서 자기주도적 인성교육, 즉 자기주도학습 방식을 도입한 인성교육의 의의는 더욱 강조될 필요가 있다. 자기주도학습에 대한 정의는 학자들마다 다르고 시기에 따라 변화되었기 때문에 간단히 정의하기는 쉽지 않다. 그럼에도 자기주도학습은 일반적으로 과거에는 "조력자의 도움 없이" 학습자가 스스로 학습 목표와 전략을 수립하고 학습을 실행한 후 평가하는 학습과정으로 엄격하게 정의된 반면, 최근에는 점차 조력자의 도움 여부와 상관없이 학습자의 자율성과 책임을 강조하며 학습자에게 "학습에의 주도권"을 부여하는 학습과정으로 포괄적으로 이해되고 있다.[28] 이런 자기주도학습 방식이 인성교육에 필요한 이유는 타율적 강제를 본질적으로 내포할 수밖에 없는 교육환경 속에서 학습자에게 자율적 주도권을 부여함으로써 학습자가 자율적 강제의 습득이라는 목표를 성취하는 데 모순을 최소화할 수 있기 때문이다. 그러나 인성교육의 역설적 과제를 수행하는 데 자기주도학습 방식이 대단히 유용함에도 실제 인성교육 현장에서 성공적으로 자기주도학습 방식을 적용하는 일은 쉽지 않다.

가장 대표적이며 가장 널리 활용되고 있는 자기주도학습의 유형인 발표 및 토론식 수업의 예를 들어보자. 앞서 인용한 논문에 등장한 한 학생의 도발적인 문제 제기는 명목적인 자기주도학습의 한계를 지적하고 있다.

---

28) 한지영 · 이민영 · 정보라, 〈자기주도학습 능력 개발을 위한 설계교육 방법에 관한 연구〉, 《한국공학교육학회》 12(4), 2009, 116-117쪽.

"특정 주제에 대한 자유 토론 시간을 저희들에게 할애하시면서 교수님은 저희가 자발적으로 논의에 참여하기를 기대하신다고 말씀하십니다. 그래서 저희의 자유를 존중하고 이를 독려하는 수업을 하시는 것처럼 보이지만, 가만히 관찰해보면 저희의 토론수업은 특정 규칙에 따르도록 되어 있고 이를 벗어나는 발언은 허용되지 않는 식으로 구조화되어 있는 것 같습니다. 그래서 우리는 자유로운 토론을 하는 것이 아니라 교수님이 설정해놓은 특정 규칙에 기초한 게임에 참여하는 것이고, 그 게임의 규칙에 사회화되고 있는 것이며, 그리하여 결과적으로 여기에 갇히는 연습을 하고 있을 뿐입니다. 선생님께서 말씀하시는 자유로운 토론이라는 것은 허울일 뿐입니다."[29]

이 학생의 문제 제기에 따르면 토론식 수업이 강조하는 자율성은 명목적이다. 수업에서 토론에 참여하고 자신의 의견을 개진할 자유가 부여된다 하더라도 이미 치밀하게 설계된 교육과정과 수업체계를 따르도록 강제되는 한 그 자유는 제한적일 수밖에 없다는 비판이다. "자기주도성은 자기주도적이라고 선언"[30]하는 것만으로 획득될 수 없다. 자기주도학습이 허울 좋은 선언에 머물지 않고 실질적 효과를 발휘하기 위해서는 학생들이 교육과정과 수업체계의 구성 자체에서도 주도권을 발휘할 가능성을 열어두어야 한다. 인성교육의 경우, 특히 자율적인 사고 능력을 이미 갖추고 있는 성인 인성교육의 경우, 명목적 자기주도학습은 더욱 효과를 발휘하기 어렵다. 앞서 살펴봤듯이, 인성교육이 추구하는 인

29) 곽덕주, 앞의 글, 2쪽.

30) 정재영, 〈모듈형 고전 프로그램의 구성과 운영〉, 《한국교양교육학회 학술대회 자료집》, 2014, 513쪽.

간다운 성품과 역량은 일종의 가치 개념이며 대부분 성인들은 각자의 가치 기준에 따라 일정 수준의 자율적 강제를 행할 수 있는 능력을 갖추고 있다. 따라서 성인들에게 필요한 인성교육이란 자기 자신의 가치 기준을 합리적으로 점검하고 그 기준에 따라 스스로를 강제할 수 있는 자율적 사고와 의지를 개선하는 일이라고 할 수 있다. 하지만 이런 성인 인성교육에서 자유를 가장한 명목적인 자기주도학습은 오히려 수업에 대한 흥미를 떨어뜨리고 반감을 증가시키는 요인이 될 수 있다. 이런 점에서 모듈식 교육 방식은 학습자에게 실질적인 자율성을 부여하는 자기주도적 인성교육을 위한 새로운 방법으로 주목할 만하다.

1950년대에 본격적으로 교육학에 도입되기 시작한 모듈 개념은[31] 일반적으로 다음과 같이 이해될 수 있다.

> *모듈(module)은 사전적으로 프로그램 내부를 기능별 단위로 분할한 부분이나 기계 또는 시스템의 구성단위를 뜻한다. 컴퓨터, 전자기기 등이 복잡해짐에 따라 정보교환이나 부품개발을 쉽게 하기 위해 제품과 부품의 중간적인 장치로 모듈이라는 개념을 도입했지만, 최근에는 컴퓨터뿐만 아니라 각종 기기 및 업무처리, 교육공학 등 다양한 분야에 모듈 개념이 도입돼 활용되고 있다. 모듈은 시스템이나 업무처리 공정 등이 복잡해짐에 따라 수정의 편이성을 위해 만들어진 개념이지만, 반대로 이를 기능적으로 향상시키고자 할 때도 다양하고 폭넓은 선택적 관계를 가능하게 하였다.*[32]

31) 이화국 · 김창식, 〈과학교육 모듈 개발 방안에 관한 연구〉, 《한국과학교육학회지》 10(2), 1990, 27쪽. 모듈 개념과 모듈식 교육에 대한 자세한 논의는 이 책 2부 4장 참조.

32) 박준범, 〈학습자중심 모듈형 의사소통교육의 수업모형과 실제〉, 《리터러시연구》 22, 2017,

특히 교육학에서 수업 과정의 한 형태로서 이해되는 '모듈'은 "하나의 통합된 주제를 가진 자족적인 또는 자력학습용의 수업단위로서, 학생에게 목표로 명시한 일정한 지식과 기능의 습득에 필요한 정보를 제공하며 전체 교육과정의 한 구성요소의 역할을 하는 것"[33]으로 정의될 수 있다. 따라서 모듈식 교육이란 각각 독립적으로 설계된 '모듈'을 수업단위(unit)로 삼아서 전체 교육과정을 구성하는 교육 방식이라고 할 수 있다. 이때 각각의 모듈은 그 자체로 독립적이면서도 동시에 전체 체계의 일부로 기능하는 이중적 성격을 지닌다.

이런 모듈식 교육의 특징은 다양하게 제시될 수 있지만, 가장 대표적인 특징으로 개별성과 자율성을 꼽을 수 있다.[34] 모듈식 교육은 교수자의 설계 방식에서는 개별적 적용을 의도하고, 학습자의 수용 방식에서는 자율성을 목적으로 하기 때문이다. 우선 모듈식 교육은 이중적 의미에서 개별적이다. 한편으로 모듈식 교육을 구성하는 독립적인 수업단위로서 각각의 모듈이 개별성을 지닌다는 의미에서 개별적이기도 하지만, 다른 한편으로 각각의 모듈은 학습자의 개인적 특수성 혹은 필요성에 맞추어 설계된다는 점에서 개별적이다. 교수자는 각각 독립적으로 설계되는 모듈을 통해 학습자의 특수성에 적합한 학습 목표와 주제를 제시하고 관련 자료를 제공함으로써 획일적 학습 환경이 아닌 학습자 자신의 개별적 학습 조건과 요구를 고려하여 학습을 진행할 수 있도록 지원한다. 다

56-57쪽.

33) 서울대학교 교육연구소, 《교육학용어사전》, 하우동설, 1995, 네이버 지식백과.

34) 권동진 · 이무근, 〈능력중심교육에 근거한 모듈식 수업의 효과에 관한 연구〉, 《직업교육연구》 2(1), 1983, 5쪽; 나승일 · 이용환 · 정철영 · 이해선 · 김준영, 〈ISD를 적용한 전문대학의 모듈식 교재개발 모형 연구〉, 《농업교육과 인적자원개발》 33(3), 2001, 89쪽; 박미정 · 최병모, 〈환경가치교육을 위한 모듈식 프로그램 개발〉, 《환경교육》 16(2), 2003, 54쪽.

시 말해 모듈식 교육의 개별성은 단순히 '개인' 학습이 가능하다는 점보다는 교수자가 학습자의 개별성을 고려한 학습 환경을 제공하여 '독립적' 학습이 가능하게 설계한다는 점에 핵심을 두고 있다. 이러한 설계는 모듈식 교육의 본질인 "각자의 속도로 스스로 진도를 조절하며 진행함으로써 개인을 독립적 학습자로 만드는"[35] 데 기반을 제공할 수 있다.

모듈식 교육의 첫째 특징이 개별성에 초점을 둔 교육과정 설계라면, 둘째 특징인 자율성은 그렇게 설계된 교육 환경에서 교수자의 도움을 최소화함으로써 학습자가 독립적 주체로서 학습을 진행할 수 있게 하는 것을 의미한다. 기존의 교수자 중심 학습이 소수의 교수자가 주도적으로 다수의 학습자를 통제하며 진행되었다면, 모듈식 교육은 교수자의 개입을 최소화하고 학습자가 스스로 자신의 학습을 통제할 수 있도록 학습자 중심으로 진행된다. 따라서 독립적인 개별 학습을 첫째 특징으로 삼는 모듈식 교육은 학습의 주도권을 학습자에게 부여하는 자율적 학습을 또 하나의 본질적 특징으로 삼는다. 모듈식 교육은 단순히 각각의 모듈 학습에서 학습자에게 주도권을 부여함으로써 학습자에게 자율성을 보장할 수 있을 뿐만 아니라 학습자 스스로 전체 교육과정과 체계를 구성할 수 있도록 학습자에게 모듈 구성의 주도권을 부여함으로써 자율성을 더욱 강화할 수 있다. 물론 모든 교육은 교수자에 의한 설계가 필수라는 점에서 모듈식 교육에서도 교수자에 의해 설계된 교육과정과 체계가 전제될 수밖에 없다. 그럼에도 모듈식 교육은 학습자에 의한 교육과정과 체계의 재구성을 허용할 수 있다. 더 정확히 말하자면 모듈식 교육에서 교수자는 전체 교육과정과 체계를 구성하는 수업단위로서 여

35) MA. Theresa Bringas Nardo, "Modular Instruction Enhances Learner Autonomy," *American Journal of Educational Research*, 5(10), 2017, p. 1024.

러 모듈을 제공하고, 학습자는 그 모듈 중에서 자신의 학습 조건에 비추어 자신에게 필요한 모듈을 선택 및 조합함으로써 스스로 전체 교육과정과 체계를 구성할 수 있다. 따라서 모듈식 교육은 기존의 교수자 중심 학습뿐만 아니라 명목적인 자기주도학습의 한계를 극복할 수 있는 훌륭한 대안이 될 수 있다.

이런 모듈식 교육은 일반적으로 전공교육이나 기술교육에서 많이 활용되어왔지만, 교양교육에서도 마찬가지로 활용될 수 있다. 특히 교육적 역설이 가장 문제시되는 인성교육의 경우 모듈식 교육은 큰 효과를 기대할 수 있다. 모듈식 인성교육은 교수자에 의한 타율적 강제를 최소화하고 학습자의 자율적 강제를 적극적으로 이끌어냄으로써 학습자가 스스로 인간다움의 가치를 반성적으로 판단하고 자기 자신의 성품과 역량을 계발할 교육환경을 제공할 수 있다. 자율적인 사고 능력에 기초해서 인간다움과 관련된 가치 판단의 기준을 어느 정도 갖추고 있는 성인들의 경우 모듈식 인성교육은 활용 가치가 더욱 크다. 앞서 지적했듯이, 성인들은 보편적 인성교육이 제시하는 인간다움의 가치에 대해 기본적인 지식을 이미 갖추고 있기 때문에 정형화된 인성교육과정과 체계를 따르도록 강제하는 것은 성인들에게 역효과를 발휘할 수 있다. 모듈식 교육은 성인의 가치관을 점검할 수 있는 다양한 모듈을 마련하고 학습자가 자신의 관심과 필요에 따라 모듈을 선택하여 스스로 전체 인성교육과정을 구성할 수 있도록 학습자에게 최대한의 자율권을 부여함으로써 성인들의 인성교육에 대한 흥미를 고취하고 자기 자신의 인간다운 성품과 역량을 자율적으로 성찰할 수 있는 동기와 계기를 제공할 수 있다. 인성교육의 필요성이 강조되면서도 기존 인성교육 방법의 한계에 대한 지속적인 비판이 제기되는 우리나라의 현실 속에서 모듈식 교육은 인성교육의 혁신을 위한 새로운 교육 방법으로 적극적으로 활용될 필요가 있다.

나가며

지금까지 우리는 법적 관점에서 '인성'과 '인성교육'에 대한 상식적 개념을 검토하고, 인성교육이 본질적으로 내포하고 있는 역설적 과제를 확인한 뒤 인성교육의 역설적 과제를 수행하기 위한 '실질적인' 자기주도학습 방법으로서 모듈식 교육을 제안했다. 요컨대, 모듈식 교육은 교수자의 타율적 강제를 최소화하고 학습자의 자율적 강제를 최대화함으로써 인성교육의 역설적 과제가 지니는 모순적 성격을 완화할 수 있는 대안적 인성교육 방법이라고 할 수 있다. 물론 모듈식 교육은 새로운 시대의 인성교육이 떠안고 있는 모든 문제를 해소할 수 있는 궁극적 해결책은 아니다. 심지어 모듈식 교육은 인성교육에 활용되기 위해 해결해야 할 몇 가지 문제를 안고 있다.

예컨대, 모듈식 교육이 제대로 효과를 발휘하기 위해 각각의 모듈은 학습자의 자율적이고 독립적인 개별 학습이 가능하도록 그 자체로 완결적이어야 한다. 이를 위해 각각의 모듈은 고유한 학습 목표와 주제를 구체적이고 명확하게 제시해야 할 뿐만 아니라 학습자가 스스로 학습의 성취도를 판단할 수 있는 객관적인 평가 척도를 제공해야 한다. 그러나 인성교육의 경우 학습 성취도를 스스로 평가하기 위한 객관적인 척도는 마련하기 쉽지 않다. 모듈식 교육은 본래 지식 습득이나 기술 훈련을 위한 교육 방법으로 개발되었기 때문에 인성교육에서 모듈식 교육이 올바로 활용되기 위해서는 인성교육이 지니는 고유한 특성에 맞춰 모듈식 교육의 전형적 구성요소들을 수정하거나 대체할 필요가 있다. 각 모듈의 개별 학습을 완결하는 구성요소로서 객관적인 평가 척도 역시 그 한 예라고 할 수 있으며, 인성교육의 경우에는 인성 계발과 관련된 하나의 모듈에 대한 학습 성취를 학습자가 스스로 진단할 수 있는 고유한 진단 체계를 마련할 필요가 있다.

또한 모듈식 교육을 인성교육에 원활하게 적용하기 위해서는 모듈식 인성교육을 설계 · 운영 · 보완하기 위한 충분한 인적 · 물적 자원이 필요하다. 성공적인 모듈식 인성교육을 위해서는 우선 각 모듈에 대한 개별 학습이 자기완결적으로 이루어질 수 있도록 각 모듈을 치밀하게 설계해야 할 뿐만 아니라 학습자의 관심과 필요에 따라 전체 교육과정을 자유롭게 구성할 수 있도록 다양한 모듈을 마련해야 한다. 그리고 치밀하게 설계된 모듈을 다양하게 마련하기 위해서는 그만큼 인적 · 물적 자원이 요구될 수밖에 없다. 나아가 다양한 모듈이 각각 치밀하게 설계되었다 하더라도 실제 인성교육 현장에서 원활한 수업이 이루어지기 위해서는 교수자의 또 다른 노력과 물적 지원이 필요하다. 모듈식 교육은 교수자의 개입을 최소화하지만, 그렇다고 교수자의 역할이 배제되는 것은 아니다. 특히 인성교육의 경우는 학습자의 개별 학습이 원활히 이루어질 수 있도록 교수자에 의한 흥미 유발과 동기 부여가 요구되며, 개별 학습 결과에 대한 교수자의 성실한 피드백이 필수다. 마지막으로 모듈식 인성교육이 성공적으로 운영되기 위해서는 기존 모듈에 대한 점검과 수정 그리고 보완이 지속적으로 이루어져야 한다. 필수적인 교육 내용이 어느 정도 고정되어 있는 일반적인 지식교육이나 기술교육과 달리 인성교육의 경우 교육 내용은 항상 시의적절하게 수정되거나 보완되지 않으면 안 된다. 이렇게 모듈식 인성교육을 설계하고 운영하며 보완하기 위한 인적 · 물적 자원을 확보하는 일은 현실적으로 만만한 일이 아니다.

모듈식 인성교육이 새로운 인성교육 방법으로 자리 잡기 위해서는 아직 해결해야 할 문제가 많지만, 그럼에도 여전히 모듈식 인성교육이 가진 장점은 매력적이다. 4차 산업혁명 시대 그리고 포스트 코로나 시대를 내다보면서도 여전히 인성교육의 필요성에 공감하고 있는 우리는 모듈식 인성교육의 문제를 현실적으로 해결하면서 그 장점을 살릴 방안을 모색할 필요가 있다.

참고문헌

강민수 외, 〈인성교육의 정책 실천에서 드러난 교육적 역설〉, 《교육연구논총》 41(4), 2020, 37-62쪽.

강선보 외, 〈21세기 인성교육의 방향설정을 위한 이론적 기초 연구〉, 《교육문제연구》 30, 2008, 1-38쪽.

고기홍, 〈인성교육진흥법 제2조 정의의 문제와 대안〉, 《한국학논집》 80, 2020, 163-198쪽.

교육부, 〈제2차 인성교육 종합계획(2021~2025)〉, 2020.10.

곽덕주, 〈근대교육에서의 교육적 역설과 그 교육적 의의〉, 《교육철학연구》 35(4), 2013, 1-27쪽.

권동진 · 이무근, 〈능력중심교육에 근거한 모듈식 수업의 효과에 관한 연구〉, 《직업교육연구》 2(1), 1983, 3-12쪽.

김민수, 〈'인성교육' 담론에서 '인성' 개념의 근거〉, 《교양교육연구》 8(4), 2014, 160-206쪽.

김유리 외, 〈인성교육의 새로운 패러다임〉, 《한국교육문제연구》 34(4), 2016, 1-20쪽.

김태경, 〈인성개념, 그리고 인성교육의 필요성과 방향성〉, 《인문과학》 74, 2019, 231-253쪽.

김현수, 〈도덕과교육에서 인성교육 관련 연구의 현황과 전망: 인성교육 5개년 종합계획을 중심으로〉, 《윤리연구》 114, 2017, 141-161쪽.

나승일 · 이용환 · 정철영 · 이해선 · 김준영, 〈ISD를 적용한 전문대학의 모듈식 교재개발 모형 연구〉, 《농업교육과 인적자원개발》 33(3), 2001, 83-115쪽.

문성훈, 〈인성교육의 정체성과 융합 학문적 토대〉, 《윤리학》 5(1), 2016, 1-22쪽.

박미정 · 최병모, 〈환경가치교육을 위한 모듈식 프로그램 개발〉, 《환경교육》 16(2), 2003, 51-64쪽.

박준범, 〈학습자중심 모듈형 의사소통교육의 수업모형과 실제〉, 《리터러시연구》 22, 2017, 51-84쪽.

서울대학교 교육연구소, 《교육학용어사전》, 하우동설, 1995, 네이버 지식백과.

신용인, 〈인성과 인성교육에 관한 헌법적 고찰〉, 《교육법학연구》 27(3), 2015, 101-123쪽.

신현석, 〈교육개혁의 이념과 철학: 교육개혁 10년의 반성과 과제〉, 《교육정치학연구》 12, 2005, 19-50쪽.

이상섭, 〈칸트의 교육문제: '강제 속에서 자유의 계발'〉, 《교육사상연구》 26, 2012, 43-61쪽.

이화국 · 김창식, 〈과학교육 모듈 개발 방안에 관한 연구〉, 《한국과학교육학회지》 10(2), 1990, 25-37쪽.

장성모, 〈人性의 개념과 人性敎育〉, 《초등교육연구》 10, 1996, 5-18쪽.

정재영, 〈모듈형 고전 프로그램의 구성과 운영〉, 《한국교양교육학회 학술대회 자료집》 2014, 511-523쪽.

천세영, 《인성교육 비전 수립 및 실천 방안 연구》, 비전 수립을 위한 정책연구 2012-41, 교육과학기술부.

한지영 · 이민영 · 정보라, 〈자기주도학습 능력 개발을 위한 설계교육 방법에 관한 연구〉, 《한국공학교육학회》 12(4), 2009, 115-125쪽.

허승희, 〈초등학교 현장의 인성교육 프로그램 분석〉, 《초등교육연구》 12(1), 1998, 67-86쪽.

홍우람, 〈칸트 철학과 도덕 교육: 벡(Beck)의 이중적 문제제기를 중심으로〉, 《철학논집》 61, 2020, 37-67쪽.

Kant, Immanuel, *Kants gesammelte Schriften*, hrsg. Königliche Preußischen Akademie der Wissenschaft / Deutschen Akademie der Wissenschaft zu Berlin, 1900-2009.

Kristjánsson, Kristján, "Habituated Reason: Aristotle and the 'Paradox of Moral Education'," *Theory and Research in Education*, 4(1), 2006, pp. 101-122.

MA. Theresa Bringas Nardo, "Modular Instruction Enhances Learner Autonomy," *American Journal of Educational Research*, 5(10), 2017, pp. 1024-1034.

Peters. Richard Stanley, *Moral Development and Moral Education*, London: George Allen & Unwin, 1981.

7장
모듈식 인성교육 사례분석: 경계-모듈형 CUK 인성교육과정

—

김진아, 백소연, 이소영, 정은기

들어가며

2015년 〈인성교육진흥법〉 제정 이래로 인성교육의 중요성은 지속적으로 강조되어왔다. 이러한 사회 분위기 속에서 정책적으로 활발히 실시되고 있는 청소년 인성교육과 더불어 대학 인성교육의 필요성도 주목받고 있다. 청소년기를 벗어나 성인으로 성장하는 시기라는 점에서 대학생 대상의 인성교육은 매우 중요하기 때문이다. 대학 입학 후 건강한 사회인으로 성장하기 위해 인성을 함양할 수 있는 체계화된 인성교육과정이 반드시 필요하다고 할 수 있다. 그렇다면 대학생을 위한 인성교육은 어떻게 이루어져야 하는가? 〈인성교육진흥법〉에도 명시되어 있는 것처럼 기존의 인성교육은 고전적 '덕목' 함양이 주를 이루고 있기 때문에 도덕교과서적이거나 추상적인 형식에 머물러 있다는 비판을 받는다. 이러한 문제의식을 바탕으로 가톨릭대학교 인간학연구소 CUK 인성교육과정 연구사업단에서는 기존 인성교육의 한계를 극복하고 개별 학생들에게 구체적이고 실질적으로 도움을 줄 수 있는 창의적인 인성교육과정을 개발하고자 했다. 본 연구는 이러한 새로운 형태의 인성교육을 '경계-모듈형 학생 맞춤식 인성교육'이라고 지칭하고, 단계적인 연구개발을 통해 교육과정과 연계할 수 있도록 했다.

이 장에서는 경계-모듈형 CUK 인성교육과정을 실제 수업에서 적용한 내용을 분석하고자 한다. 가톨릭대학교 인간학연구소 CUK 인성교육과정 연구사업단이 개발한 2차연도 연구과정을 교육과정에 반영할 수 있도록 2021학년도 1학기 '인간학 1' 수업의 18개 분반에서 모듈식 수업을 적용했다. 대학에 갓 입학한 신입생들은 1년 동안 기초교양필수 교과목인 '인간학 1'과 '인간학 2' 수업을 통해 보편적 인성교육을 공부

〈표 1〉 '인간학 1, 2' 수업 주제

'인간학 1' 수업 주제	'인간학 2' 수업 주제
'나'는 누구인가?	약자를 우선적으로 배려해야 하는가?
우리는 어디에서 온 것일까?	행복한 가정을 어떻게 실현할 수 있을까?
우리는 어떻게 구성되어 있는가?	과학은 인간의 삶에 어떤 의미인가?
나는 자유로운가?	환경 보호는 인간의 의무인가?
인간은 존엄한가?	행복에도 노력이 필요할까?
인격적 관계는 어떻게 형성되어야 하는가?	고통은 왜 존재할까?
성숙한 사랑이란 무엇일까?	죽음은 어떤 의미를 지닐까?
윤리란 필요한가?	하느님은 계시는가?
세상에서 가장 소중한 것은 무엇일까?	인간답게 살아간다는 것은 무슨 의미일까?

한다. 인간학 수업에서 다루어지는 보편적 인성교육의 주제들은 〈표 1〉과 같다.

인간학 수업에서는 대학 신입생이 인간의 이해에 한층 다가갈 수 있도록 총 18가지 질문으로 구성된 교재를 사용하고 있다. '인간학 1' 수업 교재인 《인간의 이해 1》에서는 '자아정체성', '인간의 기원', '인간의 구조', '자유', '존엄성', '인격적 관계', '사랑과 우정', '윤리', '생명'이라는 9개의 주제를 다루고 있으며, '인간학 2' 수업 교재인 《인간의 이해 2》에서는 '배려', '공동체', '과학', '환경', '행복', '고통', '죽음', '종교', '인간다움'이라는 9개의 주제로 구성된다. '인간학 1'과 '인간학 2'는 각각 1학기와 2학기에 개설되며, 각 세부 주제들은 네 가지 대주제로 구분되는데 1부 '나를 알기', 2부 '관계 맺기', 3부 '더불어 살기', 4부 '희망하며 살기'가 그것이다.

이렇게 기존 인간학 수업에서 다루어지는 보편적 인간학의 주제들을 바탕으로 개발된 '학생맞춤형' 모듈식 수업을 접목하기 위한 첫 시도가 2021학년도 1학기에 실시되었으며, 모듈식 수업은 크게 두 가지 수업모형으로 나누어 진행되었다. 하나는 범주선택형 수업이며, 다른 하나는 키워드선택형 수업이다. 본 연구는 2차연도 연구성과를 바탕으로 '경계' 주제를 내용으로, 새롭게 '모듈' 수업을 형식으로 구성한 '경계-모듈형 인성교육'을 '인간학' 수업에 적용하고자 했다. 사업단 연구원들은 새롭게 시도되는 모듈식 인성교육을 성공적으로 진행하기 위해 두 가지 수업모형을 개발했으며, 이틀 동안 진행된 집중 워크숍에서 두 가지 수업모형을 검증하는 등 면밀한 검토를 통해 모듈식 수업 준비에 박차를 가했다. 이 과정을 통해 모듈식 수업을 통한 교육과정 적용을 준비하는 동시에 모듈식 교육 전문가를 초빙하여 세미나를 진행하면서 2차연도 연구 진행을 풍부하게 할 수 있었다.

이 장의 전체 구성은 다음과 같다. 경계-모듈형 인성교육과정을 구현하기 위한 '학생맞춤형' 모듈식 수업의 목표 및 의의를 밝힌 후 모듈식 수업의 내용과 운영 방식을 두 가지 수업모형의 사례를 통해 구체적으로 살펴보고, 실제 수업사례를 통해 경계-모듈형 인성교육과정의 적용 결과를 종합적으로 분석한다. 이어서 학생 만족도 조사 분석을 통해 개선점 및 보완점을 마련하고자 한다.

경계-모듈형 수업목표 및 수업모형 개발과정

연구의 목적과 필요성

❙ 연구의 배경 및 필요성

가톨릭대학교 인간학연구소 CUK 인성교육과정 연구사업단에서는 기존 인성교육의 한계를 극복하고 그 창의적 대안으로 학습자의 구체적 환경에 밀착하여 각자의 경계적 상황을 설명할 수 있는 '모듈형 인성교육과정 개발'을 목표로 한다. 기존의 인성교육 프로그램은 사회적 요구와 실용성에 초점을 두고 있다는 점, 포괄적이고 획일적인 주제로 대학생들의 다양한 생애주기를 간과하고 있다는 점, 취업 등 기업의 요구에 종속되어 형식적으로 구성되어 있다는 점에서 한계를 보이고 있다.

다시 말해 보편적 인간 이해를 위해 인문교양 차원에서 전개되는, 이미 정해진 커리큘럼에 의한 기존의 교육과정으로는 개개인의 구체적 환경에 놓인 갈등과 혼란을 모두 설명할 수 없었다. 이러한 상황에서 대학생들이 처할 수 있는 구체적 경험 속에서 경계적 상황을 맞춤형으로 설명해낼 수 있는 새로운 인성교육과정의 필요성이 제기되었다. 즉, 학습자인 대학생들의 삶을 단일한 하나의 틀로 바라보기보다 다양한 실존적 맥락 속에서 대학생들의 삶에 접근하는 인성교육 프로그램이 강력하게 요청되고 있다.

이에 가톨릭대학교 인간학연구소 CUK 인성교육과정 연구사업단은 1차연도와 2차연도 연구성과를 바탕으로 '학생맞춤형' 경계-모듈형 교육과정을 개발했고, 가톨릭대학교의 인성교육 핵심 교과목인 '인간학'에 적용하여 구체적인 수업모형을 만들고자 했다.

❙ 연구의 목적 및 의의

본 연구는 가톨릭대학교 인간학연구소 CUK 인성교육과정 연구사업단의 1 · 2차연도 사업성과를 바탕으로 '학생맞춤형' 경계-모듈형 인성교육과정을 개발하고자 했다. 학습자인 대학생들이 직면한 구체적 삶을 그들이 처한 경계적 상황에 따라 유형화하고 개별 모듈로 기능할 수 있도록 구성했다. 그리고 이를 바탕으로 수업모형을 개발 · 운영하는 것을 목적으로 했다. 이를 위해 가톨릭대학교에서 인성교육 교과로 운영하고 있는 '인간학' 교과에 적용하여 내용을 점검했다.

경계-모듈형 인성교육과정에서는 대학생들이 직면한 구체적 삶을 유형화하여 경계적 상황을 설정하고 각각의 성격에 따라 '구분 짓기',

'넘어가기', '넘나들기'라는 3개의 범주로 분류했다. '구분 짓기'는 자신이 직면한 상황에 대해 분명한 인식과 올바른 대응의 필요성을 제시하고 있으며, '넘어가기'는 성찰을 통해 현재의 '나'를 극복하여 주체적 삶을 살아갈 수 있도록 안내하고 있다. 또한 '넘나들기'는 경계의 이편과 저편에 대한 올바른 인식과 관점을 통해 양쪽에 대한 유연성을 강조한다.

모든 경계적 상황들은 대학생들이 보편적으로 경험하게 되는 상황일 수도 있지만, 또 한편으로는 각각의 범주 속에서 보편 인성교육으로 해결되지 않는 개별적 경계의 갈등을 경험하게 되는 특정 학생군이 반드시 존재할 수밖에 없다. 따라서 본 사업단에서는 대학생 전반을 위한 모듈과 함께 해당 특정 학생군에 적합한 '학생맞춤형' 경계-모듈형 인성교육과정을 개별 수업에 적용하여 운영하고자 했다. 그리고 이에 대한 교육 효과를 제고하기 위해 개별 수업 적용 유형을 '범주선택형'과 '키워드선택형' 수업으로 구체화하여 전개했다.

수업모형 개발 과정 및 유형별 방법

가톨릭대학교 인간학연구소 CUK 인성교육과정 연구사업단은 '학생맞춤형' 경계-모듈형 교육과정을 개발하고 이를 수업에 적용할 두 가지 유형의 모듈 수업 전략을 수립하여 강의를 진행했다. '범주선택형'과 '키워드선택형'이 그것이다. 2차연도 하반기인 2021학년도 1학기 '인간학 1' 수업 18개 분반에 시범 적용했으며, 코로나19로 인해 온라인 녹화 강의와 실시간 강의를 결합하여 수업을 구성했다. 또한 교과과정과의 연계를 고려하여 경계를 주제로 한 비교과 프로그램을 개설했고, 교육과정의 큰 틀 안에서 학생들이 자유롭게 선택할 수 있도록 했다. 특히 학생맞춤형 인성교육을 구현하기 위해 모듈북과 무크 강의를 제작하여 학습자의 선택 다양성과 자율성을 제고했다. 이를 통해 본 수업모형들은 인간에 대한 보편적인 이해를 전제하는 한편, 개별 학생들의 경계인으로서의 특성과 상황에 따른 구체적인 특성화 인성교육을 모듈 형태로 제공한 것이다.

❙ 범주선택형

'범주선택형' 수업은 전반기의 보편 인성교육과 후반기의 모듈형 수업으로 구성된다. 전반기 보편 인성교육은 강의와 토의 중심의 기존 방식대로 운영되었으며, 후반기 모듈형 수업에서는 학생들의 선택으로 구성되었다. 여기에서는 학생들이 처한 다양한 상황과 관심을 크게 구분 짓기, 넘어가기, 넘나들기의 세 가지 범주로 유형화한 뒤, 자신의 상황과 관심에 따라 자유롭게 강의를 선택할 수 있도록 안내했다. 이 모듈형 수업은 제1 주제인 "사랑과 만남", 제2 주제인 "생명과 윤리"로 나누어지며, 각각의 주제에서는 구분 짓기, 넘어가기, 넘나들기라는 세 가지 강의 모듈을 제공했다. 또한 학생들은 각 강의 모듈에 대해 '탐색-심화-성찰' 단계를 거치며 인간학의 보편 주제들을 각자 자기가 처한 구체적인 자기지식으로 내재화할 수 있도록 했다. 많은 모듈을 제공하고 있는 만큼 각 모듈에 해당하는 개별 주제선정이나 선정된 주제들을 얼마나 유기적으로 연결 지을 수 있는 모듈을 구성하느냐가 무엇보다 중요한 수업모형이라 할 수 있다.

❙ 키워드선택형

'키워드선택형' 수업은 보편적 인성교육과 학생 맞춤형 인성교육을 조화롭게 구성하는 것을 목표로 했다. 이 수업에서는 기존 인간학 수업과 새로운 모듈형 수업을 '탐색'과 '심화'의 2단계 구성에 맞추어 구성하는 것이 중요하다. 이를 위해 '탐색' 단계에서 학습한 보편적 인성교육의 내용을 '심화' 단계에서 각 학생이 자신의 경계적 상황에 따라 응용 및 적용이 가능하도록 구성했다. 이 수업은 구분 짓기, 넘어가기, 넘나들기라는 세 가지 범주를 모두 다루되 각각의 범주에 6개씩의 세부 키워드를 설정하여 학생들이 각 경계 범주마다 자신의 갈등을 구체화하는 키워드를 하나씩 선택할 수 있도록 모듈을 개발했다. 10주차에 실시된 모듈형 수업에서 학생들은 구분 짓기 범주에 '선택-포기', '소유-나눔', '다름-틀림', '다가서기-거리 두기' 중 하나의 키워드를 선택하고, 넘어가기 범주에서는 '손님-주인', '익명-실명', '무관심-참여', '혐오-관용' 중 하나의 키워드를 선택하여 팀 활동을 진행했다. 한 주차 2차시 동안의 제한된 시간 동안 모듈을 조합하여 수업을 구성해야 하기에 체계적인 준비와 지도가 필요한 수업모형이라 할 수 있다.

인간학 수업에 적용한 모듈식 수업 소개 및 결과 분석

범주선택형 수업 소개 및 운영 방식

'인간학 1'은 '인간이란 무엇인가?'에 대한 근원적 물음과 자기성찰을 통해 학생들이 진정한 성인으로 성장하도록 도움을 주는 데 목표를 두고 있다. 보편적 인성교육뿐만 아니라 학생맞춤형 인성교육을 위해 '인간학 1'의 모듈식 수업은 학생이 처한 다양한 상황과 평소의 관심을 크게 세 가지로 유형화하여 제시하고 있다. 이는 학생 스스로 관련 주제를 선택하여 수강함으로써 더욱 효과적인 인성교육이 이루어질 수 있도록 한 것이다.

이러한 목표에 따라 범주선택형 수업은 3개의 경계 키워드인 구분 짓기, 넘나들기, 넘어가기에 해당하는 특정 주제별 모듈 총 18가지를 제시하고 있으며 학생들은 이와 연관된 구체적 문제들을 탐색하고 심화하며 성찰할 기회를 갖도록 했다. 또한 본 수업은 어떤 모듈을 선택하느냐에 따라 그 경로 또한 다양하게 구성할 수 있도록 설계되어 있다.

▎수업의 내용 및 교수 방법

범주선택형 모듈식 수업은 '인간학 1' 강좌의 후반기에 진행되었으며, 총 9개의 분반에 적용하여 운영되었다. 모듈식 수업에서의 첫 번째 주제는 "사랑과 만남"이었으며, 두 번째 주제는 "생명과 윤리"로 각각 3주씩 총 6주의 기간이 할애되었다. 2개의 대주제별로 구분 짓기, 넘어가기, 넘나들기의 세 가지 강의 모듈을 제공했다. 학생들은 자신의 관심사에 따라 주제별 모듈 가운데 하나를 선택하여 수업에 참여했으며, 이러한 형태의 모듈식 수업은 총 2회에 걸쳐 진행되었다.

첫 번째 주제인 "사랑과 만남"은 '인간학 1' 수업의 교재인 《인간의 이해 1》의 제2부 관계 맺기에 해당하는 "6장 인격적 관계는 어떻게 형성되어야 하는가?"와 "7장 성숙한 사랑이란 무엇인가?"를 바탕으로 제시되었다. 이는 다시 구분 짓기, 넘나들기, 넘어가기의 경계 키워드를 바탕에 두고 탐색-심화-성찰의 3단계에 이르는 세부 주제로 나누어지게 된다.

구분 짓기의 경우, "자발적 아싸로 살아도 괜찮을까?", "필리아와 공동체", "나를 지키는 인간 관계"로, 넘나들기는 "인공지능과 사랑에 빠질 수 있을까?", "에로스와 사랑", "인격적 만남의 방법들"로, 넘어가기는 "아프리카의 기아 아동을 사랑할 수 있을까?", "인간 안에 존재하는 초월적 사랑", "아가페와 이웃 사랑"으로, 탐색-성찰-심화에 해당하는 각각의 주제들이 전개되고 있다. 그 내용을 정리해보면 다음과 같다.

탐색	사랑과 만남 (6장, 7장)	구분 짓기	자발적 아싸로 살아도 괜찮을까?	넘나들기	인공지능과 사랑에 빠질 수 있을까?	넘어가기	아프리카의 기아 아동을 사랑할 수 있을까?
심화			필리아와 공동체		에로스와 사랑		인간 안에 존재하는 초월적 사랑
성찰			나를 지키는 인간관계		인격적 만남의 방법들		아가페와 이웃 사랑

또한 두 번째 주제인 "생명과 윤리"는 《인간의 이해 1》의 "8장 윤리란 필요한가?", "9장 세상에서 가장 소중한 것은 무엇일까?"를 종합하여

도출된 주제라 할 수 있다. 이 역시 구분 짓기, 넘나들기, 넘어가기의 경계 키워드를 바탕에 두고 탐색-심화-성찰의 3단계에 따른 세부 주제로 나뉘어 있다.

구분 짓기 모듈의 경우, "내 생명은 내 마음대로 해도 될까?", "안락사와 호스피스", "삶을 지키는 방법"으로, 넘나들기는 "내가 왜 지구 온난화를 걱정해야 할까?", "지구의 지속 가능성을 위해 우리가 기억해야 할 원칙들", "지구의 지속 가능성을 위한 우리의 실천"으로, 넘어가기는 "정말 동물이 해방될 수 있을까?", "동물해방과 동물권", "동물복지와 공존의 윤리"로 각각 탐색-성찰-심화에 해당하는 구체적 주제들을 제시했다. 이를 정리하여 살펴보면 다음과 같다.

탐색	생명과 윤리 (8장, 9장)	구분 짓기	내 생명을 내 마음대로 할 수 있을까?	넘나들기	내가 왜 지구 온난화를 걱정해야 할까?	넘어가기	정말 동물이 해방될 수 있을까?
심화			안락사와 호스피스		지구의 지속 가능성을 위해 우리가 기억해야 할 원칙들		동물해방과 동물권
성찰			삶을 지키는 방법		지구의 지속 가능성을 위한 우리의 실천		동물복지와 공존의 윤리

학생들은 자신의 관심과 선호도에 따라 "사랑과 만남", "생명과 윤리"에서 각각 자율적으로 주제를 선택했는데, 원활한 협업을 위해 각 모듈의 최대 인원은 15명으로 제한했다. 또한 각 모듈 내에서 조는 대략 5명으로 구성하여 사전 공지했다. 그 결과 분반별로 전체 9개 내외의 조가 구성될 수 있었다. 그리고 사이버캠퍼스를 통해 각 모듈과 관련된 온

라인 강의 동영상 및 간단한 과제가 사전에 제시되었다. 학생들이 실시간 온라인 수업 이전에 관련 강의를 시청하고 과제를 수행함으로써 해당 주제를 이해하여 조별 활동에 참여할 수 있게 한 것이다.

실시간 수업에서는 교수자가 해당 주차의 활동에 대해 전체적으로 안내하면서 조별로 활동을 진행하도록 했다. 1차시는 "탐색" 단계로 관련 주제에 대한 자료를 최대한 수집하고 분석하는 시간을 가졌다. 사전에 조별 게시판을 통해 서로 관련 자료를 공유하며 분석했고, 이 과정에서 개인별 핵심 키워드를 산출했다. 이를 통해 최종적으로는 조별 워드클라우드를 제작하도록 했다. 워드클라우드는 개인별 · 조별 관심 주제 영역을 정리해보고 이를 가시적으로 확인할 수 있는 작업이 되었다.

2차시는 심화 단계로 학생들은 지난 차시에 완성된 워드클라우드를 통해 자신의 조에서 공통적으로 관심을 두는 주제를 선정하는 시간을 가졌다. 그리고 이러한 조의 주제하에 조원들은 각자 개인별 세부 주제를 결정했다. 즉 개인의 주제와 조의 주제, 전체 모듈의 주제가 유기적으로 연관되며 심화될 수 있게 한 것이다.

3차시는 성찰의 단계로 각 팀원이 정한 개별적인 세부 주제에 대해 자기 생각을 구체화하면서 다양한 방법으로 표현할 수 있도록 유도했다. 카드뉴스, 포스터, 온라인 잡지 등 자료에 대한 심화된 이해를 바탕으로 해당 주제에 대한 성찰 결과를 설득력 있게 표현하는 데 주안점을 두었다.

❙ 학생 만족도 조사 및 수업의 성과 분석

범주선택형 모듈식 수업은 교수자의 일방향적 지식 전달 차원을 넘어 학생들 스스로 인간학 교과와 관련 주제를 탐색하고 심화하여 성찰함으로써 자신의 삶으로 연계될 수 있도록 하는 데 목적을 두었다. 본 수업을 시범 운영하면서 학생들이 교수자의 강의 중심 수업보다 활발하게 수업에 참여할 수 있었다는 점에서는 일단 성공적이었다고 볼 수 있다. 이러한 수업의 효과는 범주선택형 모듈식 수업을 수강했던 학생 중 207명을 대상으로 실시한 수업 만족도 조사의 구체적 수치를 통해서도 확인해볼 수 있었다.

학생 만족도 조사는 2021년 6월 8일부터 21일까지 2주간 진행되었으며, 그 내용은 다음의 5문항으로 구성되었다. 객관식 4문항은 5점을 척도로 그렇다(5), 그런 편이다(4), 보통이다(3), 그렇지 않은 편이다(2), 아니다(1)로 응답할 수 있게 했으며, 주관식 1개 문항은 모듈식 수업의 보완점과 개선점에 대해 자유롭게 서술하도록 했다.

"본인의 관심과 선호도에 따라 과목을 신중하게 선택했다"라는 학생들의 응답은 89.9%(그렇다 64.3%, 그런 편이다 25.6%)로 높게 나타났다. 또한

1. "사랑과 만남", "생명과 윤리" 주제와 관련된 구분 짓기, 넘나들기, 넘어가기로 모듈을 나의 관심과 선호도에 따라 신중하게 선택했다.

2. 구분 짓기, 넘나들기, 넘어가기 모듈을 선택하여 3주 동안 탐색-심화-성찰의 과정을 거치면서 주제에 대한 이해가 높아졌다.

3. 9~15주까지 진행한 모듈형 수업이 1~8주까지 진행한 일반 강의형 수업보다 흥미로웠다.

4. '인간학 1' 수업에 적용된 모듈형 수업에 만족한다.

5. 모듈형 수업에 대해 보완되거나 개선될 점이 있다면 적어주세요.

탐색-심화-성찰로 이어지는 3주의 수업 과정을 통해 각 모듈 주제에 대한 이해가 높아졌는지에 대한 질문에서도 77.7%의 학생들이 긍정적으로 답변했다(그렇다 43.7%, 그런 편이다 34%). 이는 '인간학' 교과 내 보편적 주제를 학생들의 구체적 삶과 연관시키고자 했던 모듈식 수업의 목표에 부합하는 수치라고 볼 수 있다.

일반 강의형 수업에 비해 모듈형 수업이 흥미로웠다는 응답은 66.1%(그렇다 32%, 그런 편이다 29.1%)로 나타났으며, 모듈형 수업에 만족한다는 응답도 67.5%(그렇다 34.5%, 그런 편이다 33%)로 높게 나타났다. 이는 모듈형 수업 운영이 학생들의 능동적 참여를 독려했을 뿐만 아니라 관련 지식에 대한 이해를 높이고 스스로의 문제로 내면화하는 데 효율적인 수업 방식이었음을 보여주는 결과다.

모듈형 수업에 대한 보완점과 개선점을 묻는 주관식 문항에서는 39명의 학생이 응답했는데, 개선점의 대부분은 모듈형 수업 자체의 문제라기보다는 실시간 수업에서 학생들의 참여 태도를 지적하고 있었다. 조별 수업을 원활하게 진행하기 위해서는 조원들의 참여가 필수이기 때문에 협업 과정에서 학생들의 적극성을 독려하기 위해 교수자 차원에서 더욱 세부적 방안 혹은 제재가 필요해 보인다.

이 외에도 주어진 주제 자체가 다양하고 구체적이며 연계성이 있으면 좋겠다는 의견, 조별로 논의할 만한 주제를 선택할 수 있었으면 좋겠다는 의견, 조별 과제가 좀 더 흥미롭고 수준 높게 제시되었으면 좋겠다는 의견, 또 다른 팀의 결과물을 공유하면 좋겠다는 의견 등이 있었는데, 이는 결국 범주선택형 모듈식 수업에서 주제 선정이 매우 중요한 부분임을 보여준다. 학생들이 높은 관심을 보이는 부분 역시 이 지점이기 때문이다. 따라서 앞으로의 수업 설계에서도 학생들의 실질적 관심과 흥미를 유발할 수 있는 주제의 발굴과 선정이 필요하다고 생각된다.

한편, 모듈형 수업에서 제시하는 과제를 원활하게 진행하기에는 실시간 활동의 시간이 부족하다는 점을 꼽은 학생도 있었다. 그러나 이는 활동 시간 자체가 부족한 문제라기보다는 모듈식 팀 프로젝트가 잘 진행되기 위해서는 학생들의 수업 주제 및 활동에 대한 사전 이해와 준비가 필요하다는 것을 보여주는 결과라 할 수 있다. 즉, 모듈식 수업의 틀에 대해 제대로 이해하고 관련 주제 및 활동에 대한 능동적 사전 학습이 필요함을 드러내는 부분이다. 이는 온라인 강의 및 관련 과제에 대한 사전 수행, 이에 대한 교수자의 확인, 실시간 수업 활동에 대한 사전 공지 등을 통해 보완해나갈 부분일 것이다.

키워드선택형 수업 소개 및 운영 방식

이 절에서는 경계-모듈형 CUK 인성교육과정 연구사업단에서 모듈식 인성교육과정을 적용한 '인간학 1' 수업의 두 번째 사례를 살펴보고자 한다. 본 연구과정에서 개발한 학생맞춤형 인성교육의 두 번째 모형을 '키워드선택형'이라 지칭했다. 키워드선택형은 학생들이 경계 키워드를 선택한다는 의미를 지니고 있다. 본 과정의 1차연도 연구성과는 경계 범주별 6개씩 총 18개를 산출한 것이다. 경계 범주는 '구분 짓기', '넘어가기', '넘나들기'이며, 세 가지 범주에 따른 경계 키워드는 〈표 2〉와 같다.

이 절에서 분석할 '인간학 1' 수업은 2021학년도 1학기에 진행되었으며, 4명의 교수자가 각각 2개 분반에 적용한 수업이다. 수강생들은 전

〈표 2〉 세 가지 범주에 따른 경계 키워드

구분 짓기	넘어가기	넘나들기
다름-틀림	손님-주인	인싸-아싸
소유-나눔	익명-실명	구세대-신세대
배려-의무	의존-독립	농촌-도시
다가서기-거리 두기	아마추어-프로페셔널	국민-세계시민
선택-포기	혐오-관용	사랑-우정
비판-공감	무관심-참여	원본-모사

공별로 다양하게 분포되어 있으며, 기초교양필수 교과목인 만큼 1학년 학생들이 대부분이었다. 가톨릭대학교 교양필수 과목인 '인간학 1' 수업은 보편적 인간학을 주제로 인간에 대한 다양한 성찰을 공부하는 과목이다. 인간의 기원, 자유, 존엄성, 윤리, 행복, 고통 등 인간을 이해하기 위한 기본적인 '개념'들을 고찰하는 과목이라 할 수 있다. 보편적인 내용을 다루고 있다는 점에서 아직 전공이 정해지지 않은 대학교 신입생에게 적합한 내용이며, 기초적인 교양을 습득할 수 있는 중요한 주제들이라 할 수 있다. 가톨릭대학교 인간학연구소 CUK 인성교육과정 연구사업단의 목표이자 연구과제인 '학생맞춤형' 인성교육을 학생들에게 제공하기 위해 모듈식 수업을 '인간학 1' 수업에서 시범적으로 적용했다.

본 과정의 연구성과를 적용하기 위해 2021학년도 1학기에 진행한 '인간학 1' 수업에서 두 가지 형태의 모듈식 수업이 시도되었는데, 그중 하나가 '키워드선택형'이다. 키워드선택형 수업은 학생맞춤형 인성교육을 제공하기 위한 것의 하나로 경계 키워드를 학생들이 직접 선택하여 수강할 수 있는 수업모형이라 할 수 있다.

키워드선택형 수업은 10주차에 시범적으로 적용하여 운영되었다. 나머지 주차들은 기존 '인간학' 수업의 커리큘럼에 따라 교재 중심의 강의로 진행되었으며, 10주차의 경우만 유일하게 모듈식 수업을 적용했다. 따라서 다른 수업모형이었던 '범주선택형' 수업과의 차별성을 확인할 수 있었다. 하나의 범주를 선택한 후 모듈을 일괄적으로 구성하도록 한 범주선택형 수업과 달리 키워드선택형 수업의 경우 보편적 인간학 주제들로 구성된 '일반 수업'을 듣고 난 후 유일무이하게 배치된 10주차의 '모듈 수업'을 특별히 경험할 수 있다는 특징이 있다. 학생들의 반응과 만족도 여부가 크게 달라질 수 있다는 점에서 새로운 형식의 모듈 수업을 시범적으로 적용하는 데 효과적인 수업모형이라 할 수 있다. 키워드선택형 수업은 학생들의 자율적인 '심화활동'을 수행한다는 의미에서 '심화모듈형' 수업이라 할 수 있으며, 학생들에게도 '심화모듈형' 수업으로 안내하고 수업을 진행했다.

키워드선택형 수업은 기존 '인간학 1' 수업과 새로운 모듈식 수업을 결합하여 설계함으로써 보편적 인성교육과 학생맞춤형 인성교육을 조화롭게 추구하고자 했다. '탐색'과 '심화'라는 2단계 수업을 통해 '탐색' 단계에서 학습한 보편적 인성교육의 내용을 '심화' 단계에서 각 학생이 자신의 현실적 상황과 관심에 따라 응용 및 적용하도록 했다. '심화' 단계의 자율적 모듈 선택과 훈련 구성을 통해 학생들의 자율적 성찰을 강조함으로써 '타율에 의해 형성된 자율성'이라는 도덕교육의 역설 상황을 극복하기 위한 대안적 인성교육의 모델을 제시하고자 했다.

▎수업 내용 및 교수 방법

이 절에서는 키워드선택형 수업이 어떻게 진행되었는지 구체적으로 살펴보겠다. 키워드선택형 수업은 크게 세 가지로 구성된다. 첫째는 온라인 녹화 강의, 둘째는 온라인 실시간 강의, 셋째는 학생들의 심화활동이다. 첫 번째 온라인 녹화 강의는 4명의 교수자가 동영상 온라인 녹화 강의를 제작하여 사이버캠퍼스에 업로드하면 학생들은 자유롭게 선택하여 수강한다. 이때 경계 범주는 '구분 짓기'와 '넘어가기'로 구성된다. 구분 짓기 강의 4개와 넘어가기 강의 4개 중 학생들은 구분 짓기 경계에서 1개 강의, 넘어가기 경계에서 1개 강의로 총 2개의 온라인 강의를 수강하면 된다. 온라인 녹화 강의는 각 25분으로 구성되므로 2개 강의를 수강할 경우 50분, 즉 1차시 수업에 대한 출석을 인정받게 된다. 온라인 녹화 강의를 수강한 다음에 학생들이 할 일은 '온라인 실시간 강의'를 통해 동료들과 토론수업에 참여하는 것이다. 줌(ZOOM) 소회의실을 활용하여 교수자는 학생들에게 그룹별 토의를 할 수 있게 독려한다. 학생들은 자신이 선택한 경계 키워드에서 각자 관심 있는 주제로 '모듈북'을 읽고 와서 토론에 참여하게 된다. 모듈북은 본 사업단의 연구성과로서 전자책 형태의 보조자료이자 '인간학' 수업의 부교재다. 모듈북은 학생들의 흥미와 관심을 고려하여 10쪽 이내의 사진, 동영상, 유튜브 자료 등으로 구성하여 제작되었다. 교수자는 학생들이 토론에 잘 참여하고 있는지 소회의실에 들어가서 점검한다. 소회의실 참가인원은 5명 이내로 구성하여 학생들이 소규모 토론에서 참여도를 높일 수 있도록 한다. 학생들은 온라인 녹화 강의로 '구분 짓기'와 '넘어가기' 경계에 대해 기본적인 공부를 한 후 실시간 토론을 통해 경계 키워드에 대해 궁금했던 점이나 자기 생각을 동료와 나누게 된다. 코로나 사태로 인해 대면 수업의 비중이 줄어들고 토론 수업의 즐거움을 만끽할 수 없었던 아쉬움을 실시간 토론을 통해 보완할 수 있다는 장점이 있다. 실시간 토론에 대해서는 자신의 속한 그룹의 분위기에 따라 학생들의 반응이 갈릴 수 있지만, 설문조사를 통해 전반적으로는 학생 만족도가 높게 나타난 점을 확인할 수 있었다.

모듈식 수업으로서 키워드선택형 수업의 특징을 가장 잘 반영하고 있는 부분은 학생들의 심화활동 수행이다. 심화활동은 학생들이 온라인 녹화 수업 및 실시간 토론 수업을 듣고 나서 각자의 관심사와 상황에 따라 '모듈 과제'를 수행하는 활동이다. 교수자는 학생들이 자율적으로 과제수행을 해나갈 수 있도록 지속적으로 안내하고 피드백을 제공한다. 모듈식 수업에서 학생들은 어떻게 하면 모듈 과제를 훌륭하게 만들어낼 수 있을지 끊임없이 고민하고 질문하면서 학기 말까지 심화활동 계획서와 결과물을 제출하게 된다. 키워드선택형 수업에서는 학생들의 심화활동을 촉진하고 독려하기 위해 중간고사를 대신하여 대체 과제로서 25%라는 높은 점수를 학점 요소에 반영하기로 했다. 심화활동을 수행하면서 원하는 학생의 경우 교수 면담을 가능하도록 하여 학생들의 참여도를 높이고자 했다. 또한 심화활동의 결과물은 모듈식 수업의 취지를 살려 학생들이 자유롭게 '선택'할 수 있도록 에세이, 포스터, 영상 등으로 제출하게 했다. 이 모든 과정을 통해 모듈식 수업과 인성교육을 접목할 수 있도록 학생들의 자율적인 심화활동이 가능한 수업을 구성했다. 키워드선택형 수업의 전체 과정을 도표로 나타내면 〈표 3〉과 같다.

키워드선택형 수업의 주목할 만한 특징은 학생들 '스스로' 과제를 구성하고 수행한다는 점이다. 교수자의 일방적인 강의를 듣는 전통 형

〈표 3〉 키워드 선택형 수업의 전체 과정

구분	내용
강의	① 구분 짓기 4개 주제(다가서기-거리 두기/다름-틀림/선택-포기/소유-나눔) ② 넘어가기 4개 주제(무관심-참여/의존-독립/손님-주인/익명-실명) ③ 총 8개의 온라인 강의 중에서 2개 강의 선택 수강
활동	① 넘나들기 모듈북 중 1개를 선택하여 10주차 강의에서 조별 토론 ② 모듈북 중 1개를 선택하여 기말고사 전까지 개인별 심화활동 수행 ③ 심화활동 계획서 제출(필요한 경우 교수와 면담) ④ 관련된 비교과 프로그램 활용 가능
정리	① 기말고사 전까지 심화활동 결과물 제출 ② 심화활동 계획서 및 심화활동 결과물은 중간고사 대체 과제로 25% 성적 반영

〈표 4〉 비교과 프로그램 소소담담 주제

프로그램	주제	활동
CUK작은영화사	내가 생각하는 진정한 사랑은 무엇인가?	나만의 영화 포스터 만들기
CUK책두레	나 자신을 사랑하는 법	자존감 높이는 법 포스터 소개
CUK지구와 나	지속 가능한 삶의 의미	생명과 환경을 지키는 포스터 제안
CUK카페 소크라테스	대학생 고민 나누기	대학생 고민사전 만들기
CUK자소설	내가 생각하는 나를 타인에게 소개하기	자전소설에 대한 카드뉴스 만들기
CUK랜선여행	여행을 하는 이유와 의미	나만의 여행일기 쓰기
CUK배달의 민족	나만의 고유한 이야기를 메일로 배달하기	구독자를 모집하여 나만의 이야기 공유하기
CUK트랜스포메이션	공룡기업이 우리를 유혹하는 방법	DX분석 포트폴리오

식에서 벗어나 학생들이 각자 관심 있는 주제로 심화활동을 진행한다는 점이 바로 모듈식 수업의 주된 특징이라 할 수 있다. 학점을 부여받지는 않지만, 비교과 프로그램 참여를 통해 교과수업과 비교과수업의 연계를

시도했다는 점이 키워드선택형 수업의 특장점이라 할 수 있다. 구체적으로는 학생들이 관심사에 따라 참여하는 소규모 활동인 '소소담담'을 통해 학생들은 모듈식 수업의 다채로운 구성을 경험할 수 있었다. 소규모 비교과 프로그램 소소담담은 교수자 8명이 지도하고 학생들이 10명 이내로 참여한다. 소소담담은 인간학 수업의 보편적인 주제들을 경계-모듈형 인성교육과정의 개별적 주제와 연관되는 다양한 주제로 구성되었다. 비교과 프로그램 소소담담의 각 주제는 〈표 4〉와 같다.

▎학생 만족도 조사 및 수업의 성과 분석

수강생들을 대상으로 학기 말에 학생 만족도 조사를 실시했다. 만족도 조사는 2021년 6월 8일부터 21일까지 2주 동안 실시되었다. 총 6문항으로 구성되었으며, 객관식 5문항은 5점 척도이고, 주관식 1문항은 모듈형 수업의 보완점과 개선점에 대해 자유롭게 서술하도록 했다.

① 학생맞춤형 인성교육과정 구현

첫 번째 설문 문항은 '학생맞춤형' 인성교육과정이 잘 구현되었는지 여부를 확인하는 문항이다. 각각의 대학생이 직면하고 있는 구체적인 상황을 반영하는 '학생맞춤형 인성교육과정'의 목표에 도달했는지 여부를 측정하기 위해 "모듈식 수업의 심화활동을 수행하기 위한 주제와 활동을 계획하면서 나의 관심과 선호도를 신중하게 고려했다"라고 설정했고, 응답은 '1점 아니다, 2점 그렇지 않은 편이다, 3점 보통이다, 4점 그런 편이다, 5점 그렇다'로 구성했다. 설문 결과 본인의 관심과 선호도에 따라 모듈식 수업의 심화활동을 수행하기 위한 주제와 활동을 신중하게 계획했다는 학생들의 응답이 80.2%(그렇다 44.4%, 그런 편이다 35.8%)로 높게 나타난 것을 확인할 수 있었다. 이는 학생 스스로 자신이 직면한 상황을 파악하고 '나를 알기' 위한 심화활동을 자율적으로 수행하도록 한 본 사업단의 목표에 부합하는 수치라고 할 수 있다. 이처럼 학생이 스스로의 관심사에 따라 모듈식 수업을 직접 선택하여 구성했다는 사실은 "모듈식 수업에서 여러 교수자가 온라인 강의 중에서 선택할 수 있어서 좋았다"라는 문항에 대한 응답 결과에서도 알 수 있었다. 설문에 응답한 82.3%의 학생이 긍정적인 답변을 보여주었다(그렇다 54.3%, 그런 편이다 28%). 이를 보면 학생들이 구분 짓기와 넘어가기 경계 범주에서 구체적으로 자신이 관심 있는 키워드에 따라 온라인 강의를 선택 수강할 수 있었다는 사실에 높은 만족도를 보였음을 알 수 있다. 또한 "모듈식 수업을 통해 '나를 알기'라는 주제에 대한 이해가 높아졌다"라는 문항에서도 65.5%(그렇다 36.2%, 그런 편이다 29.3%)의 학생들이 긍정적으로 응답한 것을 확인할 수 있다. 이러한 설문 결과는 키워드선택형 모듈식 수업이 기존 '인간학 1' 수업의 보편적 인성교육의 주제인 '나를 알기'의 의의를 훼손하지 않으면서도 개별 학생들의 구체적인 삶에 접목하고자 개발된 '학생 맞춤형' 인성교육과정의 취지를 잘 반영했음을 보여준다.

② 기존 '인간학' 수업의 개선과 모듈형 수업에 대한 만족도

키워드선택형 수업에서는 기존 '인간학 1' 수업을 개선하기 위한 방안으로《인간의 이해》교재의 추상성을 보완할 수 있는 부교재인 모듈북을 적극적으로 활용했다. 따라서 모듈북에 대한 만족도를 측정하기 위한 문항으로서 "모듈식 수업의 심화활동을 수행하는 데 모듈북이 도움이 되었다"를 제시한 결과 68.7%의 학생들이 긍정적으로 대답했다(그렇다 38.7%, 그런 편이다 30%). 모듈형 수업에 대한 만족도를 측정하기 위한 문항으로서 "'인간학 1' 수업에 적용된 모듈형 수업에 만족한다"에 대해 67.7%의 학생이 긍정적으로 응답했다(그렇다 37.5%, 그런 편이다 30.2%). 이러한 설문 결과는 학생 개개인이 처한 상황에 근거하여 보편적 인성교육의 주제를 심화해서 학습하도록 설계된 키워드선택형 수업이 효과적이었음을 보여준다.

③ 모듈형 수업의 보완점

모듈형 수업에 대한 학생들의 관심은 주관식 문항인 "모듈형 수업에 대해 보완되거나 개선될 점이 있다면 적어주세요"에 대한 응답 건수에서도 확인할 수 있었다. 총 232명 중 13명의 학생이 응답했다. 보완되거나 개선되어야 할 사항이 없으며 흥미로웠다고 답한 학생이 4명, 모듈형 수업이 처음으로 진행되다 보니 구체적 예시 등을 통해 함께해보는 활동을 진행한 뒤에 개인이 스스로 활동을 수행해나가면 좋겠다는 의견이 4명, 모듈형 수업을 전부 소화하기에는 시간이 부족했다는 학생이 3명, 기타 의견으로 모듈북의 내용에 대해 언급하거나 선택한 키워드에 따른 팀 구성으로 인해 팀별 인원이 제한되어 있어 아쉽다는 의견이 각각 1명씩 있었다. 학생들의 주관식 의견을 통해 모듈형 수업을 한 주차에만 단기적으로 진행하기보다는 더 많은 주차로 구성하여 단계별로 진행할 필요가 있음을 알 수 있다.

이 절에서는 심화 모듈식 수업으로서 키워드선택형 수업의 구체적 내용을 살펴보고, 학생 만족도 조사를 통한 보완점을 분석해보고자 했다. 본 사업단이 개발한 모듈식 수업의 두 가지 모형 중에서 키워드선택형 수업은 10주차에 집중적으로 심화모듈형 수업을 실시함으로써 기존

'인간학 1' 수업의 보편적 인성교육과 함께 새로운 형식의 학생맞춤형 모듈식 수업을 시도했다는 데 의의가 있다. 키워드선택형 수업에서는 일반 주차들에서 '탐색' 과정을 통해 차례로 인간 이해에 도움을 줄 수 있는 공통적인 내용을 공부해나가고, 10주차에 배치된 '심화' 과정에서 새로운 형식의 학생맞춤형 모듈식 수업을 경험하며 스스로 과제를 수행해 나갔다. 이는 대학 교양과목에서 필수적으로 다루게 되는 보편적 인간학의 주제들을 놓치지 않으면서도 학생들의 구체적 관심사와 상황을 반영하여 스스로 학습할 수 있도록 돕고자 한 경계-모듈형 CUK 인성교육과정 연구사업단의 첫 시도였다. 학생 만족도 조사에서 확인할 수 있었던 것처럼 키워드선택형 수업의 만족도는 높은 편이었지만, 처음으로 시도되는 모듈식 수업을 활용한 인성교육이기에 향후 보완해야 할 점이 많을 것으로 보인다. 새롭게 시도한 첫걸음을 바탕으로 보편적 인성교육 주제들과 개별적 학생맞춤형 인성교육을 어떻게 하면 조화롭게 추구할 수 있을지가 과제로 남아 있다.

범주선택형과 키워드선택형 종합 분석 및 향후 개선사항

범주선택형과 키워드선택형 종합 분석

가톨릭대학교 인간학연구소 CUK 인성교육과정 연구사업단이 개발한 '학생맞춤형' 인성교육과정의 두 가지 수업모형은 학생들이 스스로 어떤 수준과 내용의 경계에 처해있는지를 파악하고 각 모듈을 자율적으로 선택할 수 있도록 구성되었다. 이는 학생들의 구체적 삶을 반영한 '학생맞춤형' 인성교육과정을 개발하고자 한 본 사업단의 연구 목표를 충족했다고 할 수 있다.

단, 두 모형은 학생들이 선택할 수 있는 모듈의 수준과 내용에 따라 구별된다고 볼 수 있다. 범주선택형의 경우 학생들은 자신이 어떤 경계적 상황에 처해 있는지를 파악한 후에 '구분 짓기, 넘어가기, 넘나들기'의 경계 범주에 따라 구성된 모듈 중 하나를 선택할 수 있다. 즉 자신이 직면한 상황에 대해 분명한 인식과 올바른 대응이 필요한 학생의 경우 '구분 짓기'를, 성찰을 통해 현재의 '나'를 극복하여 주체적 삶을 살아가야 하는 학생은 '넘어가기'를, 경계의 이편과 저편에 대한 올바른 인식과 관점을 통해 양쪽에 대한 유연성이 요구되는 학생은 '넘나들기'를 선택할 수 있다. 학생들은 각 모듈에 따라 선정된 세부 주제를 '탐색-심화-성찰' 순으로 수행하게 된다.

키워드선택형의 경우 학생들은 구분 짓기-넘어가기-넘나들기의 경계 범주를 순서대로 이행해나가면서 각 범주에서 본인에게 적합한 경계 키워드를 선택한다. 구분 짓기에서는 '선택-포기', '소유-나눔', '다름-틀림', '다가서기-거리 두기', 넘어가기에서는 '손님-주인', '익명-실명', '무관심-참여', '혐오-관용' 중 하나를 택하여 온라인 강의를 듣는다. 그리고 넘나들기에서는 '인싸-아싸', '구세대-신세대', '농촌-도시', '국민-세계시민', '사랑-우정', '원본-모사' 중 하나를 택하고 이와 관련된 팀 활동을 전개하는 식이다.

이렇듯 키워드선택형은 범주선택형보다 더 구체적인 차원에서 학생들이 본인의 경계적 상황을 드러내주는 키워드를 고를 수 있다는 장점이 있다. 그러나 1주차 동안 진행되고 학생들에게 전적으로 수업을 구성할 수 있는 권한을 주다 보니 학생의 관심도와 적극성에 따라 수업의 성패가 결정된다는 단점이 있다. 반면, 범주선택형은 자신의 경계를 더욱 직접적으로 드러낼 수 있는 세부 키워드를 선정하지 못한다는 점에서 키워드선택형보다 학생들의 자율성은 떨어지는 편이지만, 6주차 동안 유기적이고 체계적인 학생맞춤형 프로그램을 제공한다는 점에서 본 사업단의 연구 목표를 떠올렸을 때 매우 유의미하다고 할 수 있다.

범주선택형이 6주차로 수업 후반부에 진행되는 만큼 수업 자체를 유기적이고 체계적으로 구성하는 것이 중요하기에 경계-모듈형 CUK 인성교육과정의 전체적인 틀과의 연관성을 고려하기 어려웠다. 반면, 키워드선택형은 1주차 동안 진행되기에 경계-모듈형 CUK 인성교육과정과 연결을 꾀하기에 용이했다. 그래서 키워드선택형 수업은 학습자료에 있어 '인간학' 교재의 추상적 내용의 한계를 극복하기 위해 경계 범주와 키워드별로 제작된 경계-인성 CUK 모듈북을 활용했다. 또한 비교과 프로그램 '소소담담'을 '인간학' 수업의 보편적 내용과 관련되면서도 경계-모듈형 인성교육과정의 경계 범주 혹은 키워드와 연결되는 주제로 구성하여 교과와 비교과가 연계되도록 했다.

범주선택형과 키워드선택형 수업은 코로나19로 인해 온라인 강의와 줌(ZOOM)을 통한 실시간 강의로 진행되어 형식적 측면에서는 큰 차이가 없었다. 코로나19가 확산되면서 교수자 강의 중심의 수업 방식에 대한 학생들의 불만이 높아지고 있는 저간의 사정을 고려할 때, 본 사업단에서 시도한 온라인 강의와 실시간 강의의 결합은 학생들이 꼭 습득해야 할 지식을 교수자가 온라인 강의로 전수하면서도 학생들의 능동적 참여를 장려할 수 있는 실시간 강의의 특징을 최대한도로 활용했다고 할 수 있다.

향후 개선사항

가톨릭대학교 인간학연구소 CUK 인성교육과정 연구사업단에서는 3차연도 상반기(2021년 2학기) '인간학 2' 수업에 모듈식 수업을 확대 적용할 계획이다. 이를 위해서는 범주선택형과 키워드선택형 수업의 만족도 조사 결과를 종합 분석하여 향후 개선사항을 도출할 필요가 있다. '학생맞춤형' 인성교육과정이 제대로 구현되었는지를 측정하는 문항에서 범주선택형 모듈식 수업의 경우 89.9%, 키워드선택형 모듈식 수업의 경우 80.2%가 그렇다고 응답했다. 이는 두 수업모형에서 '학생맞춤형' 인성교육과정을 만들고자 한 본 사업단의 목표가 효과적으로 달성되었다는 점을 구체적 수치로 보여준다.

주제에 대한 이해도를 어느 정도 달성했는지 측정하는 문항에서 범주선택형 모듈식 수업의 경우 77.7%의 학생이 주제에 대한 이해도가 높아졌다고 응답한 데 반해 키워드선택형 모듈식 수업의 경우 65.5%의 학생이 그렇다고 답해 범주선택형이 키워드선택형보다 높은 수치를 보였다. 이는 특정 주제를 깊이 있게 탐구하는 데 있어 구분 짓기, 넘나들기, 넘어가기 모듈 중 하나를 선택하여 6주 동안 탐색-심화-성찰의 과정을 거치는 방식이 더 효과적임을 드러낸다.

모듈형 수업의 만족도에서는 범주선택형의 경우 67.5%, 키워드선택형의 경우 67.7%가 "만족스럽다"라고 대답했으며, 각각 24.3%, 25.4%가 "보통"이라고 답했다. 이는 모듈형 수업의 보완 · 개선 사항을 묻는 주관식 문항에 따르면, 키워드선택형의 경우 1주차에 모듈형 수업이 진행되기에는 시간이 부족하다는 점 때문으로 보인다. 한편, 범주선택형의 경우 온라인으로 팀 활동이 전개되다 보니 적극적으로 참여하지 않는 학생들이 있으면 수업이 제대로 진행되지 않았다는 점이 주로 제시되었다. 이는 학생들끼리 팀 활동을 수행할 때 교수자가 적극적으로 개입할 필요성을 드러낸다.

그러나 범주선택형의 경우 "일반 강의형보다 모듈형 수업이 흥미로웠다"라고 답한 비율이 61.1%, "보통"이라고 대답한 비율이 26.2%였다. 이는 앞서 온라인 팀 활동의 한계만 보완된다면 일반 강의형보다 모듈형 수업이 학생들에게 더 흥미롭다는 사실을 보여준다. 한편, 키워드선택형의 경우 "모듈식 수업에서 활용된 모듈북에 대해 도움이 되었다"라고 답한 비율이 68.8%, "보통"이라고 대답한 비율이 25.2%였다. 이는 모듈형 수업에서 모듈북을 적극적으로 활용해야 할 필요성을 나타낸다.

이렇듯 만족도 조사를 종합했을 때 3차연도 상반기(2021년 2학기) '인간학 2' 수업에 범주선택형 모듈식 수업을 확대 적용하되 온라인 팀 활동의 한계를 극복하기 위해 교수자가 적극적으로 개입할 방안을 마련할 필요가 있다. 무엇보다 온라인 실시간 수업에서 팀 프로젝트가 효과적으로 진행되기 위해서는 학생들이 모듈형 주제에 대해 충분히 이해해야 한다. 그런데 범주선택형 수업에서 이에 대한 이해는 콘텐츠 동영상으로 제공하고, 실시간 수업으로 팀 프로젝트를 진행하다 보니, 상대적으로 효과가 떨어진 것으로 보인다.

또한 교수자의 경우, 모듈별로 수업에 대한 영상 제작이 진행되다 보니 수업에 대한 업무가 과중했다. 무엇보다 경계 범주에 부합하는 주제 선정이 매우 중요한데, 적절한 주제를 선정하는 것이 어려웠던 것으로 보인다. 이에 대해 보완할 방안을 강구할 필요가 있다.

이렇듯 범주선택형 수업모형을 보완하는 동시에 키워드선택형 수업에서 활용될 만한 부분들을 적극적으로 검토하여 반영하는 것 역시 '학생맞춤형' 인성교육과정을 개선하는 데 매우 중요하다. 우선 긍정적으로 평가되었던 모듈북을 적극적으로 활용함으로써 학생들이 자신들의 상황을 더 구체적으로 파악하고 이해하는 데 도움을 줄 필요가 있다. 그리고 키워드선택형 수업에서 비교과 프로그램 '소소담담'과 연결했듯이 범주선택형 수업에서도 비교과 프로그램과 연계될 방안을 마련한다면, 학생들이 교육과정의 큰 틀 안에서 스스로의 경계에 적합한 인성교육을 학습할 수 있을 것으로 기대된다.

나가며

지금까지 경계-모듈형 CUK 인성교육과정을 '인간학' 수업에 적용한 내용에 대해 분석했다. 2절에서는 경계모듈형 수업의 목표를 살피고 수업모형을 개발하는 과정에 대해 상세하게 설명했다. 3절에서는 '인간학' 수업에서 실시한 두 가지 수업모형, 즉 범주선택형과 키워드선택형을 안내하고 구체적인 운영 방식과 교수 방법에 대해 제시했다. 그리고 학생 만족도 조사 결과를 토대로 각 수업의 성과에 대해 검토했다. 4절에서는 범주선택형과 키워드선택형 수업을 종합 분석하고 학생 만족도 조사 결과에 따라 3차연도 상반기(2021년 2학기)에 범주선택형 수업을 확대 적용하면서도 키워드선택형 수업의 장점을 어떻게 활용할 수 있을지에 대해 논의했다.

가톨릭대학교 인간학연구소 CUK 인성교육과정 연구사업단이 개발한 '학생맞춤형' 인성교육과정은 무엇보다 인성교육과정에 대한 오래된 통념, 즉 추상적이고 난해하다는 편견을 깨고 학생들의 삶과 밀착해 있는 인성교육과정을 만드는 데 초점을 두었다. 이에 대한 첫 시도로서 범주선택형과 키워드선택형 수업은 학생들이 처한 경계를 다양한 수준과 내용에서 최대한 반영하려는 노력의 일환이었다. 두 수업모형 모두 학생들의 '선택'이 매우 중요한데, 이때의 '선택'은 학생들이 자신이 놓인 경계가 어떤 것인지를 파악하고 자신에게 절실한 경계 범주 혹은 키워드를 선택한다는 의미를 지니고 있다. 이러한 기획 의도에 따라 실제로 18개 분반의 800여 명에 달하는 학생들이 저마다 겪고 있는 갈등과 고민의 내용을 명확하게 인식하고 이를 반영해줄 수 있는 경계 범주 혹은 키워드를 '선택'했다. 그 선택이 순간적인 판단에 의한 것이든, 오랜 숙고에 따른 것이든 어쨌든 학생들이 자신에게 적합한 경계를 스스로 '선택'하도록 했다는 점에서 '학생맞춤형' 인성교육과정을 만들고자 한 본 연구과정의 연구 목표 절반은 성공한 것이라고 자부할 수도 있을 것이다.

그 선택의 의미가 중요한 만큼 본 연구의 남은 과제는 바로 학생들이 선택 '이후'를 어떻게 값지게 만들어갈 수 있을지를 탐구하는 것이다. 이는 구체적으로 학생들이 자신의 상황을 반영한 경계 범주를 선택했을 때 그 경계 범주와 유기적으로 연결되면서도 '인간학'의 보편적 주제에서 벗어나지 않는 주제를 선정해야 한다는 것을 의미한다. 또한 주제 선정으로 본 사업단의 몫이 끝나는 것은 아니다. 각 주제에 대한 탐색-심화-성찰의 단계를 알차게 보낼 수 있도록 학생들이 수행할 수 있는 활동을 기획해야 한다. 그리고 그 활동을 지켜보고 적절한 순간에 개입하며 피드백해주어야 하는 교수자 본래의 역할 역시 매우 성실하게 임할 필요가 있다. 이러한 의미에서 '학생맞춤형' 인성교육과정은 본 사업단에 교육과정 전체의 틀을 짜는 것부터 시작하여 아주 미세한 수준까지 치밀하게 계획할 것을 요구한다. 범주선택형과 키워드선택형 수업모형은 그러한 기획의 일환이었다. 여전히 보완해야 할 점이 많지만, 가톨릭대학교 인간학연구소 CUK 인성교육과정 연구사업단은 학생들의 '선택'이 지닌 의미를 마음에 새기며 경계-모듈형 CUK 인성교육과정 개발 연구를 위해 매진할 것이다.

참고문헌

김선미, 〈교양 프랑스어 수업에서의 효과적인 학습활동을 위한 플립드 러닝 활용 방안: 수업 사례를 중심으로〉, 《인문과학연구》 68, 2021, 307-341쪽.

박지영, 〈4차 산업혁명에 대비한 체육활동 프로그램 개발 및 수업 실천 사례연구: 미래형 생태주의 교육에 입각한 체육활동 프로그램을 중심으로〉, 《학습자중심교과교육연구》 21, 2021, 1559-1587쪽.

임고은, 〈교양과목으로서 비사범계 대학생들의 교육학수업 수강 경험과 의미: A대학교 〈인간 삶과 교육〉 수업 사례를 중심으로〉, 《교육문화연구》 27, 2021, 169-195쪽.

정미진, 〈'자기 글 분석'을 통한 고쳐쓰기 지도 방안: A대학교 〈글쓰기 기초〉 비대면 강의 사례를 중심으로〉, 《문화와 융합》 43, 2021, 591-610쪽.

홍경남, 〈대학 인성 교육과 도덕윤리 교육: 대학의 역할에 대한 반성〉, 《교양교육연구》 11, 2017, 507-528쪽.

홍우람, 〈칸트 철학과 도덕교육: 벡(Beck)의 이중적 문제제기를 중심으로〉, 《철학논집》 61, 2020, 37-67쪽.

찾아보기